大学英语课程教学设计与实践

康静雯　黄　婧　李　伟◎著

中国纺织出版社有限公司

图书在版编目（CIP）数据

大学英语课程教学设计与实践 / 康静雯,黄婧,李
伟著. -- 北京:中国纺织出版社有限公司,2022.5
ISBN 978-7-5180-9398-4

Ⅰ.①大… Ⅱ.①康… ②黄… ③李… Ⅲ.①英语—
教学设计—研究—高等学校Ⅳ.①H319. 3

中国版本图书馆 CIP 数据核字(2022)第 041145 号

责任编辑：顾文卓　　特约编辑：王蕙莹
责任校对：高　涵　　责任印制：何　建

中国纺织出版社有限公司出版发行
地址：北京市朝阳区百子湾东里 A407 号楼　邮政编码：100124
销售电话：010—67004422　传真：010—87155801
http://www.c-textilep.com
中国纺织出版社天猫旗舰店
官方微博:http://welbo.com/2119887771
三河市宏盛印务有限公司印刷　各地新华书店经销
2022 年 5 月第 1 版第 1 次印刷
开本：880×1230　1/32　印张：8.25
字数：195 千字　　定价：68.00 元

前　言

　　高等外语教育直接关系到高校人才的培养质量,更关系到中国同世界各国在政治、经济和文化等重要方面的交流互鉴。当前在"三全育人"和"协同育人"的时代背景下,"全人教育"的理念已经成为时代需求。全人教育思想的核心是"全人"的培养,尤其需要重视人文精神和人文素养的培育。大学英语课程是培养学生人文素养和道德品质的重要平台,其育人功能亟待进一步开发。大学英语课程包含大量有关世界多元文化的信息,为跨文化比较和反思提供了丰富的资源,是培养学生的人文素养、价值取向、国际视野及批判性思维能力,树立文化自觉与自信的绝佳"育人"阵地。目前大学英语课程设计仍以英语语言和西方文化学习为主,聚焦"全人教育"功能的相关研究较为匮乏,系统性和前瞻性均不足。本书是对大学英语"全人教育"功能的探索,也是对新时代"全程育人"理念的积极实践。本书的教学设计以"全人教育"为导向,对大学英语教学进行符合时代需求的设计与重构。

　　本书由四个章节构成。按照《大学英语教学指南(2020版)》的要求,大学英语课程设置分为通用英语课程、专门用途英语课程和跨文化交际课程。因此本书除第一章为理论基础外,其余三个章节按照指南的要求以三种课型分别论述。第一章作为全书的理论基础和文献综述部分,重点阐述了"全人教育"理念的内涵、形成背景以及可行性。"全人教育"也对外语教育者提出了更高的要求,以培养整全之人为导向的教学,不但需要超越传统语言教学,而且需要集知识广博性、艺术敏锐性和科学操作性于一体。为做到这一点,大学英语教师必须重新理解和定义自己的角色,同时创新教学设计。该章节提出大学英语课程全人教育的构建路径,是对如何设计大学英语各个课型全人教育教学的理论指导。

第二章重点论述通用英语的教学设计,具体涉及三种主要课型,分别为大学英语听说、大学英语阅读以及大学英语写作。每种课型均选择了两至三个单元进行具体的教学设计,使用的主干教材为上海外语教育出版社出版的《全新版大学进阶英语》《新世纪大学英语系列教材写作教程》以及外语教学与研究出版社出版的《新视野大学英语》。教学设计从教学内容、教学资源选择、教学过程、全人教育融入、教学评价及教学反思与创新等方面进行了详细论述,希望为大学英语教学同行提供一定的参考与借鉴。

第三章主要论述专门用途英语课程设计。该章节以作者所在的成都中医药大学开设的精品课程为例,分别介绍了中医英语课程以及中医药文化国际传播课程的全人教育教学设计。中医药是中国优秀传统文化智慧的重要代表,是打开中华文明宝库的钥匙。中医国际化不仅关系着中医药在新时代能否持续焕发更大的生命活力,同时关系到如何讲好中国故事,传播中国文化等重大课题。该章节的教学设计重点关注如何使用英语学习有关中医的专业知识,以及对外传播中医药文化等问题。

第四章主要论述跨文化交际课程的教学设计,通过跨文化言语交际、跨文化非言语交际、特定跨文化能力理论三种课型的课程教学设计,力求培养学生的跨文化交际意识、提高学生的社会语言能力和跨文化能力。跨文化交际能力的培养是助力未来的全球治理人才培养的重要组成部分之一。在建设人类命运共同体的时代背景下,学生应当具有国际视野、跨文化沟通和交际的能力,而大学英语教学既能为学生的语言训练打下坚实的基础,又能提升学生的文化素养和人文精神。

　　本书内容中, 康静雯撰写了第一章和第二章的第一节,字数总计 5 万字;黄婧撰写了第二章的第二节、第三节和第三章,字数总计 5 万字;李伟撰写了第四章,字数总计 6.6 万字。在编写过程中,成都中医药大学外语学院的赖寒老师为本书第三章的第一节"中医英语课程教学设计与实践"的撰写提供了指导意见,在此一并感谢。本书以教育部最新出版的《大学英语教学指南(2020 版)》为标准,按照不同课型的设置分别进行了"全人教育"的教学设计创新与实践。同时,鉴于本书的三位作者均在国内医学院校工作,因此本书的大学英语教学特别结合了医学院校的专业特征进行了具有校本特色的教学设计,力求为新文科背景下的大学英语思政教学改革略尽绵薄之力,为国内大学英语教学同行提供参考。由于作者水平有限,书中若有失误和不当之处,恳请读者原谅,期待广大读者批评指正。

2022 年 1 月

目　录

第一章　全人教育理论及以全人教育为导向的

　　　　大学英语教育理念 ……………………………… （1）

　第一节　全人教育的理论与研究现状 ……………… （2）

　第二节　大学英语课程践行全人教育的可行性与必要性

　　……………………………………………………… （26）

　第三节　大学英语课程践行全人教育的路径 ……… （42）

第二章　以全人教育为导向的大学英语通用课程

　　　　教学设计与实践 ……………………………… （63）

　第一节　大学英语听说课程教学设计与实践 ……… （63）

　第二节　大学英语阅读课程教学设计与实践 ……… （82）

　第三节　大学英语写作课程教学设计与实践……… （107）

第三章　以全人教育为导向的大学英语专门用途课和

　　　　通识课教学设计与实践 …………………… （128）

　第一节　中医英语课程教学设计与实践 ………… （128）

　第二节　中医药文化国际传播课程教学设计与实践

　　……………………………………………………… （151）

第四章　以全人教育为导向的跨文化交际课程教学
　　　　设计与实践 ………………………………………（163）
　　第一节　跨文化言语交际课程教学设计与实践：
　　　　　　以社会医学英语课程为例 ………………（163）
　　第二节　跨文化非言语交际课程教学设计与实践：
　　　　　　D.I.V.E 教学法 ……………………………（200）
　　第三节　特定跨文化能力理论课程教学设计与实践：
　　　　　　以跨文化冲突与适应为例 ………………（221）

参考文献 …………………………………………………（252）

第一章
全人教育理论及以全人教育
为导向的大学英语教育理念

　　全人教育兴起于 20 世纪六七十年代的美国，进而对全球产生深远影响的、以人本主义为核心的教育思潮。全人教育注重人的全面发展、肯定人的价值、尊重人的个性、彰显人格的完整性，促进人主体意识的觉醒，提倡人与自然、人与社会乃至人与宇宙间的平衡关系。在全球化加速渗透和高等教育快速步入大众化阶段，全人教育重视人的整体发展和人文素养、人文精神培养的理念对于高等教育各门学科均具有重要意义。自全人教育产生至今，国内外对于全人教育的研究方兴未艾，理论与实践研究层出不穷。本章旨在系统梳理全人教育的源起、发展、思想基础、内涵、基本主张及国内外研究现状，并以《大学英语教学指南（2020 版）》为基础，以新形势下的大学英语教学改革为背景，阐释大学英语课程中践行全人教育的可行性与必要性，并提出大学英语课程中践行全人教育的路径，旨在为大学英语教学的改革与发展提供一条可参考的行之有效的途径，并为以全人教育为导向的大学英语各类课程的教学设计与实践提供理论支持。

第一节　全人教育的理论与研究现状

1. 全人教育的缘起与发展

全人教育的智慧来自古今中外的哲学家、教育家、政治家。无论是我国的古代圣贤诸如孔子、孟子，还是西方的哲学家诸如柏拉图、亚里士多德，他们的思想都是全人教育的智慧源泉。孔子"博学于文，约之以礼"的君子修身原则、古希腊时期最早的关于"德、智、体、美"全面发展的教育、卢梭的自然教育理论均为全人教育理论的产生奠定了基础。深刻了解全人教育的产生背景与发展脉络有助于进一步认知全人教育思想的内涵。

1.1 全人教育的缘起与背景

有学者认为，全人教育的某些思想可追溯到古希腊时期亚里士多德的自由教育论❶。的确，古希腊是西方璀璨文明的摇篮，也是思想融合交汇的圣地。被称为百科全书式的思想家亚里士多德在《论灵魂》和《尼各马可伦理学》中构建了灵魂论学说，其理论包括体育、德育、智育，为教育提供了人性论上的依据。亚里士多德将音乐教育视为教育的核心，认为音乐教育能有效促进智力的发展，是进行美育的手段之一，也有益于智力的发展，更是进行道德教育不可或缺的部分，这与雅典的教育风尚高度吻合。有研究者认为"雅典的教育践行了最早的关于'体、德、智、美'全面发展的教育思想"❷。

文艺复兴时期的人文主义教育家诸如维多利诺、拉伯雷、

❶ 刘宝存. 全人教育思潮的兴起与教育目标的转变[J]. 比较教育研究，2004（9）：17.

❷ 刘优丽. 全人教育理念下外语类院校外语专业课程设置研究[D]. 重庆：四川外国语大学，2016：25.

蒙田、伊拉斯谟等反对束缚"人性"的经院教育,提倡从"人性"出发,将人的身心或个性的全面发展作为教育的培养目标。16世纪人文主义思想家蒙田认为教育应培养身、心两方面都和谐发展的"新人"。17世纪捷克教育家夸美纽斯提倡百科全书式的教育,强调"把一切知识教给一切人"。18世纪法国启蒙思想家、教育家卢梭认为自由是人的一切能力中最崇高的能力,也是人的天性和最重要的权利,教育的目的就是促进儿童按照其天性(自然规律)自由发展。卢梭的自然教育论为全人教育理论的形成提供了充足的养分。18世纪末19世纪初在德国兴起的新人文主义教育的主要代表人物洪堡提出了培养"完人"(vollstandige menschen,又译"完全的人")的目标。19世纪中叶英国教育家托马斯·阿诺德坚持教育要培养"基督教绅士",约翰·亨利·纽曼声称教育需培养具有智力发达、情趣高雅、举止高贵、注重礼节、公正、客观等优秀品性的绅士,这些都属于全人教育的范畴。❶在19世纪末20世纪初,美国进步教育之父帕克和实用主义教育家杜威,主张教育即生活,教育即生长,教育即儿童经验的改造,倡导儿童中心主义,要求教育尊重儿童的本能和兴趣,在生活中、活动中发展儿童的潜能和创造性。20世纪20~30年代,永恒主义教育流派的主要代表人物赫钦斯认为教育的目的在于促进人的理性、道德和精神力量的最充分发展,以培养完人(perfect man)、完整的人(complete human being)、自由的人、作为人的人,而不是片面发展的工具。❷20世纪60年代以来兴起的建立在人本主义心理学基础之上的人本主义教育思潮,为全人教育的发展注入了新的源泉。马斯洛认为人的发展不仅包括知识和智力,还包括情感、志向、态度、价值观、创造

---

❶❷刘宝存.全人教育思潮的兴起与教育目标的转变[J].比较教育研究,2004(9):17.

力、人际关系等,教育的目的在于人的整体发展,在于促进主观能动性的充分发挥和内在潜力的充分实现。罗杰斯主张教育要培养"完整的人"(the whole man),意指"躯体、心智、情感、精神、心灵力量融会一体"的人。❶ 日本教育家小原国芳倡导全人教育,认为教育的理想在于创造真、善、美、圣、健、富六项价值,也就是使受教育者在学问、道德、艺术、宗教、身体、生活六个方面得到均衡、和谐的发展。20世纪70年代,在后现代主义、生态学、整体论、永恒主义哲学、批判理论的基础上,一些激进的教育家继承并发展了人本主义学派的教育理想,发展出以"人的整体发展"为宗旨的联结与转化学习理论。在20世纪70年代末,全人教育的主要倡导者隆·米勒(Ron Miller)正式把这种理论称为全人教育(holistic education),成为提出现代意义上"全人教育"的第一人。1988年,隆·米勒创办了"全人教育出版社"并发行了《全人教育评论》(即后来的《交锋:寻求生命意义与社会公正的教育》)。1990年6月,80位支持全人教育的学者在芝加哥签署《教育2000:全人教育的观点》(*Education 2000:A Holistic Perspective*),提出全人教育的十大原则。"这标志着全人教育从一种温和的教育思潮走向一场激进的教育改造运动"。❷

全人教育的思想在全球范围内广泛传播,形成了世界性的教育思潮。加拿大的约翰·米勒(John Miller)所领导的安大略教育研究院(OISE)在全人教育课程方面成就斐然,其代表著作包括《全人教育课程》等;英国与澳大利亚等国家有关全人教育的研究发展也十分迅速;墨西哥籍学者雷蒙·加力格斯·那瓦(Ramon Gallegos Nava)以地球整体观来看待教育,他所著的《全人教育:普世之爱教育学》在西班牙语国家中影响重大;巴

---

❶❷刘宝存.全人教育思潮的兴起与教育目标的转变[J].比较教育研究,2004(9):18.

西教育家卡罗·弗雷克则从全人教育理论出发,编撰了《全人教育——原则、观点及实践》一书;日本学者吉春中川(Yoshi-haru Nakagawa)师承隆·米勒,先后出版了《觉醒教育:东方视野中的全人教育》和《培养整体性:精神教育的视角》等著作,以东方文化中的忍、无、理、道等概念和静坐、冥想等东方式的方法论,探索西方全人教育,在全人教育界引发不少关注。我国的台湾地区和香港地区是最早开展并践行全人教育思想的阵地。台湾中原大学多年来一直标举"育自由思考、重责任伦理、秉全人教育"的办学理念。香港浸会大学也是我国倡导和实践全人教育理念的先锋。

1.2 我国传统教育理念中的全人教育观

在我国悠久的历史和文化传统中,许多先贤的教育理念都富含全人教育思想。早在西周时期,我国就设置了以"六艺"为教育科目,"六艺"课程主要包括"射、乐、礼、御、书、数"。"六艺"教学注重文、武并重,注重知识与能力并重,使受教育者在各方面都有所涉猎,不容偏废❶。我国自孔、孟以来的儒家思想均以全人的发展为核心,以"止于至善的圣贤"为教育培养目标。春秋战国时期产生的儒家思想中,"君子"是儒学培养的最终目标,而"君子"的培养需遵从四个标准:"志于道,据于德,依于仁,游于艺",即注重"志道""据德""依仁"三方面的教育原则,同时以"游学"作为涵养君子的教育实践活动;孔子还有"君子不器"的说法,认为教育所要培养的并不是专业性的工匠,而是拥有"博学于文,约之以礼"的品性、学问兼优之人,体现了教育的目的在于培养身心全面发展的人的思想❷。孔孟的儒家思想很大程度上体现了全人教育的核心理念,即教育的目的在于

---

❶❷ 刘优丽.全人教育理念下外语类院校外语专业课程设置研究[D].重庆:四川外国语大学,2016:26.

培养身心健全、全面发展的人。荀子在《劝学》中也指出:"君子知夫不全不粹之不足为美也,能定能应,夫是之为成人",也指出教育应培养"全人"。由此可见,我国先贤圣人的这些传统教育思想与古希腊时期的教育理念不谋而合。虽然我国传统教育理论中并未提及"全人"这一概念,但在其教育实践中却无不倡导并践行着"全人教育"的思想精髓。

1.3 全人教育的两个发展阶段

全人教育作为一种教育改革运动,与工业革命时代的反主流文化在精神上是基本一致的,它挑战了适应于工业社会的价值观和现存的教育制度,因此早期的全人教育家被隆·米勒称为"具有浪漫主义的、反主流文化的教育家"。隆·米勒指出,在全人教育的发展历史上先后有过两种不同取向的整体论。一种是把整体论视作改造世界的一剂良药,是足以扫荡社会一切不良现象的人类社会发展的"新范式",是一种范式论的全人教育;而另一种则更为小心地看待人类历史且充分认识文化改造的难度,是一种 "批判理论视野的整体论"(a critical theoretical perspective holism)。这两种取向可以视为全人教育发展的两个阶段❶。

第一阶段:"范式论"的全人教育。

最早作为"新范式"的全人教育是以人本主义心理学和强调情感取向的教育为思想资源的。在 20 世纪 70 年代末,皮尔斯(Joseph Chilton Pearce)、康菲尔德(Beverly Canfield)、加林(Beverly Galyean)、法迪曼(James Fadiman)、默多克(Maureen Murdock)等人首次讨论了全人教育的话题,他们所主张的全人教育抛弃了传统的课程和对智力训练的强调,转而注重发展人的"自尊、良好的人际关系、健康的身体、对生命的所有方面的尊重、建设性的社会参与、创造性和直觉思维,以及独一无二的

❶张东海. 全人教育思潮与高等教育实践研究[D]. 上海:华东师范大学,2007:30–35.

人生经历"。布朗(David W. Brown)是"范式论"全人教育的重要鼓吹者之一,他主张"转变理论"(transformational theory),认为现代教育中存在的问题已经不是通过点滴的改革能够解决的,教育领域必须进行一次范式的转换。这种范式的转换是世界观的转换,即从工业革命以来的技术世界观转向生态学世界观。生态学世界观是全球的、整体的、整合的,它把理性和直觉都作为人类认知世界的方式,更强调主观和价值判断,强调科学技术必须在全球的、生态的视野中被理解和运用。范式的转换还意味着决定目标和方法论的基本假设也需要一个转变。这种转变源于智能、思维及学习理论的新发现(如人本主义心理学对人的潜能的强调),进而对教育系统的结构和教学方式都提出了质疑。持"范式转换"理想的全人教育家们始终坚持诸如希望、爱、美、和平等人类精神的最高品质,然而正是因为这种对人类品质的高调宣扬,使他们缺乏处理严峻的文化和政治现实的有效手段。早期的全人教育理论都是雄心勃勃的。他们宣称全人教育运动的兴趣不在于对教育的点滴改革,甚至也不只是"重构"(restructure)教育,而是使教育产生根本的转变(fundamental transformation)。这种对教育从头到脚的改造包括教育的基本假设、基本目标、课程内容、课堂和学校建筑的重新设计,以及学习者、教师和管理者角色的转变。他们有一个远大而美好的社会改造理想,但却疏于建设一套改造社会的具体操作程序,而且对其理论的完满性有一种天真的自信,因此对学校的课程或管理的改革并没有造成多大的影响。

第二阶段:批判理论视野的全人教育。

在《国家处在危险中》这份报告在美国出台以后,以"合作学习""整体语言学习""基于成果的教育"等为代表的教育改革层出不穷,一定程度上促进了美国的教育革新,但在全人教育家看来并未从根本上解决美国教育中的"漏洞"。自 20 世纪 80

年代开始，全人教育家开始反思先前全人教育运动的得失，并试图重整旗鼓，重新建立全人教育的基本理论和理论阵地。1979 年和 1980 年在美国分别召开了全人教育的全国性会议，汇聚了当时美国的全人教育家、人的智能学说和人文主义教育支持者，建立了一个全人教育网络，但影响不大；直到 1988 年，由于隆·米勒创办的《全人教育评论》杂志、约翰·米勒(John P. Miller)《全人教育课程》的出版以及 1990 年全球教育改造联盟(Global Alliance for Transforming Education，GATE) 的成立，才促使全人教育的进一步深入发展。20 世纪八九十年代以来，美国的文化氛围变得更为宽松。在全球交通便捷、世界充满生态危机、对"人的精神"的关注复苏(如新时代运动兴起)的年代，全人教育对于现代工业社会的批判引起了更多人的关注，再加上其他学科的一些反传统、反主流思想的提出，与全人教育一起汇集成了新的思潮。然而，由于全人教育的过度理想化和过度激进化，使得全人教育在当时教育思潮和社会运动不断涌现的年代的影响力极为有限。全人教育家们在一番反思之后，认识到全人教育并不足以导致巨大的社会和文化变革，全人教育要发挥自己的作用，不能与世界隔离，而必须在进步主义教育和其他社会改革主张中寻找自己的同盟军。在 20 世纪 80 年代的美国，众多教育改革运动所强调的社会公正、种族平等、公平等理念，与全人教育的理念方向都具有一致性，纵然它们并没有明确提出全人教育所支持的诸如精神性、生态等概念，但隆·米勒认为，它们都是"一场更广泛的朝向整体论和全人教育的文化运动"，"全人教育应从这些运动中吸取营养，并与之对话，形成一种新的具有批判视角的全人教育"❶。

---

❶Miller R. Caring for New Life：Essays On Holistic Education[C]. Brandon, VT：Foundation for Educational Renewal. 2000：50-51.

2. 全人教育的思想基础

有学者指出,全人教育的理论主要依赖于"联结(connected-ness)""整体性(wholeness)"和"存在(being)"这三个概念为核心的哲学基础❶,也有学者认为全人教育的思想基于哲学、心理学、社会学等多种资源,包括整体论哲学、永恒主义哲学、人本主义心理学、全脑开发理论、多元智能理论、生态学等❷。鉴于笔者的水平和论文篇幅的限制,以下简要梳理整体论哲学、永恒主义哲学和人本主义心理学等理论基础。

2.1 整体论哲学

整体论的主要观点是"整体大于部分之和",是 20 世纪 70 年代中期以来被广泛应用于自然科学、教育学、医学、心理学等学科的哲学理论。首先,整体论强调"整体性",具体来讲"整体性"包括四层含义:一是整个系统(whole systems),指在考虑问题时应该从部分到整体、从目标到关系、从结构到过程、从等级到网络,重心应该从理性到直觉、从分析到综合、从线性思维到非线性思维。二是多种视野 (multiple perspectives),指复杂系统是以复杂的方式相互联系的, 应该从不同的视角分析,没有"唯一的答案"。三是独立性 (independence),指系统在很大程度上可以作为独立的、自动的整体运行。四是多种水平 (multiple levels),指一个大的系统又包括许多子系统,形成一个网络,他们之间以复杂的方式相互作用❸。其次,整体论强调"事物的普遍相关性",此为整体论的最基本原则,认为宇宙中

---

❶❸刘宝存. 全人教育思潮的兴起与教育目标的转变[J]. 比较教育研究,2004(9):18-19.

❷张东海. 全人教育思潮与高等教育实践研究[D]. 上海:华东师范大学,2007:43-55.

的任何事物之间都是相互关联的,整个宇宙是一个整体、一个单元、一个充满了复杂关系的系统。最后,整体论认为事物是相互关联、相互制约的,系统中事物的任何变化都将引起其他事物的变化,进而导致整个系统的变化,即所谓的"牵一发而动全身"。

全人教育把整体论定义为"反对还原论、实证主义和笛卡尔自我与世界的二元论,强调所有存在之终极统一、联系和内在意义的一种世界观或理论立场"❶。隆·米勒认为"整体"分为五个层次:人、社区、社会、地球和宇宙。第一层次"人",即是隆·米勒认为全人教育应培养的 "全人"——全面发展的人或和谐发展的人,它包含六个方面的基本素质:智能、情感、身体、社会、审美和精神性;第二层次"社区",是指学习者频繁与之发生有意义互动(interactions)的人群;"社会"是比"社区"更广博的概念,是人与人、人与自然、人与环境之间的关系。在全人教育看来,一切有机体乃至人类社会是一个整体的、由复杂关系组织起来的、庞大的网络系统;"整体论"关于地球层次的"整体"的思考,与生态学理论密切相关。在整体论看来,整个地球就是一个庞大的生命体,在它之上承载着各种非生物圈、生物圈以及人类社会;在整体论中,"宇宙"一词指向一个神秘主义的概念,即终极存在、绝对;所谓宇宙层次的"整体",实际上指的就是人之存在的精神层面 (spiritual dimension of human existence),而这个概念是难以解释的❷。

❶Miller R. Caring for New Life:Essays On Holistic Education[C]. Brandon, VT:Foundation for Educational Renewal. 2000:41.

❷张东海. 全人教育思潮与高等教育实践研究[D]. 上海:华东师范大学,2007:44–48.

2.2 永恒主义哲学

"永恒主义哲学"(Perennial philosophy)是探求生命与存在本源问题的哲学思想，它的核心观点是认为所有事物都是不可分割的整体的一部分。在西方，永恒主义哲学可以溯源到早期的希腊时代。例如，古希腊哲学家毕达哥拉斯就将内部的人与宇宙联系起来，用"心灵"这个词来表示与宇宙最高原则相一致的"内部自我"，认为个人必须专注于心灵才能认识到这种联系，因此，个人必须通过沉思和调整来获取这种理解力。❶古希腊著名哲学家苏格拉底和柏拉图也常被视作永恒主义哲学家。

永恒主义所强调的"整体"与"联系"的理论观点后来成为了全人教育的思想基础，它与整体论哲学在诸多方面都存在共性。永恒主义哲学的基本原理为：宇宙中的实在是相互联系的，世界万物是统一的；个人内心或超我与这种统一之间存在着紧密联系；为了认识这种统一，需要通过沉思冥想来培养直觉；价值观源于对现实中的这些相互联系的认识和理解；人类对这种统一的认识会导致旨在反对不公正和阻遏人类痛苦的社会行为。❷

2.3 人本主义心理学

全人教育思想的心理学基础最直接的来源是以美国的著名社会心理学家马斯洛(Abraham H. Maslow)和罗杰斯(Carl R.Rogers)为代表的人本主义心理学。马斯洛的心理学理论核心是人通过"自我实现"，满足多层次的需要系统，达到"高峰体验"，重新找回被技术排斥的人的价值，实现完美人格。他认为人作为一个有机整体，具有多种动机和需要，包括生理需要

---

❶张东海.全人教育思潮与高等教育实践研究[D].上海：华东师范大学，2007：49.

❷Miller J P. The Holistic Curriculum[M]. Toronto：OISE Press，2001 (physiological needs)、安全需要(security needs)、归属与爱的需要 (love and belonging needs)、自尊需要 (respect & esteem needs)和自我实现需要(self-actualization needs),这些层次的需求如阶梯般由低到高,依次递增。马斯洛认为,当人的低层次需求被满足之后,会转而寻求实现更高层次的需要。其中自我实现的需要是超越性的,追求真、善、美,将最终导向完美人格的塑造,"高峰体验"代表了人的这种最佳状态。这就是马斯洛提出的著名的需求层次理论。罗杰斯在长期的心理治疗的实践基础上,提出了关于人格的"自我理论",认为每一个人都有自我实现的潜能,自我实现的需要是人格形成的原动力。他把这个理论推广到教育改革和其他人际关系的一般领域中,强调在教育中建立师生亲密关系和依靠学生自我指导能力的重要性。罗杰斯把欧洲的存在主义心理学和存在主义心理治疗引入美国人本主义心理学,认为人的处境虽然带有悲剧的性质,但能通过勇气的培养、焦虑的克服和自我的选择趋向光明的未来。"人本主义学派的共同认识是把学习者看成是完整的人,把教育目标设定为实现'自我',充分肯定和尊重学生的内心世界,尊重学生的价值和情感。人本主义思想极大地推动了全人教育理念的发展,对全人教育运动有着直接的影响。"❶

3. 全人教育的内涵

由于全人教育理念涉及的领域、范围、含义等广博深远、复杂多元,对全人教育的理解也是莫衷一是。下文将重点概述全人教育的核心概念及内涵。

---

❶刘优丽. 全人教育理念下外语类院校外语专业课程设置研究[D]. 重庆:四川外国语大学,2016:18.

3.1 全人教育的核心概念界定

学术界对于全人教育的定义至今仍无定论。隆·米勒将全人教育描述为:"所有学生和教师共同学习和成长的发现、表达和掌握多层经验的旅程。"❶台湾学者吕俊甫认为教育的理想是促进人的全面发展,人的全面发展包括身体的发展、德性的发展、情绪等方面的发展,这种能促进人全面发展的教育即可称之为全人教育。国内学者谢安邦和张海东认为全人教育的目的是促进人的整体发展,全人教育关注人与人之间平等、开放、有活力的交流与合作,关注人生的经历而不是狭隘的技能。❷国内学者刘宝存则认为所谓的"全人教育"就是培养"完整的人"的教育,是指"身体、心智、情感、精神、心灵力量融会一体的人","是真正全面发展的人、完善的人,是具有主体性并能够把握自己命运的人,是作为人的人而非作为工具的人,是整全的人而非残缺的人,是和马克思所倡导的自由、和谐、全面发展的人是一致的"。❸国内学者文旭、夏云对"全人教育"的理解和刘宝存有异曲同工之妙。他们指出,"全人教育"是相对于作为工具人的"半人教育"而言的,其目的是纠正教育目标的工具化倾向。"全人"是真正全面发展、人格健全、和谐统一的人,是具有主体性并能把握自己命运的人,是作为人的人而非作为工具的人,是在精神上和心理上完整的而非残缺的人。全人教育注重价值理性而非工具理性,道德始终是全人教育的最高和最终目的。❹

综合各家之言,"全人教育"首先是整体观之下的教育,是

---

❶❷刘优丽.全人教育理念下外语类院校外语专业课程设置研究[D].
　重庆:四川外国语大学,2016:22.

❸刘宝存.全人教育思潮的兴起与教育目标的转变[J].比较教育研究,
　2004(9):18,21.

❹文旭,夏云.全人教育在外语教育中的现实化[J].外语界,2014(5):78.

人之为人的教育;其次是传授知识的、注重个人经验和经历的多层次、多方面的、并使人在身体、精神、智力、素养等得到全面发展的教育;最后是发掘个人潜能,是人能达到自我实现、形成健全的身、心、灵、智的教育。就其教育目的而言,"全人教育"把教育目标定位为:在健全人格的基础上,促进学生的全面发展,让个体生命的潜能得到自由、充分、全面、和谐、持续的发展。简而言之,全人教育的目的就是培养学生成为有知识、有能力、有道德、有文化、有素养、和谐持续发展的"全人"。

3.2 全人教育的内涵

隆·米勒从以下几个方面归纳出全人教育的内涵❶:

(1)全人教育关注每个人的智力、情感、社会、身体、审美、创造力和精神等方面潜能的发展。它积极鼓励学生参与教学过程并承担个人和集体的责任。

(2)全人教育追求理解和意义。它的目的在于培养健康的、整体的、好奇的人,使他们能够在任何新情境中学会他们需要知道的任何知识,并通过向学生介绍关于地球、地球生命和初露端倪的世界共同体的整体观点,这种整体的战略能够使学生领悟、理解构成和给予生命意义的多样化的情境。

(3)全人教育认识到每个人智力、创造力和系统思维的与生俱来的潜力。它包括所谓的"处于危险中的学生",他们中的大多数在强调线性的、序列化进程中机械的、分解的教学范式里遇到严重的学习困难。

(4) 全人教育认识到所有的知识都产生于特定的文化背景,"事实"只不过是共享的观点。它鼓励跨学科之间的转化式学习,并鼓励学习者采取批判的方法对待他们所生活的文化、道德和政治情境。

---

❶邢燕文.以全人教育理念引领高等教育发展 (一)[J].西部素质教育, 2020(9):9.

(5)全人教育重视精神知识(非宗教意义上的)。灵性是所有生命之间的联系状态,在统一中尊重多样性。它是对存在、归属和关爱的体验,是敏感和怜悯、快乐和希望。它是内心生活与外部生活的和谐,是对宇宙神秘性的好奇和敬畏之情及对有意义生活的情感。它指向对人类精神的最高的渴望。

4. 全人教育的基本主张

综合中西方各研究者和学者对于全人教育基本主张的研究成果(张东海,2007;谢安邦、张东海,2009;魏清,2012;邢燕文,2020),本书将全人教育的基本理论观点归纳如下:

(1)全人教育关注个人心智、情感、社会性、物质性、艺术性、创造性与潜力的全面挖掘,强调教育的目的是实现人的整体全面发展。当代全人教育思想与过去的教育理念相比,其最突出的特性就在于教育目的。全人教育认为教育不是单纯的社会统治的工具,人不再是经济利益驱动下的机械个体。全人教育思想将对人的认识提升到了前所未有的高度,其核心内容就是"全人"的培养。"全人(holistic person)"从字面上理解是具有整合人格,得到全面发展的人。隆·米勒提出了"全人范式(holistic paradigm)"的概念,认为从全人的本质来看,精神性更胜于物质性,从当今时代来看,也就是说教育应更着重于人的内在——如情感、创造力、想象力、同情心、好奇心等,尤其要注重自我价值的实现。这一全人范式理论认为教育的过程不仅是知识的传递与技能的训练,更应关注人的内在情感体验与人格的全面培养,达到人的精神性与物质性的统一。

(2)全人教育强调联系、关系概念,寻求人类之间的理解与生命的真正意义。传统意义上的教育通常将社会关系、文化背景等割裂开来,教育的最终结果是制造出"精致的利己主义者",他们只注意身边狭小的范围,缺乏对他人的理解与尊重。

传统教育注重竞争,无论是考试竞争还是活动竞争,都忽视了学生人际理解能力的培养。在这种"功利性"的驱使之下,人类之间只有物化的关系,人性也就陷入不断沦落之中。全人教育鼓励自我实现,但同时也强调真诚的人际交往和跨文化的理解。人之所以为人的重要一点在于人是生活在相互联系的有机社会群体之中,这种联系不是机械化的,而是鲜活的人际交往,人性的体现不在于竞争而在于合作。全人教育的实施过程中主张师生之间的平等、开放、尊重,强调学生在受教育过程中加深合作精神的体验,培养人与人相互理解相互关心的素养,同时将生活中的人际交往进一步深化为人类跨文化的理解与信任,加强学生的全球意识。

(3)全人教育注重学生人文精神的培养和融合。全人教育者在思考如何塑造学生的健全人格并完善其思维方式时,在很大程度上受当代人文主义教育思潮的影响。人类社会自进入工业时代以来,重古典人文的传统教育日渐衰微,科学主义成为各个校园的主导文化。不可否认,在科技发展日新月异的时代,注重实用知识教授与能力的培养具有重大意义,这种教育方式也极大地促进了社会生产力的进步与技术创新,但同时其自身许多无法避免的弊端也逐渐显露出来。由于学校教育过于偏重实用知识,忽视文学、艺术等人文课程的学习,甚至将很多人文课程视为无用,学校充斥了急功近利的气氛,学生缺乏人文关怀、缺少对世界发展的正确的价值观、缺少对周围事物的关心与思考,只是一味地成为物质生产的工具,而学校就成为制造这些工具的"工厂"。

全人教育者们并不否认知识爆炸的年代里科学知识的重要作用,但主张在学校教育中更多地渗透人文精神。隆·米勒的学说就直接提出,全人教育是用人文教育(humanistic educa-tion)的方法来达到全人发展的目标。针对目前学校教育人文精神的缺失,全人教育倡导在教育的各个部分和环节都落实人的精神的培养,孕育人的完美人格。其中一个重要的方面就是大力推行通识教育课程,美国、加拿大等国家的学者在全人教育探索方面一枝独秀,其中一个原因就在于他们拥有良好的通识教育土壤使之能够在实践领域寻找全人教育的实施路径。通识教育正符合了培养人的整体性的本质精神,是一条贯彻人文思想的捷径,但需要注意的是,如果通识课程中没有人文精神的渗透,没有人的基本品格的培养,那么这种教育也注定无法达到全人教育的根本目的。以全人教育为其终极理想的通识教育应该帮助学生了解人之所以为人的道理、各种永恒的问题、认识其所处时代的特性及其所面临的困境等。总之,只有深刻领会人格、个性与思维的重要性,才能真正培养出理性的、人文的、道德的、精神的全人。

(4)全人教育鼓励跨学科的互动与知识的整合。学校教育如果完全按照学科或职业为导向,培养学生单一学科的知识,那么教育者就会完全忽略我们的世界是一个瞬息万变的、庞杂而有机联系的系统。全人教育者认为目前的学校教育将各种知识人为地割裂开来,各门学科相互孤立,世界被拆分为无数的碎片,这直接导致了人的发展是片面的,思维方式是孤立的。鉴于此,全人教育倡导以跨学科的整合学习促进人的全面发展。全人教育认为,只有透过学科之间的互动、影响和渗透,超越学科间的各种限制,才能开拓新知识的学习与研究问题的视野,真正将世界还原为一个整体。

(5)全人教育关注人生经验,促使学生养成对所处文化、道德、政治环境进行批判性思维的能力,培养具有整合思维的地球公民。全人教育强调教育是成长,是发现,是开阔视野,是探寻理解和意义,远远超越传统课程、课本和标准考试的有限视野。全人教育认为教育是应致力于人类文化的创造和改造,不仅是对现有文化的复制,因此它强调在教学中对学生批判性思维能力的关注、引导和培养。全人教育的最大特色在于"全",这不仅仅意味着培养人的全面素养,更蕴涵着一种广阔而博大的世界观。这种世界观向当代社会百态提出严正的挑战,超越个体与小群体,将人与自然、社会、自身交织在一起。全人教育者所关心的不是某个人、某个学校、某个国家的发展,而是从更宽广的角度将整个地球甚至整个宇宙联系在一起。在此意义上,全人教育力求培养出具有国际视野、全球视角的地球公民,他们关心环境、关心社会、关心和平、关心全人类。

总之,就全人教育的基本理论而言,它是将"以人为本"和"以社会为本"整合为一体的教育观,既重视个人价值,又重视社会价值。这是一种理想化的教育埋念,是完善价值生命的教育理念,是培养"完人"的教育理念。全人教育是一个较之素质教育更为高质、更为内在、更为深入的教育理念,它为审视和反思我国当前的高等教育现状提供了新的视角。

5. 全人教育的国内外研究现状

5.1 国外关于全人教育的相关理论及实践研究

前述在梳理"全人教育的缘起与背景"时将全人教育的思想根源追溯到古希腊时期,其间著名哲学家柏拉图和亚里士多德的许多理论都为全人教育的产生提供了理论基础;而文艺复兴时期以拉伯雷、蒙田为代表的人文主义者们倡导的人身心的全面发展、18世纪法国启蒙思想家和教育家卢梭的"自然教育理论"、18世纪末19世纪初在德国兴起的新人文主义教育、19世纪末20世纪初杜威的"儿童中心主义"、20世纪二三十年代的永恒主义教育流派"培养完人(perfect man)""完整的人(a complete human being)"的主要观点、20世纪60年代以来兴起的人本主义教育思潮等理论基础,都为全人教育的产生和发展提供了肥沃的土壤,注入了新的源泉。

　　20世纪60年代美国的高等教育步入大众化阶段，如何在教育规模扩大的同时提高教育的质量成为全美教育界关注的焦点。与此同时,联合国教科文组织也意识到了当时教育状况对于受教育者的影响,于1972年发表了《学会生存:教育世界的今天和明天》主题报告,认为教育应使人日臻完善,使人获得饱满的人格,使人在不同的角色中承担不一样的责任。❶随后,在国际21世纪教育委员会提交的《教育——财富蕴藏其中》报告中，再一次重申了教育应促进人的全方面发展这一原则,指出教育应注重培养具有判断能力,具有独立人格,具有批判精神的人。

　　20世纪70年代，北美一些教育理论激进派受人本教育学派理论的影响,借用生态学、神话学、系统论、西方精神理论传统等概念,发展出"以人的完整发展"为核心概念的学习理论;在此基础之上,20世纪70年代末,全人教育的主要倡导者隆·米勒正式提出了"全人教育"的概念,将"全人教育"引入大众视野;随后,隆·米勒创办了第一份以研究全人教育为宗旨的专业期刊——《全人教育评论》(即后来的《交锋:寻求生命意义和社会公正的教育》);在1990年8月签署《教育2000:全人教育的观点》并提出全人教育的十大原则后,全人教育的研究队伍日渐壮大，涌现出了一批较有分量的代表人物，如美国的隆·米勒、加拿大的约翰·米勒 (John P.Miller)、日本的吉春中川(Yoshiharu Nakagawa)等。目前关于全人教育的研究,其领域正不断拓宽,如开放教育、环境教育、体制外教育等。

　　关于全人教育的理论研究,除隆·米勒创办的"全人教育出

---

❶联合国教科文组织国际教育发展委员会.学会生存:教育世界的今天和明天[M].北京:教育科学出版社,1996:193.

版社"及其主编的《抚育新生命:全人教育论文集》《教育的新方向:全人教育期刊论文精选》和《教育的更生:对当前文化与生态危机的回应》中提出的若干理论对全人教育深入发展贡献巨大以外,加拿大的约翰·米勒所著的《全人教育课程》也在全球范围内有较大影响,他主要提出了"平衡、包容、联结"的课程原则。日本的教育家吉春中川的《教育的觉醒——东方哲学取径之全人教育研究》,以东方对性灵与环境教育之思维为研究取径,探索西方全人教育哲学较弱的一环——终极存在(infinite reality)与全宇存在(universal reality)实践的可能性。[1] 而日本的另一位教育家小原国芳在他创建的玉川学园中倡导全人教育,他认为教育的理想在于创造真、善、美、圣、健、富六项价值,也就是使受教育者在学问、道德、艺术、宗教、身体、生活六方面得到均衡、和谐的发展。[2] 目前,全人教育期刊是北美全人教育理论的主要发表阵地,而全人教育网站也以全人教育理论的推广为使命,为读者提供在线阅读或下载许多以"全人教育的价值观"(Values in Holistic Education)、"社会责任教育"(Socially Responsible Edu cation)、"自由与教育"(Freedom and Educa-tion)、"全人教育学派的文献综述"(What Holistic Education Claims About Itself:An Analysis of Holistic Schools' Literature)等为主题板块的文章。同时,国外在将全人教育的思想与教育改革实践相结合方面,也做出了许多努力。如美国、加拿大等国家的人文主义教育、可选择(alternative)学校、自由学校、瓦尔多夫(Waldorf)学校的教育改革等,又如美国加利福尼亚州的金橡树学校(Fair Oaks School)推行的"快乐阅读计划",全人教育学

---

[1] 张东海.全人教育思潮与高等教育实践研究[D].上海:华东师范大学,2007:3.

[2] 刘宝存.全人教育思潮的兴起与教育目标的转变[J].比较教育研究,2004(9):18.

者布朗利推行的以"垃圾循环利用"为主题的环境教育等。

5.2 国内关于全人教育的相关理论及实践研究

由前所述,我国的传统教育思想如孔孟的儒学思想中早早地孕育着"全人教育"的理论精髓。在当代,我国大陆地区对全人教育的概念和思想的引进起步较晚, 最早见于 1991 年周鸿志发表的《小原国芳的全人教育论及其别具特色的教学原则》,介绍日本全人教育家小原国芳的教育思想。❶我国对全人教育的研究成果主要集中在 2000 年之后,代表著作有谢安邦、张东海著的《全人教育理念与和谐社会建设》《全人教育的理论与实践》等,后者详细阐述了全人教育思潮的产生及发展、全人教育的基本主张和以全人教育为基础的教育改革。

我们在中国知网(CNKI)上以"全人教育"为主题词共检索到 2851 条结果,其中与全人教育相关度较高的论文有 2000 余篇。从发表年度上粗略估算,1991~2000 年国内针对全人教育的研究步伐缓慢,论文数量屈指可数;2001~2013 年,国内对全人教育的研究呈现逐年递增的热烈态势,研究数量从 2001 年的 18 篇上升至 2013 年的 196 篇;2014 年至今,国内围绕全人教育进行的研究仍然方兴未艾,年均论文数均超过 200 篇,且在 2019 年达到最高值 290 篇。本书大致将研究分为以下几个方面:

(1)对全人教育的纯理论解读,如对全人教育的宗旨的阐释、全人教育的思想溯源和理论基础、全人教育的基本原则和主要理论观点推介等。研究主要集中在 1991~2010 年,代表论文有冯建军的《论全人教育》(1999),卞爱美的《香港地区高校"全人发展"的教育理念及启示》(2000),肖海涛的《台湾中原大学全人教育理念考察报告》(2001),刘宝存的《全人教育思潮的

---

❶周鸿志. 小原国芳的全人教育论及其别具特色的教学原则[J]. 北京师范学院学报(社会科学版), 1991(2): 73-79.

兴起与教育目标的转变》(2004)，李谊的《小原国芳教育思想探析》(2005)，谭敏、范怡红的《西方当代全人教育思想探析》(2006)，谢安邦、张东海的《全人教育的缘起与思想理路》(2007)，方晓青的《大学使命：整全人的培养——雅斯贝尔斯〈大学之理念〉解析》(2010)等。

(2)全人教育理念运用于教育教学改革中的理论及实践研究，主要集中在以全人教育理念引导教学方法、教育目标、课程设置、教师素养及人才培养模式的改革或将全人教育理念与教育实践相结合以探索教育教学改革这些方面。这种理论加实践的结合(或以理论指导实践)的研究成为 21 世纪国内研究全人教育领域的重点。如李海莲、陈小兰在《全人教育理念下的远程教育通识课程改革》(2007)中在对试点院校通识课程设置情况抽样调研的基础上，从全人教育的理念出发，结合远程教育自身的特点，指出在通识课程设置上存在的问题，并对通识课程改革的观念和做法提出了建议；谢安邦、覃玉荣在《和谐理念下的高校全人教育课程探索》(2008)中以约翰·米勒提出的"平衡、包容与联结"的全人教育课程三原则为基础，提出和谐理念下的高校全人教育课程应将课程目标、课程规划、内容和评价整合成一体，用整体的观念重新思考高校的课程体系建设；张建敏在《全人教育理念下的高校教师教学能力培养探讨》(2009)一文中探讨了全人教育理念下高校教师教学能力需求和培养途径的问题；刘美兰(2010)强调全人教育理念下的外语课程的转型与重构必须致力于"人"的发展的理念，应重新构建弹性的模块化外语课程，合理地设计、规划和开发新课程，重视课程内容的价值及与生活的联系，在课程实施中注重对话和体验，在课程评价中关注收获和生成，最终促成学生综合素质的全面发展。另外，张加亮的《全人教育理念下"三维一体"育人模式的创新实践》(2011)，刘龙海、范晓光的《大学生综合能力培养的全人教育模式探究》(2012),裴群羽、王维民的《构建"全人教育"理念指导下的医学院校学籍管理平台初探》(2013),吴于勤的《全人教育理念下的大学英语教学改革与实践》(2015),刘志丽的《全人教育视角下理工类高校心理健康教育体系建设》(2016),曾艳仪的《全人教育理念下的高职商务英语人才培养模式》(2017),文旭的《全人教育视域下的外语人才培养》(2019),王博的《全人教育视角下的高校"课程思政"建设》(2020),惠小乔的《全人教育在基础教育中的实施路径探究》(2021)等,其研究均是将全人教育与教育教学改革实践或与当下教育改革的趋势相结合的例证。

(3)全人教育在东方文化语境下的重新解读。在这一方面,学者们主要是利用比较研究的方法,分析和探索全人教育理念与我国传统教育精神以及"全面发展"理念的契合之处。代表学者有赖明德(2002),他认为中华民族传统的全人教育,其意义在教导人们和实践天人合一、内圣外王、仁民爱物三项道理,而孔子主张的志道、据德、依仁实践上提倡文学和历史并重,哲学和艺术兼赅,待人接物的礼节和安身立命的素质兼顾。因此,中国传统的教育从其内涵而言是通识教育,就其总体而言是一种全人教育。❶ 而钟启泉(2001)则认为,全人教育所强调的关联、和谐、包容、创造、生命、灵性、可持续发展等观念,与老子的"生""和"思想是遥相响应的。❷ 杨婷则指出,中国传统教育中追求道德理性、追求人与自然的和谐、追求人的价值等,对确立真正关心人的内在价值与尊严的人文理性价值观起着重要的作用。现代高等教育应该促进人的价值实现和人的自由而全面发展的教

❶赖明德. 全人教育的探讨和落实[J]. 河北科技大学学报(社会科学版),2002(6).

❷钟启泉. "整体教育"思潮的基本观点[J]. 全球教育展望,2001(9).

育。以"通识通德"为目标的中国传统教育实质上就是全人教育。❶谢安邦、张东海在《全人教育的理论与实践》(2011)一书中,阐述了东方思想中的"整体观",以及对"整体的人"的中国式解读。❷

在国内关于全人教育的实践方面,我国台湾地区和香港地区对全人教育的引介较早,一些大学如辅仁大学、中原大学,香港浸会大学,都提出以全人教育作为自己的办学指导思想,在全人教育的框架下设计本校的教育模式。台湾地区早在1995年就公布了迈向21世纪的教育愿景,将教育定位为"全人教育、终身学习、温馨校园"。1998年又明确提出"各校应重视通识教育以落实全人教育",将通识教育作为实现全人教育思想的途径,全人教育的思想得到进一步重视,逐渐发展成为台湾地区各类学校普遍接受的教育发展主流方向。以辅仁大学为例,该大学的办学宗旨在于成为追求真、善、美、圣的全人教育之师生共同体,肯定人性尊严,尊重学术自由;探讨生命意义,提升道德生活;专精学术研究,重视人文精神,致力于培育学生达到知人、知物、知天的理想。❸受全人教育理念的影响,香港地区于2000年底起开展了以"终身学习、全人发展"为主旨的教育改革。以香港中文大学为例,学校以全人教育为理念,注重通识教育,其办学特色则在于"个别关注、凸显学人整体性尊严与价值"的书院制度。又如,香港浸会大学建校不久便逐步确立了"全人教育"的办学理想,致力于提供完整教育,使学生能在学问、思想、专业技能、人格修养各方面均衡发展,成为具有创造力

---

❶ 杨婷."通识通德"的全人教育与当代大学精神[J].航海教育研究,2005(1).

❷ 谢安邦,张东海.全人教育的理论与实践[M].上海:华东师范大学出版社,2011.

❸ 张东海.全人教育思潮与高等教育实践研究[D].上海:华东师范大学,2007:10.

之领袖及富有责任感之公民。为了实现上述目标,该大学强调培养学生终生自学的习惯、自我反省和自我完善的能力,鼓励独立思考,倡导学无止境和思想自由,提升学生的自信和专业技能。❶

在我国,全人教育的实践主阵地为高等教育领域,广东外语外贸大学的李筱菊教授在 20 世纪 80 年代建构了中国特色交际教学理念,并以此升华为"全人发展"英语教育思想,引领了我国外语教育史上一次开创性的突破。李教授通过《交际英语教程》(*Communicative English for Chinese Learners*)的实践创新,引导外语教学的重心从语言知识的传授转向语言交际能力的培养,进而关注语言学习者的全人整体发展。❷ 以此为基础,广东外语外贸大学的英语专业依托外国语言文学 A 类学科平台,以"新文科"和"大外语"精神为指导,秉承"全人教育"理念,培养具有饱满的中国情怀与宽广的国际视野、良好的人文素养、突出的英语语言能力、良好的文学及美学赏析能力、敏锐的跨文化思辨能力的新时代英语专业人才,为国家发展战略、华南地区经济文化建设和"粤港澳大湾区"创新发展提供人才支持。该校英语专业通过拔尖人才实验班、英语四大专业方向和"英语+信息管理"复合型人才模式,进行分类培养,实现分类卓越。学校建立了由"英语拔尖人才""英语专业人才"和"英语复合型人才"构成的"一拔尖、四方向、一复合"(简称"141")的英语专业国际化人才培养体系,服务国家和区域发展需求。❸ 广东外语外贸大学英语专业的"分类卓越"体系,充分体现了外语专业"通德通识""博雅精专"的全人教育人才培养理念,在国内高校中可谓独树一帜。

除此之外,暨南大学和北京大学虽未明确提出全人教育的理

---

❶张东海.全人教育思潮与高等教育实践研究[D].华东师范大学,2007:10.

❷❸张欣.新文科、大外语与英语专业"全人教育"培养路径[J].外国语文,2020(5):17–18.

念,但从其目标愿景、课程设置等方面来看,无一不渗透着"全人"的培养思想。如暨南大学本科经济学专业基于全人教育的实践、创新与探索,对现实世界中的各种经济现象进行观察、分析,并给出相应的研究结论和对策建议,展现了经济学类本科生在全人教育理念下的创新精神和团队合作精神;北京大学于2000年发出《关于建立本科生素质教育通选课的通知》,以培养全人为目标,使学生不再只受本专业限制,培养全面发展的人才。❶

综上所述,目前国内外对全人教育的研究均在理论与实践两方面建树颇丰,但就全人教育的理论研究而言,国内的相关研究还是较为匮乏,代表性著作或论文较少;而在全人教育理论与国内教育教学改革相结合的研究中,以高等教育中的职业院校的教学改革为研究对象的论文居多,而与人文学科中的外语教育教学相结合的研究占比较少。然而在国内,外语学科一直被认为是人文素养培育的主阵地,与"全人教育"的融合有着天然的优势,"全人发展"的外语教育观也可为当下人文学科和英语教育的持续发展提供有益的理论与实践指导,这些都为我们打开了研究思路。

第二节　大学英语课程践行全人教育的可行性与必要性

随着中国与世界各国在经济、科技、人文等领域的交流日渐频繁,对外开放进一步扩大与持续深化,英语作为全球目前使用最广泛的语言和开展国际交往的重要工具,在可预见的未来仍将作为中国对外交流、经济发展、科技创新等领域的最主要

❶刘优丽.全人教育理念下外语类院校外语专业课程设置研究[D].重庆:四川外国语大学,2016:15.

沟通媒介。而大学英语课程作为高校大多数非英语专业学生在本科教育阶段必修的公共基础课程和核心通识课程，在培养学生的英语语言综合应用能力、人文素养、国际视野、跨文化交际能力等方面扮演着不可替代的重要角色。而随着中国进入崭新发展的时代，特别是党的十九大以来，在党中央、国务院对教育工作作出一系列重大决策部署后，促进人才的全面发展、造就堪当民族复兴大任的时代新人、在教育中落实立德树人的根本任务等要求响彻耳旁。新时代对人才培养提出的新要求，急需体现和落实在高校教育教学的各个环节中。大学英语课程也不例外。以人的全面发展为核心的全人教育可为新形势下大学英语教学的改革提供一条可行之径，为新时代大学英语教学贯彻落实党中央、国务院的重大决策部署提供理论指引。全人教育与大学英语课程之融合、在大学英语课程中践行全人教育的理念具有充分的可行性和切实的必要性，以下将详细论述。

1. 大学英语课程践行全人教育的可行性

以最新出台的《大学英语教学指南（2020 版）》为基础，在大学英语课程中践行全人教育的可行性有以下几个方面。

1.1 大学英语的课程定位与性质与全人教育理念具有高度契合性

为贯彻落实全国教育大会精神，顺应新时代我国高等教育的发展要求，体现新时期我国高等教育的人才培养战略和目标，教育部高等学校大学外语教学指导委员会对 2015 年版的《大学英语教学指南》进行了修订，形成了最新的《大学英语教学指南（2020 版）》（以下简称《指南（2020 版）》）。《指南（2020 版）》在大学英语"课程定位与性质"部分明确提出："大学外语教育是我国高等教育的重要组成部分，对于促进大学生知识、能力与素质的协调发展具有重要意义。大学英语作为大学外语教育的主要内容,是大多数非英语专业学生在本科阶段必修的公共基础课程,在人才培养中具有重要作用。""大学英语课程是普通高等学校通识教育的一个重要组成部分,兼具工具性和人文性。其工具性主要体现在两个方面:第一,大学英语课程是基础教育阶段英语教学的提升和拓展,主要目的是在高中英语教学的基础上进一步提高学生的听、说、读、写、译等语言综合应用能力。第二,大学英语课程可通过专门用途英语教学让学生学习与专业相关的学术英语或职业英语,获得在学术或职业领域进行国际交流的相关能力。其人文性也主要体现在两个方面:第一,大学英语课程的重要任务之一是进行跨文化教育。语言是文化的载体,同时也是文化的组成部分。学生可通过英语学习了解国外的社会与文化,增进对不同文化的理解,加强对中外文化异同的认识,培养跨文化交际能力。第二,大学英语课程可培养学生对中国文化的理解和阐释能力,服务中国文化对外传播。人文性的核心是以人为本,弘扬人的价值,注重人的综合素质培养和全面发展。社会主义核心价值观应有机融入大学英语教学内容。大学英语课程的工具性是人文性的基础和载体,人文性是工具性的升华。"❶

其实,关于大学英语的工具性和人文性之争由来已久。复旦大学的蔡基刚教授就曾指出,工具性才是大学英语的根本属性,外语教学的人文性是个伪命题,而目前大学生跨文化交际能力的缺失是由于大学英语的工具性未受到充分重视造成的。❷与之对立的是,许多研究者认为大学英语教学过度重视工具性而

---

❶教育部高等学校大学外语教学指导委员会. 大学英语教学指南(2020版)[M]. 北京:高等教育出版社, 2020:3-4.

❷蔡基刚. 全球化背景下外语教学工具与素质之争的意义[J]. 外国语, 2010(6):33-40.

忽略人文性是导致大学生人文素养得不到有效提升的根本原因。这些研究者大力倡导应给予大学英语的人文性以高度重视,以期能够提升学生的人文素质和人文精神。近年来,越来越多的研究者强调大学英语的"双性本质",即工具性和人文性的协调统一、相辅相成之关系。如王守仁教授认为大学英语教学课程体系要融合工具性和人文性,"不能将两种属性对立起来,特别是要避免片面地否定或排斥人文性,要实现其工具性和人文性的统一"。[1]本书赞同大学英语的"双性本质",认为工具性和人文性是大学英语缺一不可的基本属性,是相辅相成、协同发展的。诚然,语言是一门工具,但语言也是一门充满着人文气息的工具。大学英语的工具性不能脱离人文性而独立存在。我们应该以人文性强化工具性,以工具性培育人文性。正如《指南(2020版)》中强调的:"工具性是人文性的基础和载体,人文性是工具性的升华。"

大学英语的"双性本质",特别是其重视人文素质的培养,强调"以人为本"的人文性核心、弘扬人的价值、注重人的综合素质培养和全面发展等方面,与全人教育的理念具有高度契合性。全人教育观最突出的特征就是注重自我价值的实现和实现人的整体全面发展。全人范式理论所倡导的教育的过程不仅仅是知识的传递与技能的训练,更是关注人的内在情感体验与人格的全面培养,以达到人的精神性与物质性的统一,这与大学英语的课程定位与性质不谋而合。同时,全人教育不否定教育的工具性本质,但主张在教育中更多地渗透人文精神以培养学生的人文素养,也与大学英语课程的"双性本质"达成一致。

---

[1] 王守仁. 坚持科学的大学英语教学改革观[J]. 外语界, 2013(6):9-22.

1.2 大学英语的教学目标与要求与全人教育理念具有内在吻合性

《指南(2020版)》明确规定:"大学英语的教学目标是培养学生的英语应用能力,增强跨文化交际意识和交际能力,同时发展自主学习能力,提高综合文化素养,培养人文精神和思辨能力,使学生在学习、生活和未来工作中能恰当有效地使用英语,满足国家、社会、学校和个人发展的需要。" ❶

全人教育除了注重人的整体全面发展、注重学生人文精神的培养与融合之外,还关注人生经验,促使学生养成对所处文化、道德、政治环境进行批判性思维的能力,培养具有整合思维的地球公民。这一点与大学英语的培养目标高度一致。同时,全人教育从地球整体观点(global view)的角度看待教育,以全人类的福祉为己任,力求培养出关心环境、关心社会、关心和平、关心全人类的具有国际视野、全球视角的地球公民。这一目标与大学英语的目标——培养能满足国家、社会、学校和个人发展的需求的学生、培养能为个人、社会、国家和世界作出应有贡献的学生具有内在吻合性。可以说,以全人教育的理念引导大学英语教学,有利于促进大学英语教学目标的最终实现,有利于体现大学英语课程的内在价值。

1.3 大学英语的课程设置为"全人教育"与大学英语课程的融合提供了可能

《指南(2020版)》指出大学英语教学的主体内容可分为通用英语、专门用途英语和跨文化交际三个部分,并由此形成相应的三大类课程。❷

---

❶ 教育部高等学校大学外语教学指导委员会. 大学英语教学指南(2020版)[M].北京:高等教育出版社, 2020:5.

❷ 教育部高等学校大学外语教学指导委员会. 大学英语教学指南(2020版)[M].北京:高等教育出版社, 2020:18.

在大学英语的课程设置中，通用英语课程除了培养学生的英语语言应用技能，还旨在增加学生在社会、文化、科技等领域的知识储备，拓宽学生的视野，提升学生的综合文化素养，帮助学生树立正确的世界观、人生观、价值观，这些都有利于充分挖掘大学英语课程中丰富的人文内涵，助力全面提升大学生的人文素养，培育学生的人文精神、国际视野、思辨能力等，为大学英语课程中践行全人教育理念提供了充足的可能性。专门用途英语以增强学生使用英语进行学术交流、从事专业工作的能力，提升学生学术和职业素养为目的，也重视学生对学术精神、职业道德、文化价值等人文素养的理解与实践，同样与全人教育中的注重人文性培养不谋而合。跨文化交际课程旨在对学生进行跨文化教育，帮助学生了解中西方在世界观、价值观和思维方式等方面的差异，培养学生的跨文化意识，提高学生的社会语言能力和跨文化交际能力，这些都致力于增强学生的学习能力，建构学生的人格和精神世界，提升他们的学科综合应用能力和社会交流能力，鼓励他们在全面发展的同时为社会、国家和世界的发展作出贡献。以上三大类课程的设置及培养目标都符合全人教育的思想，为全人教育融入大学英语课程教学提供了可行性。

2. 大学英语课程践行全人教育的必要性

纵观全人教育的内涵与基本主张、大学英语的学科特点、新时代的需要及新形势下人才培养的目标，在大学英语课程中践行全人教育的必要性有以下几点：

2.1 大学英语课程践行全人教育是为服务教育的终极目标——促进人的全面发展

综观学术界对全人教育的定义，全人教育的核心内涵就是培养学生成为有知识、有能力、有道德、有文化、有素养、和谐持续发展的"全人"。人本主义者罗杰斯认为，教育的真正目的在于促进人的整体全面发展，不仅包括智力和知识方面的发展，还涉及态度、情感、志向、精神、价值观、创造力和人际交往等方面的培养；隆·米勒也认为，教育除了传递知识技能外，还应重视人格的升华和内在情感的培养。他还提倡教育中人文精神的培养，重视挖掘受教育者的个人潜力和价值理性，同时倡导学科之间的互动和知识间的融合。日本教育家小原国芳也曾指出，理想的教育应该以培养"全人"为终极目标，所传授的知识应涵盖人类的全部文化。所谓的"全人"是"真、善、美、圣、健、富全面发展的人"。由全人教育的核心内涵可见，全人教育首先重视教育的全面性，即教育不仅是某个知识技能或某种知识技能的传递，更是知识与知识间的联系、渗透与融合，学科与学科间的交互、联结与贯通，这样的教育方式才有利于促进多元培养目标的实现，助力学生成为具备全面知识和技能的复合型人才。其次，全人教育重视教育的多元性，即除了智力以外，全人教育关注受教育者的品德、心理、审美、人格等方面的多元发展，力求培养心智健全、品德高尚、具备良好审美情趣的全方位人才。相应的，在教学方法和教学评价上全人教育也提倡多样性和多元化，这样才有利培养学生的综合素质。最后，全人教育重视教育的差异性，即提倡因材施教，充分挖掘学生的个人潜力，以最大化激发学生的学习能力和学习的主动性、积极性和创造性，使学生能发挥自身优势，获得自主学习带来的满足感和成就感。

教育的终极目标是促进人的全方位发展，维护和发展人的自由，培养思想自由、人格完善的全人。❶外语教育中的大学英语教育也应是为实现教育的终极目标服务的。事实上，大学英

---

❶吴铁军，等. 近20年来我国大学英语人文教育研究综述 [J]. 渭南师范学院学报，2019(5)：24.

语的教学目标就是要培养学生的全方位发展:要通过大学英语课程的工具性和人文性培养学生的英语语言综合应用能力、增强他们的跨文化交际意识和交际能力、发展他们的自主学习能力、提高他们的综合文化素养、培育他们的人文精神和思辨能力。大学英语的人才培养目标也是为教育的终极目标服务的,旨在培养能满足国家、社会、学校和个人发展需要的全面发展的人才。全人教育以"人的整体全面发展"为核心的理念以及重视教育的"全面性""多元性""差异性"的特点为大学英语"教什么""怎么教"指明了方向,为解决教育的根本问题——"培养什么人""怎样培养人"提供了方法。在大学英语课程中践行全人教育是为促进人的全面发展的终极教育目标服务的,是为培养知识能力全面和心理与人格健全的终极人才培养目标服务的。

2.2 大学英语课程践行全人教育与我国新形势下的教育发展战略息息相关

党的十八大以来,党中央高度重视教育事业在坚持和发展中国特色社会主义战略全局中的地位和作用,把教育摆在优先发展战略的位置,全面加强党对教育工作的领导,提出了一系列新理念新思想新观点,系统回答了教育工作的方向性、根本性、全局性、战略性问题,形成了习近平同志关于教育的重要论述,为做好新时代教育工作提供了根本遵循和行动指南。❶

习近平同志在党的十九大报告中对教育工作作出了全面部署,明确提出了社会主义教育事业的总方向,重申"优先发展教育事业"的总战略,首次明确提出"建设教育强国是中华民族伟大复兴的基础工程"的总定位,明确了"深化教育改革;加快教育现代化,办好人民满意的教育"的总要求,明确了"全面贯

---

❶教育部课题组.深入学习习近平关于教育的重要论述[M].北京:人民教育出版社,2019:1.

彻党的教育方针,落实立德树人根本任务,发展素质教育,推进教育公平,培养德智体美劳全面发展的社会主义建设者和接班人"的总任务,全面部署了教育事业发展的新任务新要求。❶其中,落实立德树人的根本任务是党的教育基本方针,是教育发展的精髓内核和中心环节, 是各项教育工作的出发点和落脚点。❷ 要在新时期的教育发展战略中落实立德树人的根本任务, 就是要把社会主义核心价值观融会到教育教学的方方面面,既教书又育人,坚持以德育为先,育人为本,真正帮助莘莘学子明大德、守公德、严私德、扣好人生的第一粒扣子;就是要遵循教育的规律和学生身心发展的规律,促进学生的全面健康发展,着力培养德智体美劳全面发展的社会主义建设者和接班人。具体来说,就是根据不同阶段教育在人的终身发展中的地位、作用和规律,正确把握教育的本质,突出德育的重要性,科学确定各阶段的目的和任务, 塑造青少年崇文尚德的世界观、人生观、价值观,做好身心健康、沟通表达、团结合作以及好奇心、想象力、求知欲、责任心、创造性等方面的培养……把素质教育、全面发展树立为学校教学的主要任务,树立为全社会和家长对教育发展的评价标准。❸

　　大学英语课程是我国高校大多数非英语专业学生在本科教育阶段必修的公共基础课程和核心通识课程,具有学时多、周期长、受众广的特点,是高校人文学科落实立德树人根本任务的主阵地,在新时期新形势下人才培养方面具有不可替代的重要作用。将全人教育理念注入大学英语课程教学中,更有利于培养具备听、说、读、写、译全方位知识技能的英语综合应用

❶教育部课题组.深入学习习近平关于教育的重要论述[M].北京:人民教育出版社,2019:2.

❷❸教育部课题组.深入学习习近平关于教育的重要论述[M].北京:人民教育出版社,2019:158.

人才,有利于培育具有语言文化意识的跨文化人才和具备国际视野、批判性思维的复合型人才,从而整体上助力培养德智体美劳全面发展的社会主义建设者和接班人。全人教育以"人的整体全面发展"为核心的理念以及重视教育的"全面性""多元性""差异性"的特点,与大学英语的工具性与人文性的"双性本质"有机融合,是顺应当前构建全员育人、全程育人、全方位育人的教育格局下所提出的新要求和新挑战,是为满足学生成长成才需求和国家战略发展需求的必要手段。

新形势下我国的教育发展战略坚持把优先发展教育事业作为推动党和国家各项事业发展的重要先手棋,不断使教育同党和国家事业发展要求相适应、同人民群众期待相契合、同我国综合国力和国际地位相匹配,实为高瞻远瞩。中国的大学始终是以服务国家战略发展为使命和责任的,大学的命运与国家民族的命运紧密联系。以全人教育为导向的大学英语教育,不仅是发展中国特色社会主义教育、培养社会主义建设者和接班人的有力支撑,也是培养世界一流全面发展的创新人才的重要抓手,更是中国大学落实立德树人、培育德智体美劳全面健康发展的社会主义新人的重要平台。在新时期新形势下,大学英语课程践行全人教育与我国国家利益和教育发展战略息息相关。

2.3 大学英语课程践行全人教育高度呼应"课程思政"建设大局

"课程思政"是当前我国高校各类课程面临的新课题和新使命,它是一种以各类课程为载体,融入思想政治教育理念,把学科知识转化为育人资源,实现知识传授与价值引领有机统一的教育理念和思维模式。2016年在全国高校思想政治工作大会上,习近平同志指出:"要坚持把立德树人作为中心环节,使思想政治工作贯穿教育教学的全过程,各类课程要与思想政治理论课同向同行,形成协同效应。"❶ 2017 年 12 月,教育部颁发《高校思想政治工作质量提升工程实施纲要》,明确指出要大力推动以"课程思政"为目标的教学改革,梳理各门专业课程中蕴含的思想政治教育元素和所承载的思政育人功能,使之融入课堂教学各环节,实现思想政治教育与知识体系教育的有机统一。❷ 2020 年 6 月 1 日,教育部印发了《高等学校课程思政建设指导纲要》(以下简称《纲要》),全面推进高校课程思政建设。《纲要》要求把立德树人根本任务落实到各个角落,要在全国所有高校、所有学科专业全面实施课程思政,要围绕全面提高人才培养能力这一核心点,围绕政治认同、家国情怀、文化素养、宪法法治意识、道德修养等重点优化课程思政内容供给;在高校价值塑造、知识传授、能力培养"三位一体"的人才培养目标中,要突出价值塑造的重要性。

综观课程思政的教育理念,"立德树人""价值引领""育人功能""全面发展"是关键词,这与全人教育的理念是内在契合的。而大学英语课程思政是新时期建设全员、全程、全方位育人的必然要求,对高校坚持社会主义办学方向、落实立德树人根本任务、培养德才兼备全面发展的英语人才具有重要意义。在此种层面上,全人教育理念为大学英语课程思政建设提供了理论指引,课程思政建设为在大学英语课程中践行全人教育提供了绝佳契机。可以说,大学英语课程践行全人教育高度呼应"课程思政"建设大局,具体体现在以下几个方面。

(1)中华优秀传统文化涵养外语教育。深入挖掘大学英语教学素材中的中华优秀传统文化中所蕴含的思想精华、人文精神、道

❶习近平.习近平总书记在全国高校思想政治工作会议上的重要讲话[M].北京:人民日报出版社,2016.

❷蒙芳.全人教育视域下大学英语"课程思政"的探索与实践[J].教育教学论坛,2020(45):68.

德精髓,大力弘扬以爱国主义为核心的民族精神和以改革创新为核心的时代精神,将"讲仁爱、重民本、守诚信、崇正义、尚和合、求大同"的中华优秀传统文化价值观念、"仁义礼智信"的五德体系、中国古代哲学思想等精华融入教学,使学生认真吸取中华传统文化的思想观念和道德规范,是大学英语课程思政建设的首要方面。全人教育重视人文精神的培育、重视学生道德、品质、心理、情感、审美等健全人格的培养,能给大学英语教师指明教学方向,使他们立足学生的成长需求,主动挖掘教学素材中传统文化里的优质教学资源,以中华传统文化涵养外语教育,提升学生的人文素养和文化素质,增强他们的文化自觉与文化自信,为讲好中国故事、树好中国意识做好准备,体现课程思政的时代魅力。

(2)社会主义核心价值观入脑入心。社会主义核心价值观是当代中国精神的集中体现,凝结着全体中国人民共同的价值追求。党的十八大首次凝练了"富强、民主、文明、和谐、自由、平等、公正、法制、爱国、敬业、诚信、友善"12个词、24个字的社会主义核心价值观,党的十九大进一步明确指出:"要以培养担当民族复兴大任的时代新人为着眼点,强化教育引导、实践养成、制度保障,发挥社会主义核心价值观对国民教育、精神文明创建、精神文化产品创作生产传播的引领作用,把社会主义核心价值观融入社会发展各方面,转化为人民的情感认同和行为习惯。"❶ 习近平同志在全国教育大会上指出,践行社会主义核心价值观是立德树人的基本体现,要"教育和引导学生培养和践行社会主义核心价值观,踏踏实实修好品德,成为有大爱大德大情怀的人"。❷ 社会主义核心价值观继承了中华优秀传统文化

---

❶教育部课题组.深入学习习近平关于教育的重要论述[M].北京:人民教育出版社,2019:217.

❷岳曼曼,刘正光.混合式教学契合外语课程思政:理念与路径[J].外语教学,2020(6):16.

中的美好价值品质，也是对古今中外人类优秀价值成果的继承、概括和本土化。社会主义核心价值观的入脑入心是大学英语课程思政建设的重要方面，全人教育理念为此目标的达成提供了理论和实践导引。一方面，全人教育观重视人的全面发展以及人类对灵性与爱、平和、同情、和谐等美德的培养，与社会主义核心价值观高度契合；另一方面，全人教育对应的是多元文化背景下的现代社会价值，其主要特点就是"通过传承文化经典和参与社会实践，教导学生学会共情，学会理解社会结构和文化规范，最终构建超越民族和政治的文化共同体"，"在此过程中，学生不仅能够逐渐形成自己的人生观和价值观，而且能够在自身所处的社会中与他者一起共同创造新的社会价值"。❶可以说，以全人教育为导向的大学英语教学对于学生理解和弘扬社会主义核心价值观大有裨益，在大学英语中践行全人教育是助力社会主义核心价值观入脑入心的大学英语课程思政建设的重要抓手。

(3)中西文化差异的理解与批判性思维的养成。课程思政基本内涵的另一方面表现为世界优秀文化精髓❷，这一点在大学英语课程中具体体现为中西文化差异的认知。语言是文化的载体，语言教学中充斥着文化熏陶。外语教育所涉及的西方文化具有多样性的特点，在教学过程中引介西方文化必然少不了与中国文化的对比。在学生理解中西文化差异的过程中，教师若能积极引导，使学生既能通过课程全面了解英美国家文化，又能熟练使用英语准确表达中国文化、讲好中国故事，也能客观、批判性地看待他国文化中的精华与糟粕，这对于潜意识里

---

❶杨甜，文旭.从"自由"到"全人"——美国大学育人理念的嬗变及其对我国外语教学的启示[J].外语教学理论与实践，2017(2)：54.

❷岳曼曼，刘正光.混合式教学契合外语课程思政：理念与路径[J].外语教学，2020(6)：15.

激发学生对我国文化的自觉与自信,培育学生的批判性思维尤为重要。全人教育重视对学生批判性思维能力的关注、引导和培养,同时,全人教育认为"语言教育的旨趣不仅是在于知识传授和技能训练, 更在于引导学生深入理解人类最优秀的文化成果"。❶这就决定了全人教育理念下的大学英语教育将是着重提升人的能力与品质,激发人的进取心和创造力,使教育真正回归自己的本质和起源的教育。在全人教育的理论指导下,大学英语的教育不仅能教会学生理解不同的语言和不同的文化, 更能帮助他们通过对不同语言和文化的掌握拓宽自我文化的疆域,增强跨文化意识和能力,增强自身的理解性、批判性和创造性思维。

(4)人类命运共同体的时代精神的彰显。时代精神是课程思政的重要内涵,其一体现为社会主义核心价值观,其二就是人类命运共同体思想。❷人类只有一个地球,各国共处一个世界。当今世界正面临着百年未有之大变局,政治多极化、经济全球化、文化多样化和社会信息化潮流不可逆转,各国间的联系和依存日益加深,但也面临诸多共同挑战。粮食安全、资源短缺、气候变化、网络攻击、人口爆炸、环境污染、疾病流行、跨国犯罪等全球非传统安全问题层出不穷,对国际秩序和人类生存都构成了严峻挑战。不论人们身处何国、信仰如何、是否愿意,实际上已经处在一个命运共同体之中。❸2012年党的十八大明确提出"要倡导人类命运共同体意识",习近平同志多次在外交场合提及并倡导构建人类命运共同体。人类命运共同体思想是

---

❶杨甜,文旭.从"自由"到"全人"——美国大学育人理念的嬗变及其对我国外语教学的启示[J].外语教学理论与实践,2017(2):55.

❷岳曼曼,刘正光.混合式教学契合外语课程思政:理念与路径[J].外语教学,2020(6):16.

❸360百科.人类命运共同体[EB/OL].https://baike.so.com/doc/7184179-7408289.html,2021-4-18.

我国进入新时代向全球提出的一种新的价值理念,体现了我国的大国担当和情怀。这一思想主张"坚持各国相互尊重、平等相待,坚持合作共赢、共同发展,坚持实现共同、综合、合作、可持续的安全,坚持不同文明兼容并蓄、交流互鉴"。❶ 人类命运共同体的思想也为新时代的外语教育创造了新环境、新内容、新机遇和新挑战。全人教育强调联系、关系概念,寻求人类之间的理解与生命的真正意义,其思想蕴涵着一种广阔而博大的世界观,这种世界观向当代社会百态提出严正的挑战,超越个体与小群体,将人与自然、社会、自身交织在一起。全人教育以生态观为基础,认为"地球和生长其上的所有生命,共同组成一个互相依赖的整体,人类的发展是与周遭的万物密切联系在一起的。教育必须能够激发个体对地球的人文关怀,使人们认识到宇宙星球间的互赖本质、个人和地球万物间互相依存的协同关系,认识到每个人在生态环境中所扮演的角色和所肩负的责任"。❷ 这与人类命运共同体的思想高度契合。在这一层面上,以全人教育理论为导向的大学英语教学有利于彰显体现人类命运共同体思想的时代精神。在人类命运共同体的框架下,探索与实践扎根中国、面向世界、服务人类命运共同体的大学英语教学,是新时代赋予外语教育的必然使命。

2.4 大学英语课程践行全人教育是修正外语教学中的功利化倾向的重要途径

长期以来,大学英语教学中的功利化倾向一直被人诟病。一方面,由于英语这门学科的工具性特征,许多大学生将其视为考试、升学、出国深造等的语言工具,学习动机带有强烈的功

---

❶ 岳曼曼,刘正光. 混合式教学契合外语课程思政:理念与路径[J]. 外语教学, 2020(6): 16.

❷ 刘宝存. 全人教育思潮的兴起与教育目标的转变[J]. 比较教育研究, 2004(9): 20.

利性;另一方面,许多高校强调英语学科的应试价值,将大学英
语四六级考试与学生的学历学位挂钩,很大程度上加剧了大学
英语教学的功利化倾向。在语言被过度工具化的今天,学生若
只把英语当作是一种应试或过级手段,将无法体会到英语语言
和文化知识中富含的深邃的人文精神,无法体验到英语学习的
快乐和魅力,也无法形成广博而深刻的思想;学校若一味强调
英语学科的知识性和技能性,仅将考试作为衡量学生语言水平
的唯一标准,忽略英语作为人文学科在培育学生的文化素养、
思维方式、价值理念、国际视野等方面的重要作用,将无法为学
生提供终身受益的知识和经验,也无法造就全面发展的合格人
才。如果学校不能以学生的终身发展为本,只考虑办学的利益,
教育将丧失"教书育人"的最重要、最根本的价值。

　　真正的学习涉及学习者整个人和学习者的终身。真正的学
习经验能使学习者发现自己独特的品质,发现自己作为一个人
的特征。从这个意义上来说,"学习就是成为(becoming),成为一
个完善的人是唯一真正的学习。从认知角度来看,认知的主体
'人'并不是一个被动的接受者,而是一个主动的施动者。人是
一个有自我意识、能够与他人交往并能超越自我的存在。人类
的自觉能动性既是人类心智的分析综合能力、想象力、推理能
力等智能要素的集中体现,也是人类心智创造力的源泉"。❶ 因
此,教育的目标是实现人的整体全面发展,而不只是"传道、受
业、解惑"。教育要把人培养成作为人的人,真正自由的人,而不
是作为工具的人、片面发展的人。"教育者首先要把学生作为一
个人,一个主体的人,一个有情感有智慧的人;同时,力求把他
们培养成为一个具有与他们所受教育层次相称的文化积淀与
文化教养的人,一个具有与他们所在大学、所学系科(或专业)

---

❶ 文旭,夏云. 全人教育在外语教育中的现实化[J]. 外语界,2014(5):77.

相应的知识与视野并获得必要的技能和能力训练的人。一个在生理与心理、智力与非智力、情感与意向诸方向协调发展、具有较高综合素质的人。"❶外语教育,尤其是大学英语教育同样需要树立全人发展的思维理念,力求培养德、智、体、美、劳全面发展的人才,努力达成教单科、育全人的教育目标。

综观全人教育的内涵和基本主张,以人本主义为核心、强调人的整体全面发展的"全人教育"就是相对作为工具人的"半人教育"而言的,"其目的就是纠正教育目标的工具化倾向"。❷"全人",是真正全面发展、人格健全、和谐统一的人,是具有主体性并能把握自己命运的人,是作为人的人而非作为工具的人,是在精神和心理上完整的人而非残缺的人。❸这和马克思所倡导的自由、和谐、全面发展的人是一致的。在大学英语课程中践行全人教育,正是修正外语教学中的功利化倾向的重要手段。当前的大学英语教育充斥着急功近利的氛围,应以全人教育理念为指导,充分发挥其"工具性"和"人文性"的"双性本质",在不否认语言的工具作用的同时,注重教学中人文精神的渗透,用人文的方法来达到全人发展的目标。大学英语教育应整合学生本位、社会本位和学科本位三种价值取向,以促进学生的整体全面发展为基本目标,以"育人"为根本导向,修正大学英语教育中的功利化倾向,同时促进大学英语学科的健康持续发展。

第三节　大学英语课程践行全人教育的路径

如何通过大学英语教学实现全人教育的目标? 这是有效推进大学英语课程建设与发展所需切实解决的问题。笔者认为,

---

❶文辅相.文化素质教育应确立全人教育理念[J].高等教育研究,2002 (1):29.

❷❸文旭,夏云.全人教育在外语教育中的现实化[J].外语界,2014(5):78.

要在大学英语课程中践行全人教育，需始终坚持"因事而化""因时而进""因势而新"，有计划、有步骤地推动大学英语教学改革。具体可从教育理念、师资队伍、教学资源、教学方法与模式、教学评价等诸多层面着手。本节将提出大学英语课程中践行全人教育的路径，旨在为大学英语教学的改革与发展提供一条可参考的行之有效的途径，并为以全人教育为导向的大学英语各类课程的教学设计与实践提供理论支持。

1. 转变思想观念：树立全人教育的大学英语教育理念

教育理念，即关于教育方法的观念，是教育主体在教学实践及教育思维活动中形成的对"教育应然"的理性认识和主观要求，包括教育宗旨、教育使命、教育目的、教育理想、教育目标、教育要求、教育原则等内容。❶"我国外语教育要实现提高教育质量和人才培养质量的目标，首先要树立全人教育的外语教育理念"。❷教育理念的转变是在大学英语课程中践行全人教育的至关重要的第一步。为何要首先转变思想观念？原因大体有二：一方面，当前的外语教学仍受制于传统的教育习惯和做法，路径依赖和历史依赖严重。具体来看，长期以来中国的外语教育尤其重视学生的"双基"，即重视学生语言基本功的训练，语法翻译法或由结构主义思想而产生的字词句教学法一直代代相传，严重阻碍着批判性思维和创造力的培养。相比之下，欧美大学通常是教育学生如何思辨、评判是非、思考问题、平等对话，因此，欧美学生的独立认知、理解、判断、思辨、合作、拓展等能力普遍要强于中国学生。中国传统的教育理念和方法从根

❶360 百科. 教育理念[EB/OL].https://baikeso.com/doc/5410161-html,5648236. 2021-10-02.

❷文旭,夏云. 全人教育在外语教育中的现实化[J]. 外语界, 2014(5)：79.

本上阻碍着外语教学与"全人教育"的有机结合与统一。另一方面,新形势下新学科的建设提出"大外语"和"一精多会"的新要求,强调激发学生的创新能力、批判思维、家国情怀和责任担当,进一步充实了大学英语教学的内涵,提升了外语教学在高校,尤其是传统的理、工、农、医类院校人才培养体系中的分量。❶这就意味着作为工具的外语不仅要"精",还要"多会",大学英语教学在狠抓英语教学质量、助力学生精通英语的同时,还要为学生提供学习其他外语的服务。受苏联高等教育模式的影响,我国传统的理、工、农、医类院校在人才培养中过分强调技术训练,致使学生缺乏人文素养,严重影响他们的全面发展。外语教育则有助于将他们塑造成有文化、具情怀、负责任、敢担当、善创新的科学家、农学家、医师或工程师。要充分发挥外语教育在立德树人、全面发展中的重要作用,转变思想观念、更新教育理念至关重要。

要树立全人教育的大学英语教育理念,需要把"全人教育"理念贯穿于大学英语教育教学的各个环节,包括教学大纲、课程设置、教学模式、教学方法、教材选用、教师培养、教学评价等。每一位教育参与者需要从理念和实践上将授课全面转变为育人,将外语教学转变为外语教育。例如,教学大纲作为大学英语践行"全人教育"的指导性文件,有必要进行更新与修订,具体体现在要在课程目的和任务、课程基本要求、课程学时分配及课程考核与评价的每个环节上体现全人教育的核心价值内容。如课程目的和任务除了传授基本的语言与文化知识外,还应增加全面育人的教育目标;课程要求中补充"培养德、智、体、美、劳全面发展的人才"的育人要求,与课程内容同向同行;课程考核与评价中增加全面发展考核内容,融入人文素养考核细节等。

---

❶向明友. 新文科背景下大学外语教育改革刍议[J]. 中国外语,2020
(1):23.

只有教师转变思想观念，深刻认识到全人教育的重要性，努力探索如何在大学英语教学过程中树立并践行全人教育理念，才能把学生培养成政治认同、家国情怀、文化素养、宪法法治意识和道德修养的社会主义建设者和接班人。如果说理学类课程可以通过注重科学思维方法的训练和科学伦理的教育来培养学生追求真理、探索未知、勇攀高峰的责任感和使命感，外语类课程也可以通过语言教学和全人教育来帮助学生拓宽国际视野，理解建构人类命运共同体的意义，践行文化自信，推动中国文化走出去。

2. 建设师资队伍：提升教师的全人教育意识与能力

要在大学英语教学中践行全人教育，师资队伍是关键，因为教师不仅是外语课堂教学的知识供给者（knowledge-provider），组织者（organizer），也是互动者（interactor），交际者（communicator），帮助者（helper），指导者（guide），协助者（facilitator），创造者（creator），其育人意识和育人能力决定了大学英语课程的育人效果。因此，大学英语教师要树立全人教育的核心价值理念，充分认识本学科的内在价值和社会价值，增强全面培养人的使命感和责任感；要意识到大学英语课程教学本身也是培养"全人"的最主要过程，也是立德树人的最重要途径；要意识到大学英语课堂的育人功能的基本实现形式为知识传授、价值塑造与能力培养相统一。可以通过如下途径建设全面育人师资队伍。

其一，不断加强理论认知，助力大学英语教师认同"全人教育"的重要性和必要性，提升大学英语教师的"三全"（全员育人、全程育人、全方位育人）育人意识。一方面要重点学习全人教育的相关理论与实践知识，厘清全人教育的基础理论、核心内涵和基本主张，借鉴国内外优秀的全人教育实践经验；另一方面要响应国家号召和时代需求，加强思想政治理论学习，如党的十九大讲话精神，全国教育大会、全国高校思想政治大会等重要会议精神，习近平总书记的重要讲话精神等，在不断用先进的思政理论武装头脑的过程中，联系教学实际，不断革新教学理念，并通过自我反思与完善，逐渐提升自己的思想政治觉悟和道德修养。同时，学校还应对大学英语教师进行全人教育理论专题知识、马克思主义哲学思想、中国特色社会主义理论知识、人文教育知识等专题培训，拓宽学习渠道，丰富学习形式，并加强英语教师与思政教师的合作交流，鼓励构建教学团队，以更好地整合教学资源、探索教书育人的最优质途径。

其二，树立卓越师德师风，努力成为德育"先锋"。师德是社会道德的重要标杆。教师教育学生，一是知识，二是方法，三是品格，其中品格是最高层次。习近平同志曾强调：教育者"吐辞为经、举足为法"，必须做到以德立身、以德立学、以德施教，才能更好担当起学生健康成长指引者和引路人的责任❶。教师需要在传授语言文化这些显性知识以外，更重视思想、道德、文化、情感、价值观等隐性知识的输入，才能助力培养学生成为全面发展的人才。教师还要将爱国主义情怀、进取心、事业心、责任感、刻苦钻研等高尚品格融入课堂、融入课题、融入文章，以卓越的师德师风、人格魅力、学识风范教育感染学生，才能培养学生成为有"大德、大爱、大情怀"的时代新人及全面发展的社会主义栋梁。

其三，充分发挥主观能动性，做好全人教育资源开发与资源建设。丰富的教学资源是建构理想教学环境的保障，教学资源建设的质量在很大程度上决定着信息技术与各学科教学整

---

❶刘正光,岳曼曼.转变理念、重构内容,落实外语课程思政[J].外国语,2020(5)：27.

合的水平。❶　一方面,大学英语教师要根据大学英语各主干课程的特点,挖掘并提炼教材中的全人教育元素和承载的育人功能,主动自觉地将全人教育意识纳入教师日常备课体系中;另一方面,大学英语教师要充分利用现代信息技术和优质网络教学资源,建立全人教育教学资源库,并整合线上线下学习资料,革新教学理念,更新教学方法,恰当融入进大学英语各类课程的教学中,在提升学生语言能力的同时,"润物细无声"地对学生进行爱国主义教育、理想信念教育、文化认同教育、人格品质教育等,真正实现教学与教育的有机统一。

3. 优化教学资源:丰富课内外全人教育教学资源

教学资源是大学英语课程教学的重要载体,是大学英语课程践行全人教育理念、实现全面育人功能的重要依托,必须在推动大学英语课程与全人教育有机融合的理念下对教学资源进行深度开发。大学英语课程资源的本质特点是"语言与文化的互动、语言与思维的互依、语言与社会的互融,你中有我,我中有你,密不可分"❷。因此,挖掘大学英语教学资源中的多元育人元素,关照多维能力的融合发展,是大学英语课程践行全人教育的关键环节,更是促进大学英语课程多维育人目标互动协同,培养"德智体美劳"全面发展人才目标实现的核心环节。

首先,教学资源的开发要以"把学生培养成德才兼备、全面发展的人才"作为目标,不断提高学生的思想水平和政治觉悟,努力培养学生良好的道德品质,丰富学生的综合文化素养,引

---

❶蒙芳.全人教育视域下大学英语"课程思政"的探索与实践[J].教育教学论坛,2020(45):69.

❷张敬源,王娜.外语"课程思政"建设——内涵、原则与路径探析[J].中国外语,2020(5):19.

导学生坚持"四个自信"(道路自信、理论自信、制度自信、文化自信),最终促使他们成为德智体美劳全面发展的社会主义事业建设者和接班人。同时,挖掘教学素材时也应充分考虑对学生文化素质的培养和国际化知识的传授。全人教育的理念注重人文精神培养,宇宙、地球、公民意识的培养,特别是全人教育建立在超个人心理学的理论基础上,强调"一体关系",注重人与人之间、人与世界之间的关系。这就要求教师在教学过程中,要深度挖掘课本与课外的文化素材,注重跨文化交流。例如,在处理《全新版大学进阶英语:综合教程 1》第二单元 freshman year(大学一年级)大学文化的素材时,可以比较中国和其他国家及地区的大学文化异同,让大学生在理解各地风土人情的同时,开拓眼界、取长补短、兼容并蓄。最后,教师要注重挖掘蕴含传统文化内涵的教学资源,以传统文化涵养全人教育,为学生树立文化自信,当好中国公民,讲好中国故事做准备。大学英语课堂要发扬党的十九大精神"深入挖掘中华传统文化蕴含的思想观念、人文精神、道德规范,结合时代要求继承创新,让中华文化展现出永久魅力和时代风采"❶。教师要结合教学内容,将中华优秀传统文化、历史故事、经典诗词和中国古代哲学思想等精华融入课堂,用双语的形式展示给学生。如《全新版大学进阶英语:综合教程 3》中关于"胡同姻缘"的课文讲解,教师可将我国历史中的胡同文化引入课堂,通过阅读理解、视频鉴赏、小组讨论等方式,激发学生对胡同这一建筑的兴趣,并思考隐藏在胡同背后的老北京人的思想意识、人际关系、文化特性等,以"胡同"为桥梁体现出中国传统文化的源远流长,同时培养学生用双语向世界介绍这一文化的能力。中华优秀传统文化是中华民族智慧的结晶,结合单元主题融入英语课堂,能有效提升大学

---

❶陈秉公. 充分吸收中华优秀传统文化养分[N]. 人民日报,2017:7.

生的文化涵养与能力素质,增强其文化自觉与自信。在大学英语中践行全人教育要立足学生成长需求,不断挖掘传统文化中的优质教学资源,以传统文化滋养外语教学,体现大学英语全人教育的时代魅力。

其次,要凝聚大学英语教师、思想政治理论课教师、督导专家、学生主体等力量,形成开发小组,协作推进大学英语全人教育教学资源的开发。小组要结合全人教育与大学英语教育的目标,对大学英语课程能够承担的全人教育内容进行梳理,并具体体现在大学英语课程教学大纲与教学设计中,形成大学英语全人教育的整体安排。督导专家应从合目的性、合规律性角度,对大学英语全人教育的教学内容设计进行评估,确保其遵循全面育人的教育规律、学生全面发展的成长规律,契合人才培养的总目标。此外,还要充分吸收学生主体的反馈性意见和建议,在教学内容上尽量贴合学生的思想和情感需求。

最后,要整合线上线下教学资源,形成大学英语全人教育教学资源体系。其一,教材是课程教学资源的主要来源,在选用或编写教材时,应注意选择政治方向正确、思想积极、体裁丰富、具有文化多样性、时代活力、育人意义的教学内容;要对教材进行深度开发,挖掘其中蕴含的全人教育元素,并与大学英语教学设计进行有机融合。对素材的挖掘要具有超链接思维和跨学科性,即对教材资源通过关键词相关性进行超链接拓展,对教材资源进行跨学科引申,熏陶和培养学生的跨学科视野、跨学科意识、跨学科能力,同时提升大学英语"全人教育"的生动性、趣味性和科学性。其二,要基于学校办学目标和校本特色,挖掘大学英语教材中蕴含的学校学科精神,这是对培养学生全面发展目标的有益补充。如在学习探讨"时代英雄"话题的课文时,医学类院校的大学英语教师就可以充分挖掘我国医学战线上抗击疫情的典型人物和先进事迹,以医者的仁心仁爱、责任担当、勇敢无畏感染学生。其三,做好线上与课外教学资源的挖掘与融合。大学英语教师要充分利用新媒体,如在线学习平台、公众号、各类学习 APP、慕课、微课等网络资源,丰富互动模式,激发学生主体的学习兴趣,调动他们的主观能动性。例如,在讲解《全新版大学进阶英语:综合教程 2》第一单元 working holiday(工作假期)时,教师可以在引入部分播放由中美联合拍摄的《鸟瞰中国》片段,让学生纵览中国大江南北壮丽的风景和生动的社会人文,激发学生对祖国大好河山的热爱,增强青年学子的民族自信心和自豪感;教师应该鼓励学生阅读双语时事新闻、政策文件、重要领导人讲话,以获得丰富的双语素材,拓宽学生眼界,培养学生的世界公民意识;教师也可以为学生推荐微信公众号,如中国日报双语新闻、译世界、外研社学习平台 Unipus 等,拓展英语学习第二课堂,同时可以通过 QQ 群、微信群等方式即时分享与时下社会热点话题有关的英文视频, 如抗疫视频 *We Are the Fighters*、TED 演讲、CCTV–News 等,丰富全人教育形式,"关注个人体验和认知需求,将教师的主导性话语转化为引人入胜的引导性活动,实现由单纯的语言技能训练向育人教育的转化"。❶

4. 创新教学路径:打造全人教育多维式课堂

全人教育的核心内涵极其丰富,要在大学英语课程中践行全人教育,单一的教学方法和模式都难以满足。必须整合不同方法模式的优点和长处,因材施教。本书认为,在明确课堂教学目标的前提下,应灵活采取任务式、项目式、合作式、体验式的教学方法,并积极开拓第二、第三课堂。

---

❶杨婧. 大学英语课程思政教育的实践研究[J]. 外语电化教学,2020 (4):30.

　　首先,确立大学英语全人教育单元教学目标。大学英语课程践行全人教育,必须基于课程内容优化教学设计,尊重课程自身的特征和规律,通过分解知识、能力和素养要点,充分挖掘课程知识内隐的文化属性和精神品格,以将全人教育融入课程教学的各环节,最终实现学生的全面发展。教师应基于教材,首先设定单元教学目标,包括知识目标(如语音、语法、词汇、修辞等)、能力目标(如认知能力、合作能力、创新能力、职业能力等)和价值目标(如爱国、敬业、诚信、友善等)。表1-1是根据《大学体验英语综合教程》(上、下册)的教学内容进行的单元教学目标设置。

表1-1　《大学体验英语综合教程》教学目标简表❶

	单元	主题	知识目标	能力目标	价值目标
上册	1	大学生活	语音	用生动的语言描述环境与心情	多元文化,包容
	2	教育	语法	通过对比的方式进行论证	独立思考
	3	努力工作	词汇	用简洁的语言讲解复杂的概念	责任感,敬业
	4	自立	短语	准确讲述经典著作对自己的影响	自立,自信
	5	社交	句子	通过引用他人研究成果进行论证	自我认同
	6	志愿服务	语篇	使用直接引语、间接引语进行描写	正值,无私奉献
	7	阅读	修辞	引用个人经历进行说明	求新,好学
	8	爱与友谊	其他	通过举例说明复杂的概念	友善

---

❶成矫林.以深度教学促进外语课程思政[J].中国外语,2020(5):31.

续表

	单元	主题	知识目标	能力目标	价值目标
下册	1	著名学府	语音	陈述重视创新带来的启发	开放,求新
	2	工作与职业	语法	使用隐喻进行复杂观点的陈述	信任,团队合作
	3	广告	词汇	从正反两方面进行观点的论述	诚信
	4	中国文化	短语	陈述京剧的发展历程及其独特魅力	文化自信
	5	成功之道	句子	说明教育给人带来的益处	好学,谦虚
	6	体育与健康	语篇	按时间顺序讲述故事	坚毅
	7	家庭纽带	修辞	说明东西方父爱表达方式的异同	关爱,乐观
	8	计算机与安全	其他	进行正确的价值判断	诚信

其次,整合并灵活运用不同教学方法的优势服务全人教育,以下详细阐述任务式、项目式、合作式和体验式的教学方法。

4.1 任务式教学法

任务式教学法 (Task-based Language Teaching) 是以杜威 (John Dewey)的实用主义作为教育理论基础的教学模式。在语言教学中,任务式教学法的核心思想就是教师通过引导语言学习者在课堂上完成设定的不同"任务"来教学。在实际的教学活动中,教师会围绕特定的交际和语言项目设计出具体的可操作的任务,学生通过表达、沟通、交涉、解释、询问等各种语言活动形式来完成任务,以达到学习和掌握语言的目的。这种以参与、体验、互动、交流、合作为主的学习方式,充分发挥了学习者自身的认知能力,调动了他们已有的目的语资源,在实践中感知、

认识、应用目的语,在"做"中学,"用"中学,是一种较为先进的有效的外语教学方法。❶

"任务式教学的过程是一个问题求解的过程,也是一个意义协商的过程,在学习过程中注重通过师生或生生之间的交流来学会交际,最后在丰富的环境中通过完成任务来学习知识和技能。完成任务往往需要互动和合作,需要调动学习者已有的知识和经验创造性地解决问题,这有利于培养学习者的反思能力、问题解决能力和创造力等高级思维能力。"❷ 因此,任务式教学方法可为大学英语践行全人教育服务。

值得一提的是,任务式教学与问题驱动式教学(Problem-Based Learning)可以较好地融通,共同作用于"全人教育"。教师可利用问题为导向设置任务。问题是思维的引擎,教师通过精心设计问题,有利用引出主题,激发学生的探索欲和求知欲;用问题贯穿整个任务,有利于引导学生掌握事物发展的规律;用问题鼓励学生思辨和质疑,有利于发掘学生感悟真理的潜力。教师可以参照布鲁姆(Benjamin Bloom)的"教育目标分类理论"(The Taxonomy of Educational Objectives) 分层次提出问题,逐渐培养学生的思辨能力、认知观念和求真精神。如《全新版大学进阶英语:视听说教程3》第三单元的主题是"幸福"(Happiness), 主要教学目标为让学生从多角度、多层次理解"幸福"的内涵。在设计本单元的教学时,我们以问题贯穿课堂教学的多个任务中,详见表1-2。

---

❶360 百科. 任务型教学法[EB/OL]. https://baike.so.com/doc/59083-62111.html, 2021-10-23.

❷刘正光,岳曼曼. 转变理念、重构内容,落实外语课程思政[J]. 外国语,2020(5): 25.

表1-2　多层次问题驱动任务

序号	问题内容	问题类别
1	What is happiness	认知性问题
2	Why has Denmark been on the top list of the happiest country in Europe	理解性问题
3	What makes you happy and why? How can you attain happiness	应用性问题
4	Do you agree with the author's opinion about "the happiest place on earth"? Why or why not	分析性问题
5	Is your country a happy (or a happier) place today? Please specify the reasons	评价性问题

　　这些问题构成不同的任务,由浅入深,层层递进,引导学生从个人、国家和世界(人类)三个层面由微观到宏观深入挖掘"幸福"的内涵并探讨实现幸福的方式,最后落脚到个人层面的幸福与世界(人类)层面的幸福之间休戚与共的关系上,引导学生树立奋斗的幸福观,唤起学生珍惜当下的意识和为中华民族的伟大复兴而努力奋斗的责任感和使命感。

4.2 项目式教学法

　　项目式教学法(Project-Based Learning)是师生通过共同实施一个完整的项目工作而进行的教学活动。在语言教学中,学习者在老师的指导下,规划与监控项目过程、项目进展和结果,学习和运用完成项目所需的语言结构、词汇或技能。❶ 项目是"一个共同构建和磋商的行动计划",是以"主题和任务为中心的教学方式,是所有参与者共同协商的结果"❷。基于项目的学

---

❶张文忠. 国外依托项目的二语/外语教学研究三十年[J]. 中国外语,
2010 (2): 68-74.

❷Legutke, M.& H. Thomas. Process and Experience in the Language Class-
room [M]. Harlow, UK: Longman, 1991: 158-160.

习,面向实践,面向社会,有助于培养学习者未来适应不同环境的能力,如自我意识、社会技能、表达技能、主动性和想象性与分析和实际判断有机平衡的能力、团队合作能力(包括灵活性、沟通能力、合作能力、个人与群体责任意识,甚至幽默感等)。❶

　　基于项目的学习主要有六个方面的育人优势❷:①增强自信心与独立性。在完成项目或任务的过程以及所取得的结果中,学习者会自然而然地增强自信心、独立性,从而变得更具自尊与积极的学习态度;②增强社会交往能力、合作能力以及团队归属意识;③更强的语言能力。真实的活动设计主要是发展思维与解决问题的能力,因此学习者要从不同角度审视问题的复杂性,相互沟通、相互合作,这样就能将各种语言技能整合性地运用,更有效地提升语言能力;④增强学习动机、学习参与度与快乐感,因为项目或任务往往是根据学习者的进步来动态设计的;⑤培养问题求解与更高层次的批判性思维能力;⑥培养团队精神,增强更高追求的意识,减少焦虑。

　　值得注意的是,项目教学法必须与主流方法相结合、相补充,才能更好服务于"全人教育"。在大学英语综合课和视听说课的教学中,根据教学目标和教学内容设置一些具有可行性和一定挑战性的项目,以知促行,以行求知,都是可以促进教学目标达成、丰富和活跃课堂的极好的教学手段。如《全新版大学进阶英语:视听说教程 3》第三单元的教学中需要引导学生理解世界(人类)层面的"幸福",帮助学生认识个人幸福离不开人类社会的和谐与可持续发展,并培养学生具备"人类命运共同体"的

---

❶Coleman, J. A. Project–based learning, transferable skills, information technology and video [J]. The Language Learning Journal, 2014, 5(1):35–37.

❷刘正光,岳曼曼. 转变理念、重构内容,落实外语课程思政[J]. 外国语,2020(5):26.

意识和责任感。在实际教学中我们发现,单纯的以教师为中心的讲授方式并不能较好实现这些目标。于是教师为学生设置了一个团队合作项目,要求学生以"小小努力,大大幸福"(Small Steps,Huge Happiness)为主题分小组进行公益广告视频录制和海报制作,并进行同伴互评和小组展示,回答"为了创造更幸福的世界,我能做些什么"这一问题。一周以后,学生进行了分组汇报展示,现场气氛非常热烈。公益广告的完成形式是多样化的,有演讲、访谈、脱口秀、迷你剧等,学生制作的海报也是风格迥异、用心良苦。课后收集到部分学生的反馈,都从不同角度对这个项目教学法予以了肯定。有学生在自我评价中说:"通过这次的小组项目,我第一次深刻认识到自己也是'地球村'不可或缺的一部分,也对习主席关于'人类命运共同体'的论述产生了强烈的共鸣"。

4.3 合作式教学法

项目式学习可以有效催生合作式学习。合作式教学法(Cooperative Teaching)就是以教学对话和课堂讨论的方式,由师生合作、通过相互启发与共同思考,探究和解决预先提出的问题。在合作式教学中,教师先给予学生一定的基础知识和实施素材,为合作活动创造有利条件;学生在教师的指导和帮助下,充分发挥创造性和能动性,组织同伴开展各项活动。合作的形式是多样的,师生合作、生生合作、小组合作等都可体现学习者的创造性、自主性和互动性。合作式学习和任务式学习也有联系。"合作式学习主张将教学内容分解为不同的任务分配给各小组,组员之间分工协作,共享信息与资源,共负责任,互教互学,共同完成任务,荣辱与共,温情友爱,主动积极建构意义,深入认识事物的性质、规律以及事物之间的内在联系。所以合作式学习有利于培养学生的批判性思维与创新性思维,增强学生个体之间及其与社会成员的交流与沟通能力,对提高学生的学习业绩和综合运用知识的能力有积极的促进作用"。❶ 如上文提到的视频和海报制作的小组项目的完成和展示就涉及生生合作。

全人教育强调人与人之间的关系、联系,包括师生之间、生生之间。全人教育学者认为,师生的关系是平等、开放的,主张建立学习群落。因此,在大学英语教学中,将学生分成若干小组进行合作学习的模式有利于践行"全人教育"。教师应组织、鼓励和协助学生进行合作式学习, 在教师指导学生的传统模式外,还应鼓励学生之间互相指导、互相帮助、互相学习,在学校形成英语学习社区,营造良好学习氛围。

4.4 体验式教学法

体验式教学法是指在教学过程中为了达到既定的教学目的,从教学需要出发,引入、创造与教学内容相适应的具体场景或氛围,以引起学生的情感体验,帮助学生迅速而正确地理解教学内容, 促进他们的心理机能全面和谐发展的一种教学方法。❷ 体验式教学法创建的是一种互动的交往形式,强调重视师生的双边情感体验。教学过程中既是师生信息的交流过程,同时也是师生情感的交流过程。教师"爱学生",尊重每个学生的人格,重视学生、欣赏学生、倾听学生的意见,接纳感受、包容缺点、分享喜悦。此教学法让学生体验到亲切温暖的情感,从而产生积极的情绪和良好的心境,在积极向上的精神状态下愉快地学习,并能主动克服困难,奋发进取。❸

"学生讲课法"❹是体验式教学法的一种,可很好作用于语

<hr>

❶杨翠萍,刘鸣放.在大学英语教学中以任务教学为手段实施协作学习策略[J].外语界, 2005 (3): 49-54.

❷❸360百科.体验式教学法[EB/OL]. https://baike.so.com/doc/7963031-8252796.html, 2021-10-23.

❹张金华, 叶磊.体验式教学研究综述[J].黑龙江高教研究, 2010 (6): 143-145.

言教学中。如教师可要求学生或小组依据不同的单元主题进行课前10分钟的英语口语汇报展示，再对他们的展示进行指导和评价。此项体验可以提升学生的多媒体应用能力、研究能力、合作能力和英文口语表达能力。再如《全新版大学英语综合教程1》第一单元的主题为growing up（成长），教师可采用"体验交流法"❶，让学生为自己画一幅长大成人后的自画像，然后进行互动交流。学生在此过程中动手、动脑、"动心"和动口，符合全人教育进行身、心、灵整合的教育观。教师还可以在视听说练习中创立模拟真实场景，通过道具、设计等方法让学生进行角色扮演，启动学生的身体和细胞记忆，让学生的身、心、灵都投入英语语言学习中。

值得注意的是，以上四种教学方法并非在课堂教学中孤立存在，而是应该根据教学目标的设定和教学内容的设计，灵活整合，因材施教。

教师应积极为学生打造第二、第三课堂，最大限度发挥课外校园文化的育人功能，有效延伸课内的全人教育。一是要努力拓宽英语学习实践的空间和渠道，如带领学生走进博物馆、校史馆、展览馆、科技馆等场所，在校外课堂中让学生了解学校的光辉历史、所处城市的发展、国家科技的兴盛和文化的繁荣，并创造机会鼓励学生用英文表达自身体验和感受。二是通过组织丰富多彩的校园英语文化活动，优化校园育人环境。外语歌曲大赛、英语演讲比赛、英语话剧节、中英文经典诵读会、英文短视频大赛、阅读翻译写作比赛等均对大学生形成积极向上的人生观、价值观，塑造自信自爱形象，构建和谐友爱关系等方面有潜移默化的作用。三是打造多维立体的课外学习平台，拓展

❶张金华，叶磊.体验式教学研究综述[J].黑龙江高教研究，2010 (6)：143-145.

学习的空间和维度。如教师充分利用新媒体技术,自建微信公众号并发布英语学习的相关信息,向学生推送经典美文,并在平台上设置师生互动,在为学生答疑解惑的同时,全面关注学生的学习、生活和情感健康。

5.革新评价方式:建构立体、多维、全面的评价体系

教学评价是教学过程中的重要环节,是教师教学效果和学生学习效果的直接检验,并对进一步教学具有重要的指导意义。全人教育理念下的大学英语课堂需要建立多维度的教学目标,多维度的课堂空间和多维度的教学资源,相应地,也需要建构一种多维的评价体系,以便考察学生的知识掌握程度、道德提升状况、审美收获情况和情感丰富状态,同时为全人教育提供反馈机制。大学英语教学应革新评价方式,创建立体、多维、全面的评价体系,具体体现在注重评价主体的全员性、评价方式的多样性及评价内容的全面性上。

(1)评价主体的全员性。

全人教育是全员育人、全程育人和全方位育人的过程,是对学校人才培养理念、培养模式的系统性改革。全人教育内涵中的全员育人,为育人评价系统评价主体的全员性奠定基础。全员性,是指对所有参与到高等教育的人员进行评价。以吉首大学❶为例。该大学的评价结构是从施教者、受教者和支持者进行的评价。对施教者主要从施教内容、施教的方法、施教的成果进行评价,如施教内容的合理性、前瞻性,施教方法的深入浅出,施教成果的显著性等。对受教者的评价正实现两个转变:从只注重知识的学习到注重能力的培养、人格的养成转变;

---

❶朱珠."立人教育"的育人评价体系研究[J].教育观察(上半月),2016,5 (6):42–43.

从只注重结果的评价到注重过程的评价转变。对支持者的评价主要从服务态度、行政效率等进行合理评价。大学英语的全人教育评价体系的评价主体应转变单一的教师评价,合理融入学生与学生的互评、学生自评、家长评价等方式,加强教师与学生、教师与家长、学生与学生之间的合作与互动。学生不再只是传统的评价对象,也是重要的评价主体;教师不只是评价主体,也是学生互评与自评过程的引导者和参与者;而家长作为第三方,可通过学生假期学习时长、自学态度等方面对学生的学习兴趣、情感态度、学习习惯等进行评价。评价主体体现出全员性,才能营造更开放、公平、积极的学习环境。

(2)评价方式的多样性。

全人教育理念下的大学英语教学评价方式应破除单一的以结果为依规的评价方式,采取定量与定性相结合、形成性评估与终结性评估相结合的方式,注重评价过程的连贯性、持续性和科学性。定量评价与定性评价的结合能更加公平地评价施教者、受教者和服务者,创造出一个更加公平的环境。如在考察教师的科研能力时,若只注重教师在期刊上发表的论文数量,而没有依据学科特点、具体研究方向特点等进行"质"的评价,势必会打击部分教师的积极性。形成性评估是贯穿于教学每一个环节的连续不断的过程,是从发展的、动态的角度来对学生在课程学习中的某个或某几个阶段作出评价,体现的正是全人教育的思想理念。形成性评估使得评估结果拒绝"一刀切",很大程度上赋予了学生弹性化、人性化、智能化的发展空间,能更好地促进学生重视课程学习过程,主动参与,主动学习,促进学生的全面发展,达到语言综合运用能力提高的目标。形成性评估有利于增强学生的学习动力,提升学习自信,促进自主学习,使学生具备终生学习的能力和动力。对大学英语教育而言,形成性评估有助于教育从知识传授的工具性向全面发展的能力型的转变。以成都中医药大学的大学英语课程的评价方式为例。学校在大学英语的综合课程和视听说课程的评价上一直沿用的是考勤×系数+平时成绩×系数+期末考试×系数的方式,尤其重视学生平时的守纪情况、团队精神、创新能力、参与度等因素的考核,以求全面考察学生在课程全过程中的学业表现和情感态度。

(3)评价内容的全面性。

在立体、多维、全面的评价体系中,评价内容应突破语言能力的单一评价维度,增加对语言形式所蕴含的思想性、内容性、价值观、态度等的评价维度,还需把学生在学习中表现出来的自主学习意识和能力、学习策略、学习习惯和合作学习等指标纳入评价体系内,这种全面的评价内容才能综合反映和考查学生的学习情况。同时,由于"全人教育"重视学生的情感、价值、审美、精神和灵性,教学评价中还应包含学生在学习中表现出来的情感、态度、价值观的变化,对中国文化的认同、对本专业价值的认知、对本校治学精神的认同等特色指标。

评价的内容和形式都可以多元化。如英语听说能力的评价可以采用小组讨论监测、英语演讲比赛、英语角参与和表现监控、英语演讲比赛、影视配音赛等方式,通过多渠道、课堂与课外相结合的方式评价学生英语输出和表达能力,同时激发学生的英语兴趣。英语读写能力的评价不再实行"一考定终身",而是可以通过阅读英语书籍和期刊、英文报纸,本科生导师布置读书计划等方式评价,以学生读书报告和小组读书分享会等形式反馈结果,以此作为学生英语读写能力的评价指标。此外,学生的自主学习意识和英语应用能力也是教学评价的重要内容,主要考查学生在真实场景或者仿真场合中使用英语解决问题的能力,评价形式可以采用角色扮演、话剧表演、作品设计等。

课程反馈对教学系统的顺利进行起着重要的调节作用。大学英语全人教育反馈体系应包含建立完善的反馈机制，及时、全面跟踪反馈信息，做好调节控制等环节。"教育部门、学校及教师要建立成熟的反馈机制，利用多种反馈方式，如对象直接反馈、大众反馈、口头书面反馈、体态反馈等，及时反馈课程评价的相关信息，尤其是学生德育素养的发展信息，并根据反馈信息做出客观理性的分析，提出建设性的意见方法，促进反馈结果接收者校正相关决策行为，使反馈结果更好地作用于实际教学，从而形成一个完整的、良性循环的信息流程。"❶

❶林忠，王美娇.新文科建设背景下的英语专业课程思政——以"基础英语"为例[J].重庆交通大学学报(社会科学版)，2021(1)：115.

第二章
以全人教育为导向的大学英语通用课程教学设计与实践

第一节　大学英语听说课程教学设计与实践

1. 小小努力,大大幸福

本单元教学对象为非英语专业二年级学生,教学素材选自上海外语教育出版社的《全新版大学进阶英语:视听说教程3》第3单元,主题是"幸福"(Happiness),拟通过6课时(每课时40分钟)完成。

1.1 教学目标

教学目标如表2–1所示。

表2–1　教学目标

知识目标	(1)记忆并掌握相关重难点词汇、短语和句型 (2)多角度、多层次理解"幸福"的内涵 (3)了解 Thrive,Denmark 等文化知识
能力目标	(1)英文听力及口语表达能力: ①培养运用笔记技巧在听力理解中记忆百分数的能力 ②培养运用"对比和比较"的口语技能就相关话题造句、组织对话的口语表达能力。

能力目标	(2)思辨及创新能力： ①培养从多角度、多层次思考和讨论问题的能力 ②培养质疑既定观念和标准答案的批判性思维能力 ③通过同伴互评、团队协作碰撞思想火花,培养创新思维能力
育人目标	(1)帮助学生更为全面的认识"幸福";树立"奋斗的幸福观"和正确的人生观、价值观 (2)培养学生的家国情怀、强化学生的爱国意识 (3)引导学生认识个人幸福离不开人类社会的和谐与可持续发展,培养学生具备"人类命运共同体"的意识和责任感

1.2 教学内容和步骤

教学设计如表2-2所示。

表2-2　教学设计

教学环节	教学内容	教学方法	教学资源
话题导入 (15分钟)	Lesson A What Makes You Happy("幸福"的构成因素)	线上、线下混合式教学法;讨论法	教材、音频、网络、课件
课中学习(一) (60分钟)	Lesson A & Lesson B (从个人层面探讨"幸福"的内涵和实现幸福的方式)	PBL教学法;讨论法;情景教学法	教材、音频、课件
课中学习(二) (60分钟)	Lesson B(从国家层面探讨"幸福"的内涵和实现幸福的方式)	PBL教学法;讨论法;情景教学法	教材、音频、数字听力练习题、课件
课中学习(三) (60分钟)	Viewing (从世界/人类层面探讨幸福的内涵和实现幸福的方式	PBL教学法;讨论法;情景教学法	教材、视频、网络、课件

续表

教学环节 （时长）	教学内容	教学方法	教学资源
教学评价和 课后练习 （15 分钟）	教学评价；布置课后练习；发布小组任务	线上线下混合式教学法	网络、教材、课件
小组任务展示 （30 分钟）	小组公益广告视频和海报展示	讨论法	网络

本单元的教学重难点为：

(1)全人教育：从个人、国家和世界层面深刻理解幸福的内涵和实现幸福的方式。

(2)听说技能：记忆百分数的笔记技巧和"对比和比较"的口语表达。

听力技能的培养主要是通过讨论法和情景教学法，结合教材中 Lesson B （Listening 2）的练习题和补充的数字听力练习题，以讲练结合的方式，讲中带练、练中有讲，夯实学生记忆百分数的笔记技巧；口语技能的训练以 PBL 教学法和讨论法为主要教学方法，在学生对课本 Lesson B （Listening 2)的听力材料中的某些观点进行批判性思维的同时，引入"对比和比较"的口语技巧，列举比较相同点和对比不同点的常用词汇、短语和句型，要求学生进行配对组合后开展对话，以"change"为话题，任选一对象进行相同点或不同点的比较和对比，并鼓励各组进行现场口语展示。

由于本单元的主题是"幸福"，这一话题本身就包含了丰富的育人元素，正能量满满。视听说材料包含三篇听力短文、两个口语训练和一个视频素材，主要训练学生对文章大意、细节信息的听力理解和对听力中百分数的记忆能力，以及学会用含有"比较和对比"意义的关键词、短语和句型在口语表达中进行相同点或不同点的比较和对比,视听说材料词汇量不大,难度适中,在筛选性利用的同时,还应补充与主题相契合并有一定难度和深度的视听说材料。在课前准备阶段,教师结合课程、教材和学生特点,深度挖掘本单元教学素材和知识体系中所蕴含的思想价值和人文内涵,并将对"幸福"这一主题多角度、深层次的探讨作为贯穿教学的主线。教学中采用层层递进的方式,引导学生从个人、国家和世界(人类)三个层面由浅入深、由微观到宏观深入挖掘"幸福"的内涵并探讨实现幸福的方式。每一个层面都包含一个育人要素,最终利用学生分组制作的视频"幸福公益广告"("小小努力,大大幸福")评估听说技能和全人教育是否成功实现"输入"和"输出"。只有以学生为主体,从教学目标出发,完善课程的知识性、人文性、思想性,拓展课程的深度、广度、温度,实现与学生的语言和精神交流,在立足课程目标和课程内容之上进行高质量、有深度的教学活动,才能真正做到全人教育和英语语言文化传递的水乳交融,真正实现"润物细无声"的理念。

本单元的全人教育内容详述如下:

(1)个人层面:帮助学生更为全面地认识"幸福",树立"奋斗的幸福观"和正确的人生观、价值观。

第一步:运用 PBL 教学法,从问题出发 ("What is happiness?" "What makes you happy and why?" "How can you attain happiness?"),采用层层递进的方式,利用小组讨论、组长发言、教师启发、师生互动的形式,帮助学生认识"幸福"是一个极其宽泛的概念并由多层次的内涵组成;鼓励学生用自己的理解定义"幸福";利用习近平同志所说的"幸福是奋斗出来的",引导学生思考获得幸福的方式虽然多种多样,但幸福并非"从天而降",而是必须通过艰苦努力和高尚情操"奋斗"而来,帮助学生树立"奋斗的幸福观"。

第二步：将构成"幸福"的因素分为物质和精神两大类,帮助学生厘清其区别和与幸福的关系, 重点辨别 "物质财富"和"精神财富"与幸福的因果关系,引导学生理解:

物质财富的累积(富有)能够但并不一定带来幸福;

物质财富的缺乏(贫穷)也能带来幸福,因为"富有"和"贫穷"都具有宽泛的内涵;

"财富"可"显性"(tangible),也可"隐性"(intangible);

幸福的根源来自满足(知足常乐),而满足感来自内心(contentment comes from within)。

从而引导学生认同对幸福的追求不应局限于物质财富的积累,还应(或更应)包含对诸如创造、奉献、助人等社会责任的精神财富的追求,以此培养学生具备高尚的品格和素养,深化他们对社会主义核心价值观的理解,帮助他们树立正确的人生观和价值观(图 2-1)。

4.2.2 What makes you happy and why?

Material wealth = Happiness?

A lot of Money (being materially wealthy / being rich / tuhao / upstart 新贵 / nouveau riche 暴发户/ the 2nd rich generation 富二代/ local tyrant 土豪…)

- "Material wealth" can make one happy but not necessarily;
- "Not wealthy (or being poor)" can make one happy too because:
- "wealth" can be both tangible and intangible (Remember *A Life Full of Riches*?)
- The root of happiness comes from contentment and contentment comes from within.

   "Happiness lies not in the mere possession of money; it lies in the joy of achievement, in the thrill of creative effort."

   (Franklin Roosevelt)

- The pursuit of happiness should not be limited to the pursuit of material wealth, but incorporates (or attaches more importance to) the pursuit of spiritual wealth including social responsibilities such as creating, devotion, helping others, etc.

图 2-1

(2)国家层面:培养学生的家国情怀、强化学生的爱国意识。

在学生完成"The Happiest Place on Earth"听力练习后,采用启发式和问题导向式的教学方法,引导学生思辨并回答:Why has Denmark been on the top list of the happiest country in Europe?（为什么说丹麦是全欧洲最幸福的国家?）Is your country a happy (or a happier) place and why?（你的国家是否是世界上幸福的(或更幸福的)国度?）Do you live a happy (or a happier) life in your country?［你的生活幸福(或更幸福)吗?］鼓励学生对 Thrive 一书的调查结果提出质疑,培养学生的批判性思维,有意引导学生讲好中国故事,并忆苦思甜,让学生认识到中国人民能有今天的幸福生活来之不易,唤起他们珍惜当下的意识,加强他们为中华民族的伟大复兴和一个更强大的中国、更小康的社会及更幸福的生活而努力奋斗的责任感和使命感。

(3)世界(人类)层面:引导学生认识个人幸福离不开人类社会的和谐与可持续发展,培养学生具备"人类命运共同体"的意识和责任感。

第一步:观看"An Island Paradise"视听材料并完成相关练习,补充讲解习近平同志关于"构建人类命运共同体"的论述金句,引导学生站在社会和人类的层面思考幸福的内涵。一方面让学生认识到和平及和谐的人类社会既是人类幸福的终极目标,又是人类幸福的基础和首要条件;另一方面,培养学生意识到个人的发展和幸福(小我)必须融入社会和人类发展(大我)的命运共同体之中,只有促进人类社会的和谐与可持续发展,才有个人幸福实现的可能性,以此培养学生具备"人类命运共同体"的意识和责任感。

第二步:要求学生以"小小努力,大大幸福"(Small Steps, Huge Happiness)为主题,分小组进行公益广告视频录制和海报制作,并进行同伴互评和小组展示,回答"为了创造更幸福的世界,我能做些什么"这一问题,让学生意识到自己是"地球村"不可或缺的一分子;通过此任务来评估本单元的听说技能和全人教育是否成功实现了"输入"和"输出"(图2-2)。

---

3. **Prepare for** a group project : a PSA themed "Small Steps, Huge Happiness". **Requirements:**

- Turn in a video + a poster with creativity and originality;
- 4-5 students into one group; each student should take a clear responsibility; each group should do a cross-evaluation among team members;
- You should describe "What you can do to make the world a happier place".

图 2-2

1.3 教学反思和创新点

(1)层层递进,环环相扣。

本单元的课堂将对"幸福"的讨论作为贯穿始终的主线,采用层层递进的方式,从个人、国家和世界(人类)三个层面由浅入深、由微观到宏观深入挖掘"幸福"的内涵并探讨实现幸福的方式。每一个层面包含一个全人教育要点,最终落脚到个人层面的幸福与世界(人类)层面的幸福之间休戚与共的关系上,首尾呼应,环环相扣。

(2)注重总结和过程性评价。

本课堂在课中学习的两个重点教学步骤之后均有语言要点和育人要点的总结;教学最后环节是利用网络学习平台帮助学生进行课堂学习总结和自我评价,以检验课堂是否达到了教学目标。注重过程性评价,即注重学生的自我完善和提升,能确保教学更科学有效地进行。

(3)多种教学方法并举。

在本课时的教学设计中,采取了线上与线下相结合、问题导向与启发式讨论、多媒体与传统教学相结合的教学方式，并以学生为主导，教师为引导，以充分发挥学生的自主学习能力。在讨论中还鼓励学生思辨创新，探索发现问题、尝试自己解决问题。这样就充分调动了他们的学习积极性，也培养了他们的学习主动性。

1.4 教学评价

(1)语言文化与全人教育自然过渡，水乳交融。

通过充分的课前准备、对育人元素的深入挖掘、对教学对象和目标的清晰认识、对教学重难点的合理编排及对教学内容的精心设计，利用线上线下、问题导向与启发式讨论、多媒体与传统教学相结合的教学方式，本单元教学在传递听说技巧的同时，帮助学生更为全面地认识幸福这一价值形式，引导学生拥有正确的人生观、树立"奋斗的幸福观"，并将家国情怀、爱国精神以隐形的方式注入学生的思想中，避免了矫揉造作，最大化实现了语言文化与全人教育的自然过渡和水乳交融。

(2)听说技巧实用性强，全人教育充满正能量，课堂有深度、有温度。

记忆百分数的笔记技巧和"对比和比较"的口语技能工具性、实用性强，不仅是语言学习的重要方面，也能为学生在跨文化交际中应对自如打下良好基础。"奋斗的幸福观""社会主义核心价值观""珍惜当下""为中华民族的伟大复兴而努力奋斗的责任感和使命感"等育人要素正能量满满，使课堂充满温度又不失深度。

2. 绿色生活，绿色消费

本单元教学对象为非英语专业一年级学生，教学素材选自高等教育出版社的《大学体验英语(第四版)：听说教程 1》第 2 单元，主题是"消费习惯"(Spending Habits)，拟通过 6 课时(每课时 40 分钟)完成。

2.1 教学目标

教学目标如表2-3所示。

表2-3 教学目标

知识目标	(1)记忆并掌握相关重难点词汇、短语和句型 (2)了解中、美两国在消费习惯上的文化差异
能力目标	(1)英文听力及口语表达能力： ①培养听力中辨别否定结构的能力 ②培养运用频度副词和时间表达就相关话题造句、组织对话的口语表达能力 ③培养运用有效的身体语言进行口语展示(演讲等)的能力 (2)思辨及创新能力： ①培养问题意识和批判性思维能力 ②培养创新思维能力
育人目标	(1)帮助学生建立正确的消费观念： ①理性消费，拒绝"炫耀式消费" ②绿色消费(环保消费)，拒绝污染浪费 (2)培养学生的环保意识与可持续发展意识，引导学生深刻认识人类—社会—自然之间休戚与共的命运共同体关系

2.2 教学内容和步骤

教学设计如表2-4所示。

表2-4 教学设计

教学环节 (时长)	教学内容	教学方法	教学资源
话题导入 (15分钟)	小组讨论:消费习惯是什么？你的消费习惯是什么？中美大学生在消费习惯上有什么差异	线上线下混合式教学法,讨论法	教材、视频、网络、课件

教学环节 （时长）	教学内容	教学方法	教学资源
课中学习(一) (60分钟)	2A&2B (What & Why) 中美大学生的消费习惯及 原因；中美大学生在消费 习惯上的差异；听力技巧 (辨别否定形式)；批判性 思考:理性消费,拒绝"炫 耀式消费"	任务式教学 法,PBL 教学 法,头脑风暴	教材、音 频、课件
课中学习(二) (40分钟)	2A&2B (Where & When) 消费频率和消费场所；口语 技能和训练（频度副词和 时间表达）；语音技巧（升 降调）	任务式教学 法,情景教学法	教材、音 频、课件
课中学习(三) (40分钟)	2C (How: TED Talk) 消 费的形式和途径；描述自己 的消费习惯；口语展示技巧 (有效的身体语言)	任务式教学法	教材、视 频、课件
课中学习(四) (30分钟)	2D 绿色消费(环保消费) 的概念、形式及影响；人 类—社会—自然的命运共 同体关系	任务式教学 法,讨论法	教材、课 件
教学评价和 课后练习 (15分钟)	教学评价,布置课后练 习,发布小组任务	线上、线下混 合式教学法	网络、教 材、课件
小组任务展示 (40分钟)	小组海报及演讲展示	任务式教学法	课件

本单元的教学重难点为：

（1）全人教育：培养理性消费习惯和环保消费意识；深刻认识人类—社会—自然之间休戚与共的命运共同体关系。

（2）听说技能：理解并掌握如何在听力中辨别否定结构；运用频度副词和时间表达来描述自己的消费习惯。

本单元的视听说主题是"消费习惯"，教学材料由一个对话、两篇短文、两个听力任务、一篇 TED 演讲和一个口语展示任务组成。在对材料反复研究之后，我们采用任务式教学法，将教学素材视为一个个的任务（问题），每个教学素材回答一个任务（问题），包括：你消费什么？（What do you spend your money on?）你为什么消费？（Why do you spend your money?）你在哪儿消费？（Where do you spend your money?）你什么时候消费？（When do you spend your money?）你怎样才能更环保地消费？（How do you spend your money more greenly?）视听说材料的难度呈递进式，即从"对话"到"TED 演讲"和"口语展示"教学由易到难，层层递进。总体来看，除课前导入和课后小组展示，课中教学由四个部分组成，全人教育融入第一和第四部分的教学中。具体步骤如下：

第一步：话题导入。

采用线上、线下混合式教学方式，通过让学生在线阅读《2020 中国大学生消费行为调查研究报告》，并线上观看视频《美国大学生的超前消费》，利用"小组讨论"的方式，让学生了解和"消费"相关的词汇表达及思考"消费习惯"的概念、"你的消费习惯是什么？"及"中美大学生在消费习惯上有什么差异？"等问题，为课中学习做好准备（图 2-3）。

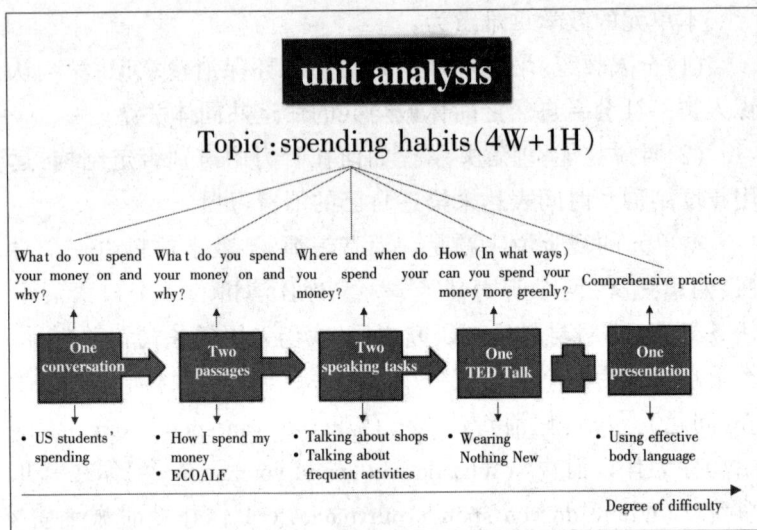

unit analysis

Topic：spending habits（4W+1H）

| What do you spend your money on and why? | What do you spend your money on and why? | Where and when do you spend your money? | How (In what ways) can you spend your money more greenly? | Comprehensive practice |

| One conversation | Two passages | Two speaking tasks | One TED Talk | One presentation |

- US students' spending
- How I spend my money
- ECOALF
- Talking about shops
- Talking about frequent activities
- Wearing Nothing New
- Using effective body language

Degree of difficulty

图 2-3

第二步：课中学习（一）：What & Why 任务。

本部分以任务式教学法和 PBL 教学法为主要方法，首先利用 2A 中"word web"的练习让学生进行"头脑风暴"，回答"你消费什么？（What do you spend your money on？）"这个问题，并拓展学生在这一问题上的相关词汇与表达。接着利用配套视频材料和 2B 的信息图表，在完成练习的同时引导学生思考"美国大学生 Stella 的消费习惯是什么？为什么？""和中国大学生在哪些方面有什么差异？"等问题，让学生结合课前准备中在线阅读的调研报告和观看的视频材料，总结中美在消费习惯上的差异，并利用先前学习过的"对比和比较"的表达方式，组织对话或段落，进行小组演练和口语展示。这一部分涉及听力技巧（辨别句中的否定结构）及两个听力练习，采用讲练结合的方式进行，对听力材料的讲解可利用 top-down（自上而下）的方式，即先理解大意，再辨认细节信息。

在思考中美学生的消费习惯差异时，引导学生批判性思索"你为什么消费？(Why do you spend your money?)"这一问题,并帮助学生厘清消费的原因,引入"炫耀式消费(conspicuous consumption)"这一概念。以 PLB 教学法为主要方法,在引导学生思考并回答 "炫耀式消费是什么？(What is conspicuous consumption?)""炫耀式消费的主体是谁？(Who consumes conspicuously?)""炫耀式消费是理性消费吗？为什么？(Is conspicuous consumption a rational or irrational view of consumption and why?)"等问题时,一方面拓展学生的词汇表达(如:flaunt one's wealth; lavish spending; status symbols;"tuhao"; the crass new rich; nouveau riche; parvenu; a vicious cycle; money worship; discontentment; chase the wind),另一方面强调炫耀式消费的不良影响,呼吁学生拒绝攀比,理性消费,培养其理性消费习惯(图 2-4)。

Think critically: Why do we spend our money?

We consume for:
· survival
· daily necessities
· Making us comfortable/happy...
· showing off our wealth → conspicuous consumption/keeping up with the Joneses

· What is conspicuous consumption?
 (*flaunt one's wealth*; *lavish spending*; *status symbols...*)
· Who consumes conspicuously?
 (*"tuhao"*; *the crass new rich*; *nouveau riche*; *parvenu*;
 Beverly Hillbillies; *rich 2nd generation...*)
· Is conspicuous consumption a rational or irrational view of consumption and why?
 (*a vicious cycle*; *money worship*; *discontentment*;
 chase the wind...)

spend rationally by rejecting conspicuous consumption!

图 2-4

第三步:课中学习(二):Where & When 任务。

本部分以任务式教学法和情景教学法为主要方法,首先利用 2A 部分"Talking about shops"中的频度副词作为导引,结合 2B 部分的"Talking about frequent activities",让学生在小组对话中夯实对频度副词和时间表达的记忆和运用。接着教会学生使用本单元的模板句式"Do you ever..."来描述各自的消费频率和消费场所, 回答 "你在哪儿消费? (Where do you spend your money?)"和"你什么时候消费? (When do you spend your money?)" 这两个问题, 并结合教材 Unit 1 的重点句型"talking about favorites"和肯定及否定的表达方式,要求学生进行配对口语会话。

第四步:课中学习(三):How 任务。

本部分主要采用任务式教学法。基于本部分 TED 演讲具有一定难度,我们将这部分的视听任务分成三个片段,每个片段设置不同类型的练习, 以回答 "你怎样才能更环保地消费? (How do you spend your money more greenly?)"这一问题。在重点词汇短语讲解完成后,第一片段设置两个任务,分别利用"完型填空"和"问答"这两种题型检验学生对大意的理解和记忆细节信息的笔记技巧;第二片段利用"配对"这一有趣形式,引导学生进一步理解 Arrington 的环保消费观念;第三片段采用选择题的方式,意在拓展学生的词汇。随后,将 TED 演讲中的部分重点句型分类组合,要求学生利用[I do...but I don't...]句型和频度副词来描述自己的消费习惯, 利用 [I'd love to do...][So let's start with.../let me give you an example of.../Here is an example of...]和频度副词来列举自身的消费习惯,利用[If you...you will...][If you don't...you won't...]句型来阐述自身消费习惯形成的原因,并将上述句型有逻辑性地组合在一起,构成描述自身消费习惯的模板段落,进行课堂口语展示。在学生展示过程中,有意引导学生有效利用身体语言进行演讲(图 2-5、图 2-6)。

Segment 1

Task1：What does Arrington prefer buying and why?
I love finding, wearing, and more recently, <u>photographing</u> and <u>blogging</u> a different, colorful, crazy <u>outfit</u> for every single occasion. But I don't buy anything new. I get all my clothes <u>secondhand</u> from <u>flea markets</u> and <u>thrift stores</u>. Secondhand shopping allows me to <u>reduce the impact</u> my <u>wardrobe</u> has on the <u>environment</u> and on my <u>wallet</u>.
Task2：What three things does Arrington consider when she chooses her outfits?
　　　 size, color, price

图 2-5

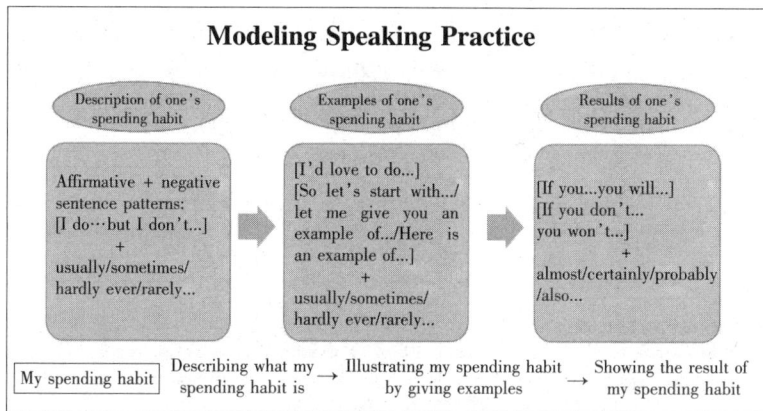

图 2-6

第五步：课中学习(四)：How 任务。

本部分主要采用任务式教学法和讨论法,基于 TED 演讲中的部分观点进行思辨性讨论,以达到提高学生绿色消费意识的全人教育目标。针对 Arrington 的观点："You do not have to spend a lot of money to look great.(你不需要花很多钱让自己变得好看。)",让学生批判性思考隐藏在这一观点背后的原因：

Arrington 中意买许多独特的二手衣物，而这种消费习惯可以使她节省开销，更能保护环境，因为二手衣物实现了材料的再度利用，降低了资源浪费，属于绿色消费(环保消费)的形式之一。进而引出"绿色消费"(green consumption)这一概念，以及绿色消费的形式及对环境的积极影响等问题。首先，通过小组讨论、师生互动等形式，促使学生对绿色消费的核心：3R 标准(reduce, reuse, recycle)的理解；其次，通过让学生思考大学校园中的绿色消费形式(如光盘行动、减少一次性筷子的使用等)，结合教材中 2D 的例证，帮助学生认识绿色消费的多种实现方式，提高学生可持续利用资源的意识，强化他们对社会可持续发展重要性的认识；最后，利用人类—社会—自然的相互关系图，阐明绿色消费对人类、社会、自然的积极意义：对能源的节约和对环境的保护既是人类为自身健康保驾护航，也是提高人民成就感、幸福感、满足感的有效途径；绿色消费既是可持续消费，是对资源的可持续利用，是促进社会可持续发展的重要方式，也是实现建设美丽中国目标的有力举措；资源和能源的节约、生态系统和环境的保护是维持人类和自然之间和谐关系的重要基础，人类—社会—自然是休戚与共的命运共同体关系(图 2-7~图 2-9)。

Think critically："You do not have to spend a lot of money to look great."
· Why did Arrington say so?
She only consumes unique secondhand clothes and this unusual fashion style makes her look great.
"Secondhand shopping allows me to reduce the impact my wardrobe has on the environment and on my wallet."

1. What is green consumption?
2. What are the possible ways of green consumption?
3. What might be the influences of green consumption?

Environment–friendly / eco-friendly

Task 1: What is green shopping (green consumption)?
· Green consumption, also known as sustainable consumption, is a new consumption behavior and process characterized by moderate consumption, avoiding or reducing damage to the environment and protecting nature and the ecology.
· 3R Standard: Reduce Reuse Recycle

节约资源 减少污染 分类回收 循环再生
绿色交通 文明出行 保护自然 万物共有

图 2-7

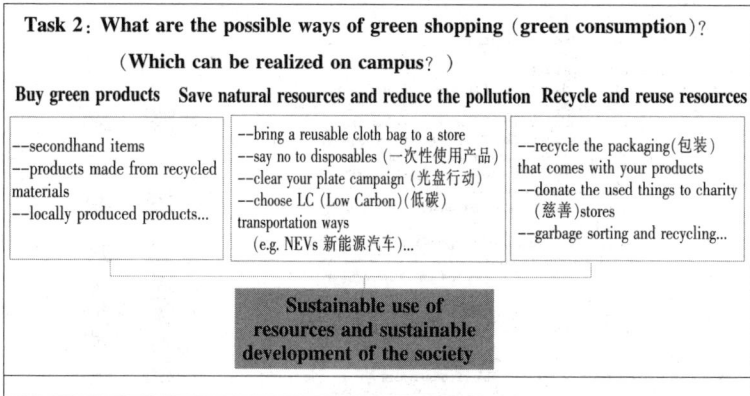

图 2-8

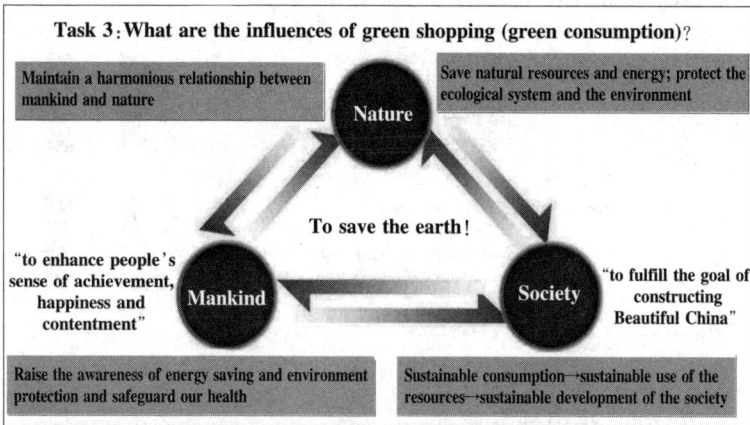

图 2-9

第六步:教学评价及课后练习。

本部分利用在线学习平台,要求学生对本单元学习进行自我评价,教师也同时进行教学自我评价,以查看教学目标是否实现,帮助教师进行教学反思,优化教学设计。教师布置课后练习,发布小组任务(图 2-10)。

Self-Evaluation for Students

1. **On knowledge level**:
- I understand the meaning of these words & expressions and can use them:
  bus pass grocery toiletry second-hand occasionally
  conspicuous consumption flaunt impress lavish spending
  crazy outfit-obsessed unique wardrobe confession
  flea market thrift store phenomenal physiologically
  fit in overrate sequin donate attach to   Yes ☐ No ☐
- I know different spending habits between China and US   Yes ☐ No ☐

2. **On skill level**:
- I can identify negation in listening and I can use the skill in listening practice.   Yes ☐ No ☐
- I can use adverbs of frequency and time expressions in creating conversations.   Yes ☐ No ☐
- I can use effective body languages in my presentation.   Yes ☐ No ☐
- I can think critically and use creative abilities in making group projects.   Yes ☐ No ☐

3. **On ideological and political education level**:
- I have built up a correct value of consumption.   Yes ☐ No ☐
- I have strengthened views of eco-friendly consumption and sustainable development.   Yes ☐ No ☐

Self-Evaluation for Teacher

- The class is
student-centered	Yes ☐	No ☐
teacher-assisted	Yes ☐	No ☐
task-based	Yes ☐	No ☐
logically-organized	Yes ☐	No ☐

- The students can
fulfill the objectives	Yes ☐	No ☐
understand the materials thoroughly	Yes ☐	No ☐
work both independently and collaboratively	Yes ☐	No ☐
communicate effectively with the teacher	Yes ☐	No ☐

图 2-10

第七步：小组任务展示。

本部分要求学生以小组为单位完成一项"绿色任务"（green project）并逐一进行课堂展示。学生需要以团队协作的形式，回答"为了更'绿色'的生活，我能为地球做些什么"这一问题，并通过制作宣传海报和英文演讲的方式，展示团队成果。最终基于同伴互评、小组互评选出最具创意性海报和最佳演说者。

2.3 教学反思和创新点

（1）层层任务，紧密衔接。

本单元教学将任务式教学法贯彻始终，每一教学步骤都包含为达到教学目标而设置的任务(问题),任务与任务间衔接紧密,环环相扣。任务类型也具有多样性:理解性、分析性、评价性、思辨性,有些任务设置层层递进,既注重了学生的学习特点和学习规律,也使得课堂层次分明,节奏紧凑。

(2)注重过程性评价。

本课堂教学的最后环节是利用网络学习平台帮助学生和教师进行总结和自我评价,以检验课堂是否达到了教学目标。注重过程性评价,即注重学生和教师的自我完善和提升,能确保教学更科学有效地进行。

(3)混合式教学方法。

在本课时的教学设计中,采取了线上与线下相结合、问题导向与启发式讨论、任务式教学相结合的教学方式,并以学生为主导,教师为引导,以充分发挥学生的自主学习能力。在讨论中还鼓励学生思辨创新,探索发现问题、尝试自己解决问题。这样就充分调动了他们的学习积极性,也培养了他们的学习主动性。

2.4 教学评价

首先,通过线上与线下混合式教学,将语言文化知识与全人教育相结合,理论与实践相结合,引导学生主动思考并积极参与小组项目,有效地调动了学生的学习积极性。学生反映听说材料更鲜活了,课堂更有参与感。其次,全人教育中的素材及融入方式贴合学生生活,集理论性、知识性、实践性和趣味性于一体,深入浅出,师生讨论热烈,思想火花的碰撞使课堂有温度有深度。最后,在线学习平台使师生有了更自由的发挥空间,能够适时进行教与学的反馈和评价,提升了教学的效率。"课内学习+课后展示"的教学模式有效地将理论及实践有机融合,使得教学效果更为理想。

第二节　大学英语阅读课程
教学设计与实践

　　大学英语阅读课是学生进入大学后必修的一门语言类通识课程。它既是一门语言技能基础课程，又是一门跨文化能力培养课程，在人才素质培养过程中起着举足轻重的作用。大学英语阅读课一方面通过文本阅读和各项教学活动培养学生的语言应用能力，达到增加知识、拓展视野、提高能力、增强文化素养的目的；另一方面，使学生在认识世界、了解社会和发现自我的过程中树立正确的价值观，增进文化理解力，提高跨文化交际能力，从而实现英语工具性和人文性的结合。

　　阅读是英语学习中重要的输入性技能。学生通过阅读学习词汇、表达、语法和篇章结构，在阅读中学生能够对中西文化进行对比与批判性思考，从而分析问题，逐渐增强英语语言的应用能力和人文素养。阅读是英语听说和写作的基础，是大学英语学习的重要基础，承担着全人教育的重要使命。教学以全人教育作为终极追求的系统观统领人才培养，从教育理念与教育手段和方式上体现以人为本的教育初心和人本主义教育思想。成都中医药大学的大学英语阅读课是一门必修基础课，课程使用外语教学与研究出版社出版的《新视野大学英语读写教程(智慧版)》作为主干教材，面向全校大学一年级所有专业的本科生开设，课程共开设两学期，共计30周，每周4课时，总计120课时。以下分别以《新视野大学英语读写教程(智慧版)》第1册第3单元和第4单元的教学为例，说明大学英语阅读课全人教育的教学设计与实践。

1. 第3单元：数码校园

本单元教学对象为非英语专业一年级学生,教材选自外语教学与研究出版社出版的"十二五"普通高等教育本科国家级规划教材《新视野大学英语读写教程(智慧版)》第1册第3单元。本单元教学拟通过6课时(每课时40分钟)完成。

1.1 教学目标

教学目标如表2-5所示。

表2-5　教学目标

知识目标	(1)学生学习有关互联网,校园科技等词汇和语言表达 (2)学生掌握后缀构词法 (3)学生掌握文本中的因果发展逻辑和相关的语言表达
能力目标	(1) 培养学生细读文本,理解分析长难句结构和意义的能力 (2)培养学生使用互联网相关的词汇和表达谈论相关话题的能力 (3)培养学生对互联网的利弊进行批判性思考的能力
育人目标	(1)学生思考科技助力教育改革的现状和未来 (2)学生了解新冠肺炎疫情期间全国各地的互联网线上教学 (3)学生对网络成瘾问题进行反思,探讨如何寻求虚拟世界与真实世界的平衡

1.2 教学内容和步骤

本单元的主题是"数码校园"。主课文是 Text A：College Life –In the Internet age(互联网时代的大学生活)。课文主要讲述了网络时代的大学校园生活。在网络时代,随时随地的网络连接为大学生的学习、交友与课内外交流提供了极大的便利。互联网对于培养未来的智慧人才起着不可或缺的重要作用。拓展阅读课文是 Text B：Too much of a good thing–A real addiction(过犹不及——真实的网瘾)。课文从网络成瘾的角度剖析了大学生上网过度背后的成因以及危害,并提出应对网络成瘾的建议。

　　随着互联网技术的不断深入革新和人工智能的兴起,新兴技术如何有效融入教育教学和大学英语课堂已经成为热点话题。基于互联网技术建立的各种智慧学习平台为教学提供了极大的便利,注入了极大的活力。在新冠肺炎疫情暴发后,前沿技术的应用和在线教学的开展更是保障教学进度与质量的重要手段。本单元教学紧密结合时代变迁和技术发展,引导学生感受科技对人类生活尤其是对大学教育的巨大影响和变革,从而引导学生体验、认知技术的强大力量,同时思考如何合理使用技术为教育和自我发展服务。近年来,大学生网络成瘾问题越发突出,引起了全社会的广泛关注。教师通过设计调查采访的方式,要求学生关注网络的负面影响,同时通过辩论的课堂活动设计引导学生辨证的看待互联网技术,以及自觉抵制网络成瘾。

　　为实现教学目标,教师设计了主题导入和背景学习、课堂讨论、课文细读、调查及角色扮演、小组辩论五个主要环节,每一个环节都融入全人教育内容。具体教学设计如表 2-6 所示。

表 2-6　教学设计

教学环节 (时长)	教学内容	教学方法	教学资源
主题导入 和背景学习 (40分钟)	话题引入——互联网时代下的大学生活,互联网如何改变教育和个人生活	多媒体教学法、情景教学法	文本、图片、视频
课堂讨论 (40分钟)	智慧校园与在线教育	交际教学法	教材与相关资料

续表

教学环节 （时长）	教学内容	教学方法	教学资源
课文细读 （80分钟）	课文结构和写作逻辑分析	交际教学法，翻译教学法	Text A 及相关阅读材料
调查及角色扮演 （50分钟）	大学生网络成瘾问题采访与角色扮演活动	交际教学法	Text B 及相关阅读材料
小组辩论 （30分钟）	大学课堂是否应该禁止使用智能手机	任务教学法	阅读材料、多媒体视频

第一步：主题导入和背景学习。

教师首先提出问题："Do you live on a digital campus? Please illustrate."（你是否生活在数码校园中？请举例说明。）学生从自己的大学校园生活谈起，举例说明互联网在大学校园的广泛应用，包括图书馆智能系统，智能点餐和智慧校园服务体系等，同时学生谈到互联网在专业学习、查找资料、调查研究等方面具有不可替代的便利性和及时性。教师以大学英语学习使用的各类在线平台为例，请学生思考并探讨互联网对英语学习的影响，引导学生意识到互联网为学习生活带来的巨大便利，且互联网的应用极大拓宽了学习的广度和深度，是新时代学习生活不可或缺的重要工具。最后师生共同总结互联网对校园生活的积极影响和技术对学习生活的变革。教师请学生观看一个视频和一个新闻报道进行发散思考（图 2-11、图 2-12）。

图 2-11　双语视频：这里的学校正用教育技术改变着学生的学习方法

　　学生首先观看双语视频"这里的学校正用教育技术改变着学生的学习方法"。视频聚焦美国爱荷华州一个社区的教学实践，展示了互联网应用于课堂教学的各种积极影响。学生观看后分析并总结互联网对传统教学的变革，分别是：①利用技术对学生进行个性化教学；②满足具有特殊需求的学生的学习需要；③合作学习发挥学生的潜力。通过视频材料的输入学习，学生充分认识到先进的网络技术能够从多方面改变学习方式，为本单元的深入学习储备了背景知识。

　　教师随后要求学生进行文化对比，思考在中国经历新冠疫情考验的重要时期，全国各地是如何使用互联网技术实现"停课不停学"的目标。教师请学生观看英语新闻报道"中国的智慧教学"并进行讨论。

图 2-12 英语新闻报道：中国的智慧教学

学生通过分享自己在新冠肺炎疫情期间进行在线学习的亲身经历，认识到科技与教育有效结合所发挥的巨大作用。如今，疫情形势缓解，全国高校逐渐恢复线下教学，但技术为教学带来的积极影响仍在持续。同时技术全力支持在线教学是疫情期间所有师生共同努力的结果，充分体现了我国教育智慧化发展的现状和未来。

第二步：课堂讨论。

新冠肺炎疫情期间，在智能技术支持下的在线教育让学生充分体会到了科技与教育结合的巨大力量。由此教师要求学生展开课堂讨论，就"疫情期间你使用的在线教学网络技术"和"如何保证在线教育的质量与效率"进行讨论。同时通过新闻报道的形式进一步展现了疫情期间全国师生"停课不停学"的努力。通过讨论，学生进一步了解技术的巨大力量，同时学生也认识到技术是教育的有利辅助手段，但是师生才是教育的主体，因为技术手段对学习的积极影响必须通过学习者自身的主观能动性才能体现。师生是学习的核心，大学生应该合理利用技术却必须警惕过度依赖技术手段可能导致的负面影响。

第三步:课文细读。

文本细读是学生学习语言知识、提高语言水平的基础,同时也是学生进行批判性思考的基础。教师首先要求学生找出课文 A 中所有与"互联网"相关的词汇和表达进行学习,为学生积累语言素材。同时采用交际教学法,提出涉及全篇课文理解的问题:"互联网在哪些方面改变了大学生的学习和校园生活?"教师要求学生细读课文,关注互联网对大学生学习,生活以及交友等方方面面的改变和影响。学生通过课文理解,进一步认识互联网对大学校园的改变以及可能造成的问题,为下一步的批判性思考做准备。

在课文细读这个环节,教学设计了结合"育人"日标的语言词汇学习。例如,学习课文 A 第二自然段的最后两个句子时,教师提出问题要求学生思考:为什么大学生宁愿发信息给坐在同一个教室或者住在楼上的同学聊天而不愿意当面交流?学生结合自己的交友习惯讨论网络对人们心理和行为方式的变革,同时思考网络交流对现实生活人际关系可能造成的影响。在学习第六自然段时,教师要求学生对比虚拟世界与真实世界,探讨"网络世界是否可以取代真实世界的活动",并讨论名人名言:"The Internet is so big, so powerful and pointless that for some people it is a complete substitute for life.(互联网如此强大,又如此毫无意义,以至于对某些人来说互联网已经彻底取代了生活。)"通过不断对比网络世界和真实世界,学生在认知层面建立起对互联网强大功能的辩证看法,并警惕技术发展可能对日常生活造成的反噬。

另外,教师对传统的词汇学习进行适度创新,摆脱传统的语法教学法的束缚。教师要求学生使用课文中的十个重点生词:campus(校园)、transform(变革)、accessible(易得到的),assignment(任务)、regulate(管理)、undergraduate(本科生)、indispensable (不可或缺的)、intelligent (智慧的)、budget (预算)和 competitive(有竞争力的),进行一个段落写作。学生就自己所在校园中某个互联网平台的服务情况进行小调查并以文字报告的形式作介绍或描述,学生的报告中必须使用以上十个重点词汇。该任务的设计突破了传统课堂语言层面对词汇只进行词性和词意的孤立学习,更加强调词汇的搭配和语用功能,强调词汇学习要学以致用,着重培养学生的语言输出能力,从而重点培养学生的语言应用能力。

第四步:调查及角色扮演。

课堂教学之外,学生也急需认识世界,了解社会。问卷调查是让学生对课堂讨论问题进行结合现实深入思考的有效方式之一。教师要求学生以小组的形式合作完成任务,采访不少于五位同龄人,就他们的互联网使用情况(每天上网具体时长,上网的主要目的,最频繁访问的网站)进行调查,收集数据,分析身边人的网络使用情况并进行课堂汇总报告。学生在调查之后发现大学生每天的上网时间普遍超过 4 小时,并且虽然上网目的与学习研究紧密相关,但也有相当多的学生使用网络进行娱乐、交友和休闲等活动,且后者的占比有不断提高的趋势,大学生对社交媒体类网站和程序的使用最为频繁。学生在总结分析现实情况以后,教师要求学生结合 Text B 的课文阅读思考互联网使用的哪些行为模式可能会造成网络成瘾问题和网络成瘾的表现形式。

教师同时要求学生上网阅读一篇有关网络成瘾症的英文文章,进一步思考网络成瘾背后的原因(见图 2-13)。

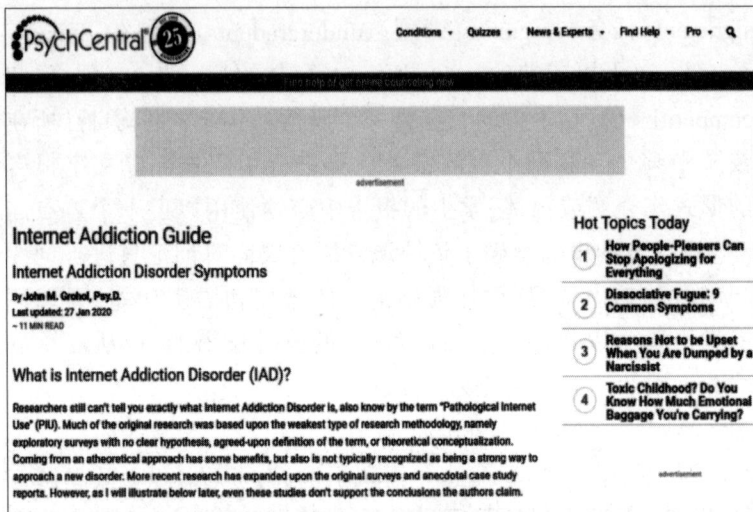

图 2-13　网瘾症

学生通过阅读进一步了解网络成瘾综合征的症状、检测及戒断方法。同时就网络成瘾的因素进行讨论。学生通过小组探讨提出生理因素、性格因素、家庭因素和社会因素可能是青少年和大学生网络成瘾的主要原因。在充分讨论的基础上,教师补充拓展阅读材料"How to avoid Internet addiction(如何避免网络成瘾)"。这一任务的目的是让学生学会提炼和总结观点。学生总结了文中的三个详细建议:①记录并控制网络使用时长;②消除浏览器诱惑;③养成健康的生活作息。接着教师请学生反思自己或者家人朋友是否存在网络成瘾的问题,并设计了角色扮演的活动,要求学生进行配对对话练习,与网络成瘾者交谈并提出建议。这一活动既能加强学生对相关知识的理解和掌握,同时也锻炼了学生的语言表达能力。这一教学环节是在之前背景学习和文本细读的基础上,将重点聚焦在培养学生的问题意识和思辨能力。学生通过课前调查在实际生活中发现问题,分析问题;通过拓展阅读和讨论,对问题的成因、本质进行了深入的思考;通过配对角色扮演的活动,对问题进行了充分的表达与论述。

第五步:小组辩论。

在之前的教学中,学生通过阅读,视频观看,新闻报道,调查讨论,角色扮演等活动形式进行了比较充分的语言知识积累和话题学习,已经具备了充实的背景知识和一定的语言词汇基础。教师在本单元最后的环节设计了分组辩论活动,要求学生就"大学课堂是否应该禁止使用智能手机?"进行辩论。正反方进行观点陈述、举例论证和总结陈词。这个活动的设计有两个主要目的:其一是锻炼学生的语言表达能力,强化学生的词汇学习,做到语言输入是为输出能力服务;其二是让学生在思考中锻炼逻辑思维能力,同时意识到技术对教育的影响是多方面多维度的,辩证地看待技术的优劣以及学会正确合理的驾驭技术而非被技术奴役。

最后由教师就整个单元的学习进行点评和总结,着重强调技术的复杂性以及深入阐述"智慧"学习者在互联网时代的内涵。学生通过认知"科技与教育的融合"认识到"科技之光",同时深入思考科技的复杂性和多样性,更加认识到"科技之光"不应泯灭"人性之光";相反地,"人性之光"应该在互联网和人工智能的加持下焕发出更耀眼的光辉。

1.3 教学反思和创新

本单元的主题涉及互联网时代和科技发展。这一话题对于在网络背景下成长起来的当代大学生们具有十分重要的现实意义和教育意义。教学设计通过形式多样的五个主要环节层层递进,引导学生从自己熟悉的生活开始,不断加强思考的深度和广度,同时结合现实生活,做到学以致用。学生在课堂上对互联网的积极影响和负面结果均进行了深入的讨论和思考,在课后通过问卷调查对相关问题有了更深入的认知。该单元教学重点突出全人教育中的综合素质培养和全面思考问题的能力,引导学生体验赞叹技术发展的便利性和优越性,充分享受技术并不断优化技术,同时深入剖析网络时代下的负面问题,特别警惕大学生的网络成瘾问题和身心健康问题,从而思考如何建立网络虚拟世界和现实世界的平衡。

该单元教学设计尝试突破传统课堂以语言学习为核心的模式,强调学习思考与社会现实结合,强调语言学习对思维能力和人文素养的渗透作用。此外,教学注意一边挖掘话题的育人价值一边加强语言表达学习,让学生有话可说,实现语言输入与输出的有机结合。

教学努力实现"全程育人"的全面性。教学中有针对性地使用中美两国有关互联网技术和网络成瘾问题的数据、视频和阅读材料,让学生了解不同国情不同地区的网络发展和使用情况,并进行分析对比,总结共性,注意差异,充分认识我国目前在互联网发展领域的重要成果。同时在教学中设计使用了多种不同方式的教学活动,提高学生的学习兴趣,锻炼学生在不同场景中使用英语进行交际的能力。

1.4 教学评价

本单元教学重点培养学生的认知深度和思辨能力。互联网时代是科技高速发展和信息爆炸的时代。现代大学生对互联网的使用和依赖也达到了前所未有的高度。关于本单元话题,学生具有大量的互联网使用经验和较强的情感共鸣。教学设计以学生的日常生活体验作为切入点,充分引导和鼓励学生分享、表达、分析、研判和思考总结。以"自然诱发表达欲望,充分激发观察思考"的方式加强学生的思考和认识深度。

学生的课后反馈显示,多样性的活动设计激发了学习兴趣,同时锻炼了实际使用语言的能力,学习积极性有所提高。同时学生表示，多模态材料的补充和输入能提供更多的思考角度，对于拓宽思路、丰富表达有一定的帮助。

2. 第4单元：时代英雄

本单元教学对象为非英语专业一年级学生，教学素材选自外语教学与研究出版社出版的"十二五"普通高等教育本科国家级规划教材《新视野大学英语读写教程（智慧版）》第1册第4单元。本单元拟通过6课时（每课时40分钟）完成。

2.1 教学目标

教学目标如表2-7所示。

表2-7 教学目标

知识目标	(1)学生掌握重点词汇，正确使用与英雄和英雄主义相关的核心词汇、表达和句型 (2) 学生掌握两种写作模式：问题—例证—结论写作模式；SEE-I写作模式 (3)理解不同维度的英雄主义（传统英雄主义，平民英雄精神，个人英雄善行）
能力目标	(1)学生能够熟练应用快速阅读技巧 (2)学生应用两种写作模式就生活中的英雄进行100词左右的完整段落写作 (3)学生使用语言表达技巧对写作进行润色修改 (4)学生能够初步进行跨文化沟通与批判性思考，能够讲述中国（中医）故事
育人目标	(1)思考新时代英雄主义的内涵与外延，聚焦普通人的英雄行为和英雄抱负 (2)感恩英雄，理解英雄，激发共鸣，重建信念，树立家国情怀和担当意识 (3)培育敢于担当、挺身而出、直面挑战的凡人"英雄主义"文明精神

2.2 教学内容和步骤

本单元的主题是"时代英雄"。两篇课文(主课文 A:我们身边的英雄和拓展阅读课文,B:英雄的抱负)通过讲述普通人中不同个体的不同事迹,表达出新时代普通人的英雄行为和英雄精神,鼓励学生在平凡的生活中勇于担当、甘于奉献,做日常生活中的英雄。教师对学生的认知和情感进行引导,激发学生对英雄主义精神内涵的情感共鸣,鼓励学生直面困难,不畏挑战,树立家国情怀,引导学生意识到英雄是一种品质和情怀,每个人都可以成为自己生活中的英雄。本单元教学设计以文本解读为根基,以教学评一体化为关键,深入挖掘教材中的语言学习价值和育人价值。

在抗击新冠肺炎疫情的特殊时期,全国上下涌现了大量甘于奉献、不计个人得失、直面疫情挑战的时代英雄。普通医护人员成为"最美逆行者",科研工作者不畏艰险,辛勤奋战在研发疫苗的第一线,而全国民众团结一心,响应国家号召居家隔离,就地过年,无不体现出每一个普通人的家国情怀和时代责任感。教学根据单元主题和全人教育目标,在夯实英语语言和技巧的基础上,着重对学生的认知和情感进行引导,重点培养学生人生观、价值观的树立和激发情感共鸣。教师设计了主题导入、课文结构分析、语言知识学习、课后汇报、翻译写作练习五个主要环节,其中每一个环节都融入"全人教育"内容。具体教学设计如表2-8所示。

表2-8　教学设计

教学环节	教学内容	教学方法	教学资源
主题导入	学生熟悉本单元话题,课前采访制作视频,课堂分享对话题的解读	多媒体教学,交际教学法	图片,学生制作的视频

续表

教学环节	教学内容	教学方法	教学资源
课文结构分析	学生进行快速阅读,分析课文结构和写作逻辑,补充教学 SEE–I 写作模式及模拟写作	语法教学法,交际教学法	主课文及相关补充阅读材料
语言知识学习	相关词汇和重要语言表达学习	翻译教学法	主课文及相关补充阅读材料
课堂汇报	课前采访分享	任务教学法	学生课前采访收集资料
翻译与写作练习	汉译英及英译汉练习及相关话题写作	跨文化对比分析,批判性思考	翻译练习,写作素材补充

第一步:主题导入。

教师提出问题:"Who is a hero in your heart and why？（谁是你心目中的英雄以及为什么？)"让学生思考谁是自己心目中的英雄并进入本单元的话题讨论。学生给出大量不同的答案,其中包括历史名人、体育明星和政治领袖。教师邀请学生展示课前制作的有关"谁是你心中的英雄"的采访视频,分享对英雄的定义和解读(见图 2–14)。

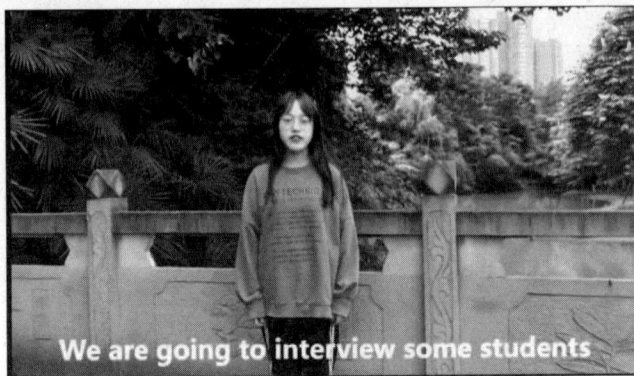

图 2-14　学生制作的视频

教师进一步引导学生思考并提问："Can an ordinary man become a hero?（普通人也可以成为英雄吗？）"同时向学生展示不同时代的普通英雄的图片,包括医护工作者、警察、消防员、教师、科研工作者等,启发学生思考英雄不一定成就非凡,影响世界, 英雄可以是我们身边的普通人。引用罗曼罗兰的名言"A hero is a man who does what he can"来作为小结点评,引导学生意识到国家需要无数个普通人勇于承担、迎难而上,英雄是一种品质,每个人都可以成为生活中的英雄。

教师向学生展示有关新冠肺炎疫情期间医学工作者阻击疫情的新闻报道和图片,同时设置问题要求讨论:①How do you define a hero?（你怎样定义英雄？）②How does today's notion of hero differ from that in the past?（今天英雄的含义与过去有什么不同？)通过讨论进一步明确普通人在特殊时期的责任感和担当意识,同时进一步深挖英雄的闪光品质,激发学生对时代英雄的敬意和感佩, 在情感上与普通人的英雄主义精神产生共鸣。

第二步:课文结构分析。

教师采用交际教学法，设置贯穿全篇的问题，要求讨论: "How did the heroes in this text illustrate heroism? (本文中的英雄们是如何展现英雄主义的？)"教师要求学生应用快速阅读技巧对文章中出现的四位英雄的故事进行浏览阅读,定位关键信息,分别找出四位不同英雄人物的职业、英雄行为和体现的英雄精神并进行对比学习(见图 2-15)。

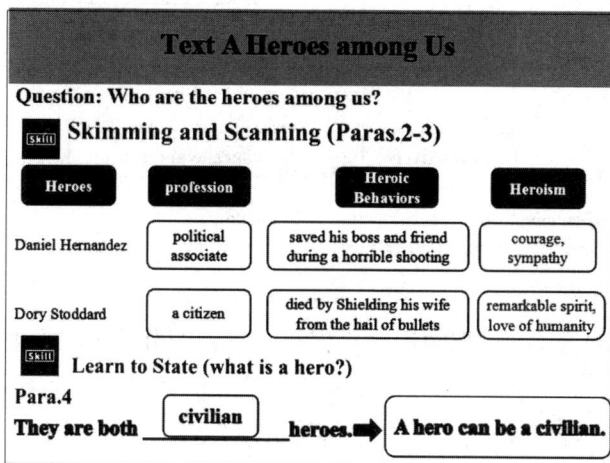

图 2-15

这一任务帮助学生分析并厘清课文的写作层次和逻辑结构,同时学生认识到课文中的英雄有普通行政助理、为家人牺牲的普通市民、警察等,他们的成就和英雄故事各不相同,但是他们身上都闪烁着英雄主义的光辉,用不同的行动诠释了"英雄主义"。

教师在分析课文结构的同时创新性地引入新的写作模式: SEE-I(陈述—阐述—举例—类比)写作模式,用这一模式梳理课文中的英雄故事,实现以读促写,同时融入跨文化学习和育人学习。教师请学生在之前快速阅读中找到的有关信息中进一步提炼出作者对每个英雄的陈述和阐释,并将此处描写作为英雄人物写作的范例要求学生学习 SEE-I 写作模式的前两个部分:陈述和阐释(见图 2-16)。

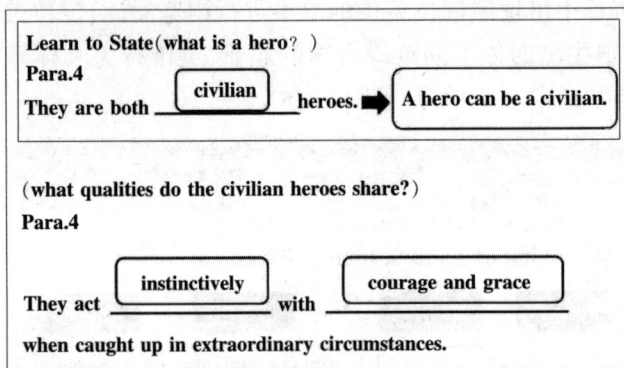

图 2-16

在此基础上,教师进一步讲解 SEE-I 写作模式的后面两个部分:举例和类比,结合课文要求学生进行跨文化对比学习,并适时融入育人教育(图 2-17、图 2-18)。

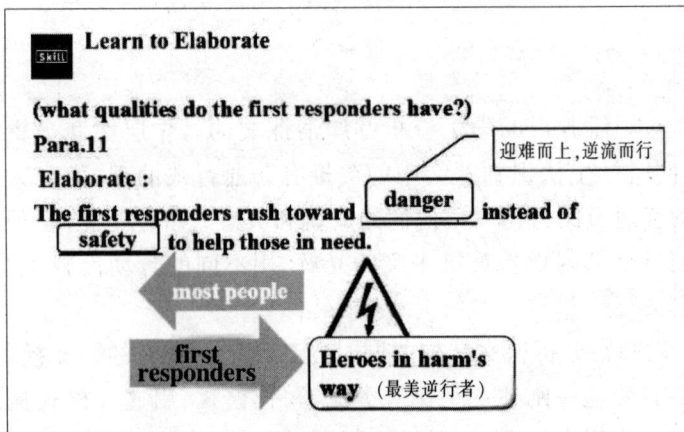

图 2-17

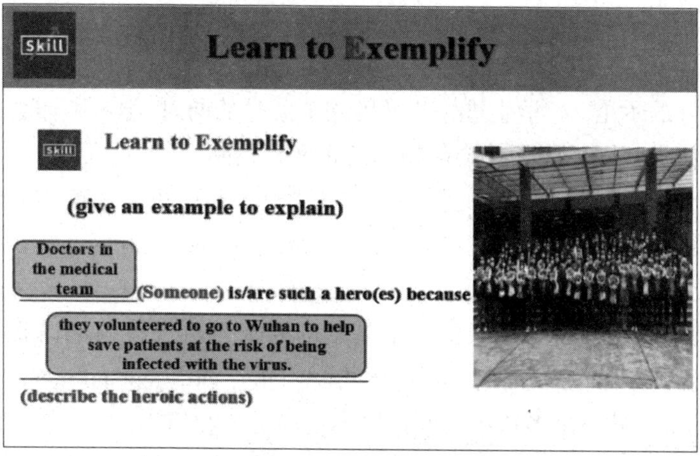

图 2-18

这一环节的教学不仅能让学生理解课文的主要内容和写作逻辑,同时也学习和提炼了写作的逻辑结构,为之后学生自己的写作练习打下了逻辑和结构的基础。

第三步:语言知识学习。

语言知识学习是阅读课的有机组成部分,教师紧扣全过程育人的指导思想,在教学设计中突破传统语言教学的限制,尝试将词汇学习与育人有机融合。

课文中与英雄主义相关的表达和描述较多,学生首先学习并掌握主题相关词汇,深化主题理解,夯实语言基础,同时教师在重点词汇的讲解中,结合认知和育人导向进行深入拓展。因为本课词汇较多,在此简要举例说明。

教师讲解课文第六自然段的重点词汇"commitment"时,提问学生不同职业对社会的承诺是什么,学生回答教师需要教书育人(commitment to teach),医生要救死扶伤(commitment to rescue),法官要践行社会公正(commitment to justice)等。同时教师引用中国日报新闻报道请学生理解并翻译以下例句:"By highlighting their shared commitment to multilateralism, China and Germany have set a good example for the international community.(中德两国共同承诺致力于多边主义,为国际社会做出了良好的示范。)"学生进一步理解词汇意义的同时,学习和体会中国作为大国在国际社会的担当意识和责任感。值得一提的是,该校为中医药院校,因此教师在教学中进一步引用人民英雄张伯礼的寄语中医医务工作者的一句话:"A commitment to good deeds and dedication to benevolence are basic requirements for a TCM doctor.(一名中医医生最基本的要求是对善行的承诺和对仁爱的奉献。)"请学生学习。学生学习重点词汇"commitment"的用法,并且再次体悟中医专业医学生的责任和担当。而在学习最后一段中出现的"fulfillment"一词时,教师要求学生学习相关词汇"fulfill"和"self-fulfillment"并提出问题:"Why is it important to fulfill yourself?How do you achieve self-fulfillment in your life?(自我实现为何重要,你如何在生活中进行自我实现?)"教师鼓励学生从专业和生活两个角度谈一谈自我实现的问题,进一步引导学生把梦想的实现与家国情怀和时代需求有机结合。同时引用一段相关新闻报道"Doctor gains fulfillment through Algerian stint(援阿尔及利亚的中国医生收获满足感)"作为补充阅读内容,请学生体会医生在平凡的本职工作中收获的满足感和成就感,激发学生在专业学习和未来的工作中通过奋斗实现自我价值。

第四步:课堂汇报。

要求学生在课文学习和课后自学课文 B 的基础上,进一步思考"谁是你生活中的英雄,为什么?"并采访同学或者家人朋友,在课堂上请学生分享采访结果并汇报发言。

学生给出了各种不同的答案,涉及父母、老师、朋友以及偶像等。通过学生的充分交流,教师进行提炼总结,引导学生意识到生活中的普通人往往在非常时期做出了不普通的行为。同时请学生深入一步思考"小我"和"大家"的关系——英雄不仅是为身边人和自己的亲人朋友做出牺牲,新时代的英雄更需要具有家国情怀,甚至为国家大局和更多人的幸福暂时放弃小家庭的幸福。最后鼓励学生思考自己作为普通公民应如何体现家国情怀,学生思考并总结出在抗疫时期,普通人响应号召保持社交距离,减少出行,坚持佩戴口罩以及春节就地过年等行为都是对全人类健康福祉的贡献。

教师总结三个不同维度的英雄主义行为和精神(传统家国英雄、平凡人的英雄行为、个人英雄善举),学生完成下列句子扩写,进一步深化单元主题。

Everyone is a hero when we_____.

We fight against injustice_____.

We face up to challenges_____.

We step out of comfort zone_____.

We reach out to help others...

学生通过小组讨论完成句子扩写练习,一方面促使学生掌握句型并锻炼语言表达能力,另一方面也促进学生积极思考每个个体所能实现的英雄善举。之后引用本单元的名言"Heroism is latent in every human soul.(英雄主义潜藏在每个人的灵魂深处。)"作为总结。

第五步:翻译与写作练习。

学生完成课后有关马可波罗和郑和的翻译练习,同时要求学生简要比较中外两位探险家的异同和历史成就,并从英雄主义的角度谈一谈他们的行为体现出了哪些英雄品质。此外要求学生在课后应用 SEE-I 写作模式写作课文同题作文"我们身边的英雄"。教师鼓励学生通过参观校史馆和博物馆,写写本校历史上的中医药界英雄,分享他们治病救人、悬壶济世的感人事迹,同时在课堂上分享学生的范文,并请学生相互修改反馈意见,实现同伴互评的互帮互助学习。

2.3 教学反思和创新

本单元的主题与时代紧密相关,教学设计通过五个主要步骤层层递进,不断深入,引导学生对英雄的定义、品质、重要性进行深入学习和阐释,重点引导学生体会普通人的英雄行为,深入剖析背后的原因,激发学生的责任感和担当意识,激励学生在需要的时候成为平凡生活中的英雄。

教学设计结合本校校情和学生专业背景,在教学中引领学生认知英雄主义精神,厚植爱国主义情怀,强化中医意识,树立中国(中医)文化自信,培养跨文化沟通意识和技能,力争实现全人教育教学中的校本文化特色的挖掘,将育人渗透和融合在每个主要教学环节中,做到了全过程的育人教学。本单元的育人融入过程以表格形式总结如下(表2-9)。

表2-9 单元教学设计中的育人融入

教学环节	教学内容	思政育人融入
课前采访,录制视频	学生呈现课前采访并录制的视频,就"谁是你心中的英雄?为什么?"在校内进行随机采访并总结汇报	学生思考当代大学生心中英雄的定义,内涵和重要性,为深入学习做准备
教师提示第5段中的重点"first responder"	教师提问 "Who are the first responders in our society?(谁是当今社会中的第一响应者?)"	学生提出警察、军人、消防员和医生等常常是各种灾难中的应急响应者。学生思考医学生的责任担当,建立使命感
教师提示Ryan Russell故事中的重点词汇"commitment"	Commitment:a promise to do sth or to behave in a particular way 教师提问各行各业需要践行的承诺,学生回答并理解各行业对社会和国家所担负的使命,树立家国情怀	教师引用张伯礼对中医医生的期望作为例句进行育人教育,树立职业道德

续表

教学环节	教学内容	思政育人融入
快速阅读，学习文中的英雄故事	阅读引出"heroes in harm's way（最美逆行者）"并进行跨文化对比古代中医"逆行者"神农尝百草为人民福祉创立中医基础；现代中医"逆行者"以张伯礼为代表的医务工作者	教师引发学生情感共鸣：中医药历史上从古至今英雄人才辈出，古有神农冒险尝百草，今有抗疫英雄救死扶伤，中医药为人类健康福祉持续作出贡献，坚定学生的中医专业自信和文化自豪感
跨文化对比学习	教师展示本校援鄂医疗队照片，引导学生真正认识到英雄就在我们身边 教师针对"最美逆行者"再次提问，引导学生思考大量普通医务工作者的英雄行为和担当	张伯礼获得"人民英雄"称号时将荣誉归功于集体： The honor belongs to all 42,000 medical personnel who rushed to support Wuhan.（荣誉属于42000名支援武汉的医务工作者。） 教师引导学生思考比个人英雄更重要的是所有平凡的医务工作者，学生找出第8段中的关键词"everyday heroes（日常英雄）"作为小结
课文阅读小结	教师引导学社总结课文中的英雄故事并找到作者在第13段中的总结句：Ordinary People can do extraordinary things.（平凡的人可以做出不平凡的事情。）引导学生思考平凡人的英雄主义精神	教师引用习近平同志"世上没有从天而降的英雄，只有挺身而出的凡人"的说法与课文内涵相互呼应，再次强化新时代每个普通人的时代担当

续表

教学环节	教学内容	思政育人融入
批判性思考	教师针对课文最后一段提问：In what way(s) can we honor the heroes?（我们能够以什么样的方式纪念英雄？） "…, we honor them by working to change the circumstances that led to their death." 学生分享如何理解此句中的"纪念英雄更重要的方式是改变环境" 学生通过思考认识到通过个人的善举和勇气，可以共同建立文明、法治和美好的社会环境	教师引用建设美丽中国和谐社会的理念，引导学生思考思考个人的善举和挺身而出如何引发良性连锁效应，从而改变环境，创建更美好的社会 教师引用建设和谐社会、美丽中国的目标让学生将个人英雄行为与构建和谐社会紧密联系，树立家国情怀。引用"Heroism is latent in every human soul."作为小结
小组写作	学生分组讨论并提交题为"Heroes among Us"的课文同题写作。学生思考与本专业相关的英雄故事,写了川派中医专家蒲辅周在川治病救人的故事,民国中医名家孔伯华不畏强权捍卫中医的事迹,本校两位中医专业同学路上紧急施救陌生人的故事 学生通过写作认识到作为医学生的责任担当和仁爱精神,再次强化了职业理想和中医文化自信	学生写作的段落： Group5： A hero can be a defender. A defender remains firm in his ideas under great pressure. Kong Bohua was such a hero because he campaigned for Chinese medicine when the reactionary government of wang ching –wei wanted to eliminate traditional Chinese medicine and finally his efforts made the government cancel the previous proposal. He was like a water source. When the water of traditional Chinese medicine was about to dry up, he injected new source to it

续表

教学环节	教学内容	思政育人融入
拓展阅读	学生分享对 Text B 的理解,批判性思考：我们能从帮助他人中收获什么	学生结合 Text B 的主题讨论帮助别人,救赎自己的深刻含义 学生以"我为义诊做志愿者"的活动为例讨论帮助他人的同时如何能够收获友情、爱心、技能,以及更加积极健康的生活
教师总结单元学习	教师总结三个不同维度的英雄主义精神(传统家国英雄,平凡人的英雄行为,个人英雄善举) 学生进行发散思维,完成句子扩写,进一步深化单元主题	学生完成句子的补充扩写:Everyone is a hero when _____. We fight against injustice We face up to challenges We step out of comfort zone We reach out to help others... 学生在思考中激发创新性观点和思想

　　现有研究表明,单纯面向外国文化习得的外语教育会在一定程度和方面弱化学生对母语国家文化的认同。依此可以推断,缺乏国家意识元素的外语教育可能会带来各种潜在的危害,最直接的后果就是国家认同、制度认同、文化认同、语言认同等方面会存在问题。另一隐性的后果是,由于缺乏国家意识,一些外语学习者境界不高,个人意识过强,成才动力不足,报效祖国意识不强。因此教师尝试在"全程育人"挖掘的深度和广度上不断创新,不仅要求学生理解课文中主要以西方人物为代表的英雄主义,同时进行深入的跨文化比较和分析,将中外英雄进行对比分析,促进学生建立集体主义意识和家国情怀。学生意识到家国情怀就是新时代的集体主义精神,认识到"小我"与"大家"的辩证关系,才能建立文化自信和文化自觉。教师在育

人的过程中要重视挖掘具有校本特色的育人资源,将思想教育的广度延伸,培养学生使用语言表达中医药相关内容的意识和能力,切实提高学生的语言应用能力。

2.4 教学评价

本单元通过有一定深度的认知和情感层面挖掘,可在一定程度上帮助学生形成正确的人生观,世界观和价值观。同时教师有意识要求学生进行跨文化对比,旨在培养学生的国际视野和跨文化交际意识,提高人文素养。

本单元的评价以产出成效为导向,评价方式包括终结性评价以及形成性评价,采用线上和线下相结合的方式,多维度收集信息。评价标准进行师生协商,包括对知识的掌握情况、思辨能力的提升程度, 中医专业素养培育以及人文素养培养的情况。本单元的产出任务有一项段落写作、一篇短文写作和一次故事扮演。学生通过小组互评对写作成果进行修改、润色和反思,教师提供指导。在故事表演中,教师就学生的参与度、语言能力、现场表现力和反应能力作出评价。最后通过单元词汇和语言点测试、单元任务完成情况形成终结性评价。

学生在课后完成自评表,对语言知识掌握、写作结构学习和思想教育等方面进行反思自评。学生表示相对于单纯的语言学习和书本内容讲解,课堂广度和深度有所加强,学习积极性有所提高。同时文本阅读与写作结构学习相结合的方式能够有效促成自身的内容和观点输出。学生反映在课堂上讨论与专业学习和时代需求相关的话题,能丰富自己看问题的角度,提高英语学习兴趣。

第三节　大学英语写作课程
教学设计与实践

　　大学英语写作是一项输出性语言技能，兼具"工具性"和"人文性"。大学英语写作是帮助学生在社会工作中进行沟通和交流的重要手段，是学生进一步提高英语水平的重要途径，是英语学习到一定程度之后需要掌握的综合性技巧。英语写作不仅可以使学生的"听"和"读"更加有效，也能帮助学生锻炼逻辑思维能力，凝练观点。大学教育的本质是提高人的内在素质和培养人与社会和环境的适应及互动能力，而写作学习作为整个大学英语教学的有机组成部分，是学生得以交流自己的思想，感情和对外传播交流中国文化的重要渠道。

　　成都中医药大学开设大学英语写作课程是配合大学英语综合课程和大学英语阅读课程的教学要求，针对部分学习情况和英语基础较强的学生设置的课程。该课程的初衷是强调读写结合，以读促写。在课程教学的过程中，我们结合全人教育理念进一步强调"以写促思"和"以写育人"的教学目标。当前大学英语写作课堂有三大主要特征：第一，重视英语写作语言规范的学习(工具性)，相对忽视写作的社会文化功能(人文性)。学生的创造性受到制约，不利于信息技术日新月异背景下学生解读，建构和表达多模态知识，不利于学生掌握跨文化沟通中的话语权。第二，写作训练主要被看作课堂任务，且往往以考试作文模式为导向。目前大多数写作课仍然将写作作为语言技能进行训练，写作的社会功能不被强调，同时写作的形式单一，多模态多类型写作的训练十分缺乏。第三，写作教学的全人教育功能不足，不利于学生树立充分的文化自信和提升综合性的人文素养。写作者(学生)常常面对由于中英语言表达形式、语法规范和思维差异而引发的文化冲突问题,而传统教学让英语思维和规范占主导地位,要求学生完全浸淫在对象国的语言文化中,以便帮助学生按照英语思维规范和文化习惯去表达,在一定程度上对学生的文化自信和文化身份认同产生了冲击,容易引发中国学生文化失语现象,同时学生的跨文化沟通意识缺乏,未能充分发挥通过写作实现文化交流、传播文化的桥梁功能。

随着中国国力日益强盛,提升文化软实力和国际话语权成为主导,外语教育政策也随之调整,日益强调中国文化对外交流与传播,要让世界看见,听见和了解真实的中国,在此背景下大学英语教学开始从"用英语认识世界"向"用英语介绍中国"转变。写作作为"讲好中国故事"、传播中国形象与文化的最重要阵地和最直接平台必须进行与时俱进的改革与创新。

大学英语写作课程尝试赋予写作通过构建文本从而发现意义、表达意义、进行文化建构和重塑的功能。读写活动不仅是课堂任务,更是社会实践。读写与特定的社会领域、社会功能、社会环境有十分紧密的联系,读写能力受到社会因素的影响,而读写能力的培养过程也是意识形态塑造和文化建构的过程。英语写作并非不加选择地接受英语书写的规范和思维范式,而是释放创造力与主动性,以写作传播中国声音,在写作中进行跨文化比较和反思,甚至获得"挑战"强势文化侵入和解决文化冲突的手段和渠道。

成都中医药大学的大学英语写作课程选择上海外语教育出版社的"十二五"本科国家级规划教材《新世纪大学英语系列教材写作教程(第2版)》作为主干教材。教材的英文名为Writing as Communication,可见教材的编写者也将写作看作一项与他人或者自己交流和沟通的活动。教材按照英文写作的四种基本文体以及特殊写作文体编排,分为五个部分,每个部分根据具体的写作训练技巧又分为一至六个单元，每单元围绕一个话题的三篇不同主题的范文进行写作学习，做到了循序渐进，由浅入深。大学英语写作课在用好主干教材的同时着力培养学生以多模态读写、批判性读写能力及交际能力为特征的新读写能力，构建以提高"中华文化传播"能力为核心的"以读促写，以写育人"的协同教学体系。以下通过英语说明文和议论文两种文体的写作教学说明大学英语写作课的全人教育教学设计与实践。

1. 英语说明文教学设计与实践

英语说明文是一种以说明和解释为主要表达方式的文体。它是对客观事物的性状、特点、功能和用途等做科学的说明或者阐释。说明文以说明为主，兼用叙述、描写、议论等表达方式介绍事物，解说事理。说明文的写作技巧比较灵活多变，包括举例法，定义法，对比对照，分类法，过程分析以及因果分析法等。写作教材分为六个单元对英语说明文的每种写作方式进行了逐一讲解。我们拟选择教材的第 9 单元作为全人教育教学设计与实践的范例进行教学设计阐述。本单元拟通过 4 课时(每课时 40 分钟)完成。

1.1 教学目标

教学目标如表 2-10 所示。

表2-10　教学目标

知识目标	(1)学生掌握与健康生活，良好习惯相关的词汇和句型
	(2)学生掌握标志时间顺序的衔接词和时间状语从句
	(3)学生掌握说明文的写作技巧之一:过程分析法
	(4)学生掌握过程分析法的两种写作模式:指令性写作和信息性写作

能力目标	(1)学生能够熟练应用过程分析法中的两种写作模式对某一事物或现象的发展过程进行分析阐述 (2)学生应用过程分析法写一篇题为"中医如何帮助养生"的作文 (3)学生应用过程分析法写作一篇题为"如何在现实生活中预防新冠肺炎"的作文
育人目标	(1)学生思考如何养成健康习惯 (2)学生对比中西医的养生保健习惯,并对其主要特点进行分析总结 (3)学生思考预防新冠肺炎的重要性,以及如何从自身做起为全球抗疫出力

1.2 教学内容和步骤

教学的内容是第9单元,本单元的话题是"养成良好的习惯",包含三篇范文。第一和第二篇范文以指令性写作模式讨论了如何养成良好的学习习惯和如何减肥,第三篇范文以信息性写作模式探讨了实现文化理解的五个步骤。通过对三篇范文写作结构和语言风格的分析,要求学生学习写作技巧和文章架构。同时全人教育理念要求我们从培养学生人文素养的角度进行课堂教学。内容是写作的核心,而跨文化交际是英语写作的重要目的之一。为了让学生"有话想说"和"有话可说",我们尝试用内容引导形式调动学生的表达欲望。由于该校大学英语写作教学的学生全部来自中医中药类专业,教师将该单元话题进行了适当拓展,结合学生的专业学习,设计了介绍中医如何帮助养生以及在新冠疫情背景下普通人如何健康生活,养成良好生活习惯的话题。教师设计了课前的多模态内容输入、课堂话题讨论和展示交流、课后写作的同伴互评和教师点评等主要环节,积极开拓写作的社会性和实践性。具体教学设计(4课时,总计160分钟)如表2-11所示。

表 2-11　教学设计

教学环节	教学内容	教学方法	教学资源
课前多模态内容输入（60分钟）	健康类短文阅读及TED视频观看	自主学习	短文，视频
课中范文学习（一）（10分钟）	范文1、2写作结构,逻辑和语言风格学习	任务教学法,交际教学法	教材
课中范文学习（二）（5分钟）	范文3写作结构,逻辑和语言风格学习	任务教学法,交际教学法	教材
话题讨论（10分钟）	学生讨论回答基于TED视频的5个问题	交际教学法	补充阅读材料TED视频
课堂写作（25分钟）	写作前的语言素材准备,并完成写作提纲	任务教学法,交际教学法	教材,补充阅读素材
课中作文修改（30分钟）	学生作文的写作反馈与同伴互评	线上线下混合教学	学生作文
小组话题展示与讨论（30分钟）	大学生预防新冠现状访谈汇报	交际教学法	网络资料
课堂写作（35分钟）	教师总结要点,学生进行限时写作	交际教学法,语法教学法	学生汇报材料,话题补充材料
单元写作小结（15分钟）	写作技巧总结,写作教学反馈	交际教学法	教材,阅读素材及学生作文

第一步:课前多模态内容输入。

教师在课前的备课准备中,根据学生的专业特点,设计让学生用写作表达有关健康生活,合理饮食以及养成良好生活习惯的内容。同时教师结合时代背景选择中医如何帮助养生以及如何在日常生活中预防新冠肺炎作为本单元写作话题,引导学生关注写作的"时代性"和"社会性"。教师分别选择短文和视频两种不同模式的材料作为学生课前的输入材料,要求学生在课前阅读和观看,同时重点学习其中有关健康生活和理念的词汇和表达,做好写作前的语言积累。

第二步:课中范文学习。

本单元的课中范文学习分为两个主要部分:教师引导学生对使用"过程分析"法的说明文进行范文学习,着重学习写作技巧,文章架构和语言表达规范。学生能够较快辨识范文的不同写作模式并对比总结两种写作模式的特点,由此掌握过程分析式说明文的写作结构。

结构是一篇作文的框架。学生在写作中的难点主要在于输出高质量的内容,究其原因主要是学生的词汇积累不够充分以及思维的深度和广度仍有欠缺。因此教师设置了对课前多模态输入材料中重点词汇的课堂测试,以此督促学生不断加强写作前的语言积累。此外,教师特别引导学生对准备写作的话题进行思考和深入认知,鼓励并启发学生就课前输入的材料进行讨论交流,形成自己的看法和内容,同时锻炼学生的跨文化交流能力和批判性思考能力。

学生课前自行观看 TED 演讲视频"逆流机制:我们为何生病"。该视频的演讲者是一位美国西医医师,视频中该医生提出了"逆流观察"的保健观点。教师在课上针对该视频提出 5 个问题,这些问题既涉及中西医健康理念的对比,也涉及了跨文化沟通(图 2-19)。

> **Group Dscussion:**
>
> 1) What is the speaker trying to illustrate by talking about Veronica's experience?
>
> 2) What is an "upstream approach" and what is an "upstreamist"? Explain in your own words and try to give your translations.
>
> 3) Do you think we have "the third friend" in China's medical system? if yes, who is he/she? and if no, why not?
>
> 4) To what degree do you agree/disgree with the speaker?
>
> 5) What is TCM approach to health care and how does it resemble to/differ from the speaker's approach?

图 2-19 有关 TED 视频的 5 个问题

教师提出的 5 个问题分别是：①演讲者通过维罗妮卡的病例想说明什么问题？②什么是"逆流机制"和"逆流者"？请做出解释。③在中国的医疗体系中是否有视频中提到的"第三个朋友"？为什么？④你在多大程度上同意演讲者的观点？⑤中医的健康保健观念是什么？请比较中西医健康观念的异同。这些问题涉及对视频中主要观点的理解和分析，促使学生对中西医的健康观念进行对比思考，对于健康理念的跨文化沟通和交流做出思考。

在充分讨论交流之后，学生逐渐形成对视频中健康观念和健康生活习惯的认知，认识到视频中的保健观念与我国中医养生理念具有一定的契合性，由此进一步树立中医文化自信。教师在讨论环节之后立即再次强化学生的相关词汇输入和语言积累。此时学生已经完成了写作的基本准备工作。

第三步：课堂写作。

教师积极介入学生的写作过程是提高写作课教学效果的重要途径。教师对学生进行写作帮助的最有效时机不是写作后的批改点评，而是在写作过程中。此前学生已经学习了以过程分析为核心的英语说明文写作，学习范文以说明文的指令式模式阐述如何养成良好的习惯,通过 TED 视频材料"逆流机制:我们为何生病"学生对比了不同的健康保健理念。因此教师布置的第一个写作任务是以说明文文体为基础,在思辨的基础上以国外受众为对象进行写作,以写作实现跨文化沟通。教师设计的写作任务如下:

"中西医思维模式和治疗机制各有优势,中医在日常保健和预防疾病方面具有独特的优势,请你写作一篇题为《中医如何帮助养生保健》的短文发布在新媒体平台上向普通国外民众介绍中医在日常保健中的作用,普及和传播中医的保健优势。"

该写作任务要求学生将中医与西医进行对比,以自己的亲身经历和相关的专业背景知识为基础进行快速思考,采用分组的形式(每组 5~6 名学生)对该话题进行限时的小组共同写作,总结归纳出中医的特点和优势,并展开有理有据的分析和介绍。

该产出任务的语言目标要求学生掌握与中西医保健相关的词汇和表达,同时掌握英语说明文的写作技巧和结构;而其中融入的育人目标要求是学生在对比思辨的基础上,怀着平等沟通的态度提出中医在养生保健方面的优势和作用,以期在跨文化交流中为中医构建良好形象,建立中医文化自觉。教师在学生组织思想、组织语言和下笔表达的过程中密切观察学生,适时指出问题,给予指导,提出建议,帮助学生快速高效地完成写作框架和内容梗概。

在完成写作初稿之后,教师带领学生进行模拟审稿。老师将作文提纲交给学生进行小组交叉审稿,要求学生要将自己当成评审专家,将审稿意见列出来。审稿意见交回给原写作小组后,学生要根据"专家"意见进行修改,通过这个方法让学生相互督促,强化英语写作的格式结构,同时交换意见,通过合作取长补短,调动学生积极性的同时也提升了写作的趣味性。

以下是学生互评和教师点评之后,学生小组修改后的作文

节选:

"TCM advocates laws of the nature, balancing Yin and Yang and bringing unification. From this background, TCM has evolved many forms of health care such as food therapy, massage, Tuina and Tai Chi. All are conducted with the aim of bringing the human body back to or maintaining a good health. For instance, people exercise Tai Chi to achieve a balance of Yin and Yang in physical movement. Compared to other physical exercises, Tai Chi is suitable for people of all ages and with different constitutions. Tai Chi is also effective in promoting blood circulation and enhancing spiritual calmness. "

在写作中,学生讲述了中医养生的主要方式,并以太极为例进行了分析和论述,并简单介绍了中医养生的基本原则,在对比的基础上提出了太极拳老少皆宜、动静结合、身心兼顾的养生保健优势,初步尝试用英语介绍和传播中医。

第四步:课堂小组汇报展示。

教师要求学生在第二次上课的课前就"日常生活中你是如何预防新冠肺炎?"的问题采访身边人。学生在课堂上进行小组展示汇报和交流讨论,对其中的重点内容进行总结和提炼。教师在讨论后点评,并将学生汇报中的要点进行总结,为写作做好内容准备。同时,教师引导学生认识到良好的生活习惯是健康的基石,作为个体遵循防疫规定,建立并普及良好的生活习惯是帮助减少疫情传播和为全球抗疫做出贡献的有效途径。教师要求学生翻译名言"不以恶小而为之,不以善小而不为",进一步引导学生认识到每个普通人的力量都不可小觑,千万个普通人从自身做起的防护工作可以汇聚成时代的大力量。

第五步:写作练习与发布。

教师要求学生以"如何在日常生活中预防新冠肺炎"为题

用"过程分析"法写一篇说明文并上传到写作平台。作文完成之后，教师要求学生进行三个层面的修改，即自我修改、同伴互评修改和教师点评。学生在三个阶段的修改过程中不断完善作文的主题，语言表达和内容输出质量。同时教师鼓励学生选择恰当的新媒体平台发布自己的作文，收集受众的反馈意见，进行写作反思。

第六步：写作小结与反思。

教师在本单元教学完成之后，要求学生对本单元学习的文体和完成的两篇作文进行学习反思。教师总结应用过程分析法写作说明文的重难点，要求学生完成自查表；教师要求学生反思后谈一谈自己在两篇写作中遇到的问题，请学生思考解决了哪些问题，还有哪些问题尚待努力。学生从写作的框架、逻辑、内容、语言表达的准确性以及作文收到的反馈意见等多个方面进行了积极反馈。同时教师还督促学生建立用英语写作传播中国(中医)文化的意识，强化学生的中国文化自信。

1.3 教学重难点

本单元的教学重点为英语说明文的写作，重点掌握"过程分析法"的应用。英语说明文是写作者向读者传达信息，解释事理，说明意义以及介绍情况时候的最常见文体。日常生活中说明文是普遍使用且具有极强现实功能的文体。学生需要掌握如何使用说明文解释完成某个任务，实现某种目标的方法。学生在说明文的写作中需要锻炼以准确、清楚、简洁的语言说明观点和解释步骤的能力。

本单元的教学难点主要在于实现以读促写和以写促思的教学目标。阅读是写作的基础，写作的核心是内容输出。教学在传统阅读的基础上强化针对写作话题的语言输入和内容积累，通过讨论与问题启发，促进学生的思考和跨文化分析对比的意识养成。本单元的两个写作话题既具有时代性又具有社会性，同时与学生的专业背景紧密相关，是具有校本特色的英语写作。教师是写作任务的发起者,策划人和监督者。学生在写作中凝练观点,锤炼语言,提炼思想,最终在写作教学中完成人文素养、国际视野和思辨能力的培养与塑造。

1.4　全人教育教学内容挖掘

本单元基于教材中"健康习惯"这一基本话题进行了适当的拓展和外延,重点结合学生的专业实际进行秉承全人教育理念的内容挖掘。

首先,在写作话题的设置上,强调写作的社会性和时代性。教学设计突破传统教学中仅把写作当作课堂任务的局限,将写作看成一种社会活动,要求学生基于真实的社会场景和时代需求写作。选择了"中医如何帮助养生"和"如何在日常生活中预防新冠"作为写作话题进行思考和讨论,将写作任务置于真实的生活场景中,写作因此具有了真实的目的。

其次,每一次写作训练其实都是培养学生跨文化思辨和批判性思维能力的过程,教学要把语言学习与思维认知、个人素质培养等结合起来。写作的基础是语言积累,但写作的核心是观点和内容的有效输出。学生对于话题的表达是发现意义,建构意义的过程。良好生活习惯对于健康的重要性是人人皆知的常识性知识,但是正是对常识的守护体现了一个人基本的人文素养。教学中,教师在写作的话题准备和语言积累中要求学生对中美(中西医)健康观念进行对比分析,客观评价不同理念的特点,发现并认知中医健康理念的合理性,同时思考坚持良好的健康习惯对个人和社会的重要意义,思考普通人应对疾病和疫情时的良好习惯能够帮助汇聚成整个社会抗疫的宏大力量。学生通过本单元写作可表达意义,传播中医文化,号召更多的人用实际行动维护个人和公众的健康。

1.5 教学反思和创新

本单元的话题与学生的日常生活息息相关,学生能从个人经验和访谈调研中积累和收集到有关话题的大量内容。同时,多模态的内容输入既能帮助学生积累语言,又能拓宽学生对于话题认知的广度和深度,由此学生在写作的前期准备中能够在一定程度上实现"有话可说"。教师通过层层推进的教学设计,引导学生在充分讨论的基础上进行深入思考和跨文化对比分析,激发学生的表达欲望,促进学生发现问题,提出看法,从而实现"有话想说"。

本单元教学的写作话题与学生的专业背景进行了创新性结合。从学生的专业背景入手,激发写作兴趣和表达欲望。教学设计着重挖掘写作的社会实践性,从中医养生和日常健康习惯的养成着手,引导学生思考如何用写作的方式帮助中医文化的对外传播,同时思考个人行为与营造社会大健康之间的关系。让学生分析和比较中美(中西医)健康理念和医疗观念,学生进行跨文化思辨,从而培养一定的文化自觉和文化自信。

1.6 教学评价

通过充分的教学准备和合理的教学设计,本单元的教学实现了语言学习和全人教育的融合,体现了写作的"工具性"和"人文性"的双重特点。写作任务不再局限于课堂训练,而是鼓励学生构想真实的读者对象,并将作文在社交媒体平台上发布,实现互动与反馈,学生写作的积极性有所提高。同时写作的话题与学生的专业背景有较强的相关性,学生学习的主动性有所提高。学生在课后的反馈显示,他们愿意积极尝试与专业背景相关的写作,同时也逐渐认识到写作的跨文化交际功能,愿意尝试通过写作传播中国声音,发挥积极影响。

2. 议论文写作教学设计与实践

议论文是大学生写作中最为常见的文体之一,在诸如大学英语等级考试、英语专业等级考试、托福雅思考试中,议论文写作是考查学生写作能力的重要文体。议论文写作主要以观点表达和思维交锋为目的。议论文中论点的提出、论据的分析、论证的过程、结论的汇总等过程展现了如何将思考定格成书面文本的能力。大学英语议论文写作训练学生针对一个具体话题或者观点展开论证。在教学过程中,教师协助学生发掘、探索贴近生活而又能够把控的话题作为写作内容,对其相应的论据进行分类、细化,辩证地指出各项论据的正反两个方面,选择论点、提供论据予以论证。我们拟选择写作教程第 11 单元 "Issues in Education（教育问题）"作为全人教育教学设计与实践的范例。本单元拟通过 4 课时(每课时 40 分钟)完成。

2.1 教学目标

教学目标如表 2-12 所示。

表2-12　教学目标

知识目标	(1)学生掌握议论文的特征和写作结构 (2)学生掌握观点与事实的区别 (3)学生掌握主题句和论据的写法
能力目标	(1)学生能够在作文中正确使用各种衔接手法 (2)学生能够针对"在校学习更重要/社会实践更重要"这一话题写作一篇发表观点的议论文
育人目标	(1)学生思考大学教育在新时代的作用和重要性 (2)学生思考优秀的大学教育的特征和未来大学教育的发展方向

2.2 教学内容和步骤

本单元的话题是"教育问题"。范文1讨论了大学课堂的有效性,范文2讨论了应试教育的问题。在教学设计中,教师根据议论文写作需要学生发表观点的特点为出发点,尝试用以写作内容为依托的学习替代传统的语言技能讲授,从讲授写作技巧和词汇积累等浅层次机械操练环节转向培养应用、分析、评估和创造等深层次思维能力,以达到内容教学与语言教学互相促进、共同提高的目的。由于本单元话题与学生的学习生活紧密相关,教学设计了大量相关的话题讨论,在课前进行多模态内容和相关语言知识的输入,在课中进行充分的交流和同伴互动互评。学生针对当前大学教育的特点、大学教育的利弊以及大学教育未来的发展趋势进行充分的讨论,针对现代社会更需要专才还是通才进行观点呈现和辩论。在教学活动中,学生通过收集资料、选择立场、发表观点、充分论证、反思总结等环节充分锻炼了思辨能力和语言表达能力。具体教学设计如表2-13所示(4课时,总计160分钟)。

表2-13　教学设计

教学环节	教学内容	教学方法	教学资源
课前多模态内容输入(60分钟)	教育相关的词汇学习;相关话题材料阅读	自主学习	短文,补充词汇
课中范文学习(一)(10分钟)	范文1写作结构和逻辑发展学习	任务教学法,交际教学法	教材及相关补充阅读材料
课中范文学习(二)(10分钟)	范文2写作结构和逻辑发展学习	任务教学法,交际教学法	教材及相关补充阅读材料
话题讨论(60分钟)	学生讨论"当代大学教育的利弊",小组辩论"在校学业社会实践孰轻孰重"	交际教学法,任务教学法	补充阅读材料视频资料

续表

教学环节	教学内容	教学方法	教学资源
课堂写作及互评 (40分钟)	写作前的语言素材准备和完成写作	任务教学法	教材,学生作文
小组展示 (20分钟)	学生范文展示	交际教学法	学生作文
单元小结 (20分钟)	写作技巧总结,写作教学反馈	交际教学法	教材,阅读素材及学生作文

第一步:课前输入。

教师要求学生在课前同过补充阅读材料大量涉猎相关话题的不同观点,并从中提炼出不同的观点和论据,做到对本单元话题的熟悉和了解。在输入环节,教师要求学生课前阅读英文短文"大学给我们带来了什么",同时观看 Ted 视频"大学时代应该做的 7 件事",学生结合自身大学学习的经验思考大学教育的现状,优秀大学教育的特点以及如何能够高效利用大学生活。同时教师向学生介绍联想记忆的方式,以学习和熟记与"教育"相关的词汇,进行语言积累和写作前的准备。

学生在课前输入的环节中需要大量涉猎与本单元话题相关的各种内容和观点,同时对不同的观点进行思考,从而逐渐形成自己的看法,为之后写作中的观点形成做准备。

第二步:课中范文学习。

英语议论文的写作有规范的写作结构,因此学生首先需要学习范文的写作架构和逻辑思维展开方式,掌握议论文的三个有机组成部分。在议论文写作内容层面,论证能力是决定其质量的重要因素。论证过程包含了提出论点、运用命题阐释论点和选择论据支持论点等必要步骤,因此教师要指出议论文写作的核心要素是论点和论据的提出与论证。教师要求学生完成分辨写作中的观点和事实的练习,因为区分观点和事实的能力是批判性思维能力培养的基础。学生通过学习掌握如何提出观点和论据,如何使用事实展开论证,为议论文写作打下基础。

培养学生思辨能力的目的是让学生理解语言背后的思维方式和文化背景。为了进一步提高学生表达观点和展开论证的技巧,教师要求学生就"在校学业与社会实践孰轻孰重"的话题展开小组辩论。学生在课前的多模态输入环节通过自主学习已经获取了有关大学学习和社会实践的相关信息与观点,这是学生进行观点表达的基础。

教师将全班学生分成正反两方,分别就正方"在校学业更重要"和反方"社会实践更重要"两个论点进行辩论,要求学生尽可能多地提出能够支持本方论点的论据,并用具体例子进行论证。学生经过激烈的小组讨论后,正方归纳并提出三个主要论据:①大学教育的主要目的是系统地掌握某个专门领域的知识;②学业优秀者在社会竞争中更具优势;③学习书本知识本身就是实践等。归纳出论据之后,教师引导学生通过联想、举例、喻证、引证等手段作进一步挖掘,采用交际教学法对论据进行分析和论证,以充分发展他们自身的思维能力、逻辑分析能力以及发现、分析、解决问题的应用能力。论据的分析和论证过程能充分反映学生的高阶思维能力,尤其是质疑、分析、判断、比较等方面的反驳能力,是思辨能力培养的关键。对各论据分别进行论证并做出小结后,最终合理论证正方"在校学业更重要"的观点。关于反方的"社会实践更重要"这一论点,学生提出的主要论据可以提炼为:①社会实践为在校大学生提供了更好理解和运用大学所学知识的机会;②通过社会实践,大学生能够提高实际应用知识的能力;③社会实践为学生提供宝贵的工作经验,丰富他们的工作简历,有助于大学生未来就业。论据的分析和论证过程同样包含反驳和协商。对各论据分别做出小结后,最终合理论证反方"社会实践更重要"的观点。

小组辩论活动的开展是促进学生议论文写作思维活动的重要手段之一。在辩论中学生能够提高运用语言表达思想、构建思维的能力,学生需要不断对语言表达的准确性、观点的严谨性、内容的明确性、逻辑的紧密性和论证的充分性进行完善提升。

第三步:课堂写作与小组展示。

教师要求学生针对"在校学习更重要/社会实践更重要"这一话题任选一个立场展开议论文写作。这一话题的设计既能让学生分析和充分认识大学教育的优势和重要性,又能让学生思考当前大学教育在哪些方面急需改革,从而促使学生明确作为大学生面临可贵的学习机会和未来的努力方向。

学生经过之前的课堂辩论已经形成了基本观点和内容,教师要求学生使用议论文写作的规范结构进行书面表达。此外教师从写作的审题、谋篇布局、材料收集、策略应用等方面提供协助,力争做到"以思促写,以写促思";在写作初稿修改润色、问题交流等方面以学生为中心并充分调动他们的学习积极性,要求学生进行小组间的同伴互评。

学生在课堂上提交初稿后,教师要求学生进行互评。学生互评时要求标记出以下三种情况:①不能理解的句子;②表意不清的句子;③存在语法错误的句子。教师要求每两个小组之间就不能理解语义的句子进行语义磋商,即由写作者解释最初的语义,由评审者决定能否接受该语义并提出进一步澄清语义的建议和优化措施。在同伴互评之后,教师要求学生在课后对作文进行修改和润色。最后请学生评选出一篇最能说服大家的作文作为范文在全班进行展示,从而增强学生对议论文需要说服他人这一语用功能的真实体验和感知。

第四步：写作小结与反馈。

英语议论文的写作核心要素在于充分有效的论证观点。为了实现这一目的,学生需要从议论文写作的结构,内容,逻辑思维和语言表达等各方面进行提升。议论文写作是本学期写作课程的所有文体学习中的最后一个文体,因此教师要求学生综合应用所有的写作技巧和表达手段,融会贯通进行写作。此外教师总结了不同英文文体的特征与区别,以帮助学生深刻认识不同文体的写作重点(图 2-20)。

Personal narrative:	"I took the College Entrance Examination"
Process essay:	"The preparation for the College Entrance Examination"
Classification/Division:	"The English test in the College Entrance Examination has many items"
Compare/Contrast essay:	"The College Entrance Examination versus SAT"
Cause/Effect essay:	"The College Entrance Examination causes these problems"

图 2-20　英文不同文体说明

教师总结议论文写作的要点后,要求学生对自己的写作进行反思,并邀请学生对自己写作的"说服力"进行评分。同时教师要求学生注意到在时代变革中的教育正承受着巨大的冲击,同时又承担着十分重要的使命。在形成性评价过程中,教师要考虑学生的小组活动、随堂测试、课堂表现等情况,也要考量育人及其他在线学习的成分。在终结性考核评价中,教师积极引导学生结合课堂上获取的内容或当今社会时政热点进行思辨性写作,帮助学生创设思政语境,锻炼学生的批判性思维,提升他们的语言表达能力。同时教师鼓励学生将作文发布到新媒体平台或者向学校的校报投稿,并收集真实的反馈意见,从而促进学生的写作。

2.3 教学重难点

思维是语言的内核，语言是思维的外壳。语言和思维相互影响、相互作用、相互促进。本单元教学的重点是培养议论文写作中的思辨能力。议论文的写作在本质上是运用语言表达观点的过程。语言表达虽然体现为遣词、构句、衔接、过渡、呼应等语言形式的运用，但这些语言形式的具体运用归根结底均建立在思辨能力上，因为无论是立意、构思、布局，还是成文和修改，都体现出作者思辨能力的强弱，都需要批判性思维的导引。

本单元教学的难点是培养学生应用批判性思考进行跨文化思辨和有效表达观点。大学英语写作思辨能力培养的核心首先是养成良好的思维习惯，然后才是训练基于思想内容的语言表达，以避免缺乏实际内容的格式化"空谈"。思辨能力培养并非一蹴而就，教师从着重培训学生的语言表达能力转向着重培训学生的思维能力，将批判性思维能力培养作为提高英语写作水平的重要抓手。

2.4 全人教育教学内容挖掘

本单元的主题是"教育问题"，该话题能够引申和拓展出大量相关的主题。学生对于中国教育现状自然比较熟悉而且体会较多，但对西方教育现状不够了解，国际视野相对欠缺。因此教学设计让学生通过阅读和视频学习的方式首先了解中西教育观念的差异以及背后涉及的文化差异。学生通过分析这些差异和中西教育的优劣势，形成对中国教育现状的理性认知。学生在课堂上充分交流观点和发表看法，对中西教育水平、培养理念和社会人才需求现状等进一步深入思考，认识教育与民生、社会、文化和政治等因素的紧密联系，同时认识人才对于社会发展和经济建设的重要作用。教师引导学生进一步讨论大学学业与社会实践的辩证关系，学生在辩论中凝练观点，充分论证，认识到社会需要什么样的人才以及大学教育未来改革的方向。

本单元话题与学生的学习生活息息相关,学生能够以自身学习经历为基础进行语言表达和观点提炼。同时在写作中,通过大量内容的深入学习与讨论,学生进一步锻炼了思辨能力,认识到社会主义建设中教育的重要作用,从而激发了学习热情,努力争取成人成才。

2.5 教学反思和创新

大学英语议论文写作是大学英语写作的重要体裁,既是语言运用训练, 也是认知思维训练;既关注语言表达的艺术性,也关注语言内容的思想性。大学英语议论文写作教学不仅可以提高学生记忆知识或应试的能力, 还可以帮助学生通过思考、分辨、表达、实践、探索做出独立判断,从关注语言的准确性转向侧重"语言的批判性理解与表达"是培养有思想的写作者、会写作的思考者和造就具有分析、辨别、创新等高阶心理机能的新型实用人才的有效途径。

本单元教学对写作话题进行了话题的延伸拓展,融入了跨文化对比与批判的内容,引导学生在现实话题中进行跨文化思辨,培养理性思维和客观看待问题的能力。

2.6 教学评价

教师观察和点评小组讨论,鼓励学生展示与分享有关写作单元主题的课前预习成果,并就与之有关的热点话题进行交流,加深学生对话题的认识广度和深度。其次,教师充分利用信息化教学手段和工具,运用丰富的网络资源、视频资源,结合新时代、新发展、新思想等话题展开写作技巧教学,巧用时政案例迁移知识点。另外,教师与时俱进,引入鲜活素材,增加了富有时代性的输入材料,比如对比《中国日报》《经济学人》等国内外主流媒体对同一主题的报道,引导学生通过中西文化对比和批判性思考。

　　学生课后完成自我评价表进行的教学反馈显示，学生初步掌握了议论文的写作技巧,结构和逻辑思维方式;学生对一些日常话题进行了深入思考，认为自己表达观点和意见的能力有较大提升。教师对整个讨论、辩论和学生互评的教学过程进行组织监控和评价，较好地促进了学生批判性思维能力的形成与发展。

第三章
以全人教育为导向的大学英语
专门用途课和通识课教学设计与实践

第一节　中医英语课程教学设计与实践

1. 中医中的哲学概念

本单元教学对象为成都中医药大学非英语专业大三学生，教学素材选自上海科学技术出版社出版的《中医英语（第3版）》第8单元，主题是"中医中的哲学概念"(Philosophical Concepts of Traditional Chinese Medicine)，拟通过6课时(每课时40分钟)完成。

1.1 教学目标
教学目标如表3–1所示。

表3–1　教学目标

知识目标	(1)了解阴阳、五行的定义 (2)熟悉阴阳学说与五行学说内容 (3)掌握阴阳、五行相关的英文翻译
能力目标	(1)学生能够提升中医英语文章阅读能力，熟练应用阅读技巧 Skimming and Scanning (2)学生能够独立完成"阴阳""五行"的相关翻译

续表

育人目标	(1)学生通过对阴阳学说、五行学说的学习,能够了解其在中医中的重要指导作用,从而加深对中国传统医学文化的理解 (2)学生能够通过翻译这一跨文化视角,用英语讲好以"阴阳""五行"为代表的"中医故事"

1.2 教学内容和步骤

教学设计如表3-2所示。

表3-2　教学设计

教学环节	教学内容	教学方法	教学资源
话题导入 (15分钟)	小组讨论:"阴阳"最初的含义是什么?阴阳学说主要涵盖哪四方面内容?你如何描述太极图?你自身的能量偏阴还是偏阳及你是如何作出此判断的?	线上线下混合式教学法,讨论法	教材、视频、网络、课件
课中学习 (一) (60分钟)	阅读文章,了解: (1)阴阳的定义 (2)阴阳学说内容 (3)五行的定义 (4)五行学说的内容 (阅读能力培养,Skimming and Scanning技巧训练)	任务型教学法,头脑风暴	教材、音频、课件
课中学习(二) (40分钟)	学习阴阳学说内容的翻译	任务式教学法,情景教学法	教材、音频、课件
课中学习(三) (40分钟)	学习五行学说内容的翻译	任务式教学法,情景教学法	教材、视频、课件
教学评价和课后练习 (15分钟)	教学评价,布置课后练习,发布小组任务	线上线下混合式教学法	网络、教材、课件
小组任务展示 (40分钟)	阴阳经典句翻译展示	任务式教学法	课件

本单元的教学重难点为：

(1)全人教育：学习中医中的哲学概念，深入了解这些哲学概念作为中医药理论基础如何指导中医药实践，领悟中医学的思维方式。

(2)翻译技能：理解并掌握与阴阳、五行相关术语的英文表达；能够独立翻阴阳、五行的相关介绍，传递中医哲学思维。

本单元的学习主题是"中医中的哲学概念"，教学材料由一个听力、两篇短文、一个翻译实例和一个小组展示任务组成。为了驱动学生在了解阴阳、五行相关术语与翻译技巧的基础上能够完成阴阳、五行经典句相关的翻译任务，教师采用任务教学法，即以学生为主体，以任务为中心和以活动为方式开展教学。

教材注重培养学生中医英语术语的积累，在单元后附带和本单元阴阳、五行相关的术语翻译补充。单元内容包括听力、阅读、翻译。教师在授课过程中，可以中医术语翻译为基础，逐步过渡到句子翻译到最后小组翻译任务的完成，从而循序渐进地提升学生翻译实战能力。总体来看，全人教育贯穿于教材始终，学生在听力环节输入中医中最具代表性的哲学概念——阴阳；在阅读中加深对阴阳定义和阴阳学说、五行定义和五行学说的了解；在翻译中，从阴阳、五行介绍性翻译过渡到阴阳、五行经典句的翻译，学生在提升中医英语能力的同时，也提升了对中医翻译与传播的认同感。教学具体步骤如下：

第一步：话题导入。

采用线上线下混合式教学方式，学生线上听"Yin and Yang"(阴阳)音频材料，完成听力填空练习；线下小组讨论，思考并解答以下问题：阴阳最初的含义是什么？阴阳学说主要涵盖哪四方面内容？你如何描述太极图？你自身的能量偏阴还是偏阳及你是如何作出此判断的？讨论学习能让学生为课中学习做好准备(图3-1)。

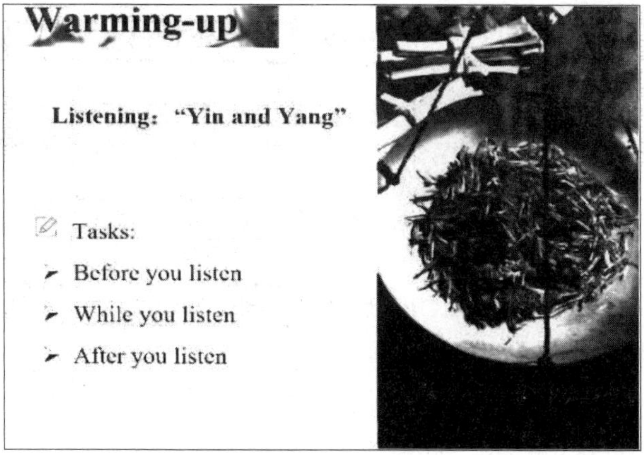
Warming-up
Listening: "Yin and Yang"
Tasks:
Before you listen
While you listen
After you listen

图 3-1

第二步:课中学习(一):阅读与翻译任务。

阅读文章,运用 Skimming and Scanning 阅读技巧,了解全文内容框架与重要知识点。

Skimming:学生通读全文,完成有关文章框架的表格练习(图 3-2)。

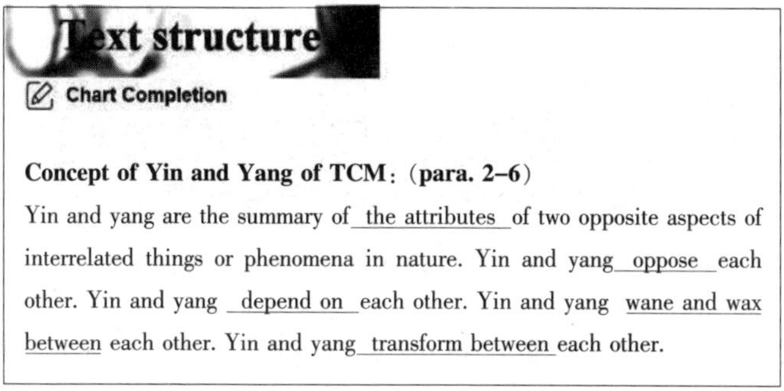
Text structure
Chart Completion
Concept of Yin and Yang of TCM: (para. 2–6)
Yin and yang are the summary of the attributes of two opposite aspects of interrelated things or phenomena in nature. Yin and yang oppose each other. Yin and yang depend on each other. Yin and yang wane and wax between each other. Yin and yang transform between each other.

图3-2

Scanning:通过寻读找到关键点:阴阳定义、阴阳学说内容及五行定义(图 3-3)。

3.InterRelationships of Yin and Yang
Opposition 对立
Interdependence 互根
Waning and Waxing 消长
Inter- transformation 转化

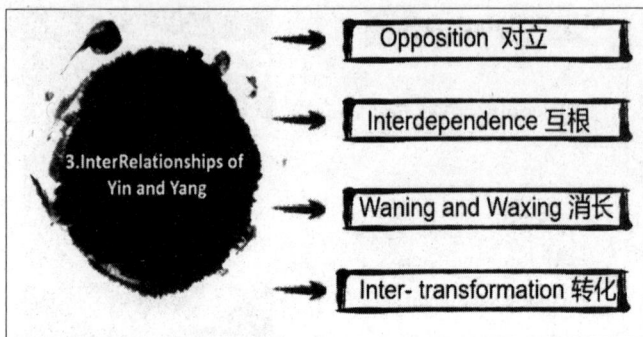

图 3–3

教师在讲解过程中，除了阐述书本中对五行定义的理解外，还应补充五行的重要性。如图 3–4 所示。

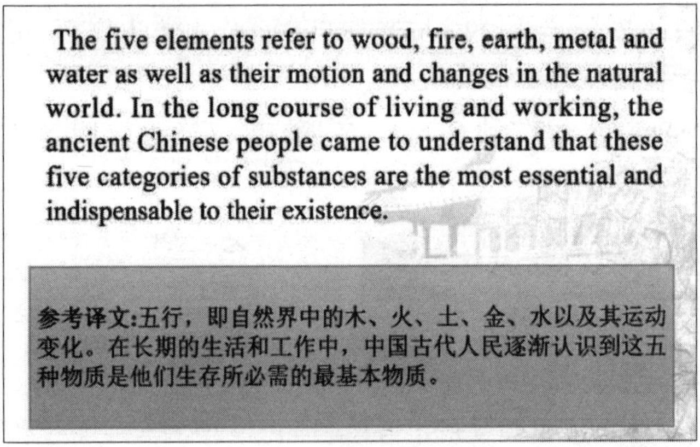

The five elements refer to wood, fire, earth, metal and water as well as their motion and changes in the natural world. In the long course of living and working, the ancient Chinese people came to understand that these five categories of substances are the most essential and indispensable to their existence.
参考译文:五行，即自然界中的木、火、土、金、水以及其运动变化。在长期的生活和工作中，中国古代人民逐渐认识到这五种物质是他们生存所必需的最基本物质。

图 3–4

在五行学说内容的讲解中，教师先带领学生归纳五行的特性，然后分析五行之间的关系，具体教学步骤如下：

(1)教师鼓励学生结合书中原文开展小组讨论，归纳五行的特性(可以表格形式呈现，见表 3–3)并与班级分享。

表 3-3　五行的特性

Five Element（五行）	Characteristics（特性）
Wood	
Fire	
Earth	
Metal	
Water	

(2)教师结合学生分享的五行特性进行点评,并将其中五行特性的英文表达作为重点向全班讲解,如:

Wood（木）

Attributes（特性）: growing（生长）, developing（升发）and flourishing（繁荣）

(3)分析五行学说内容。教学设计见图 3-5~图 3-9。

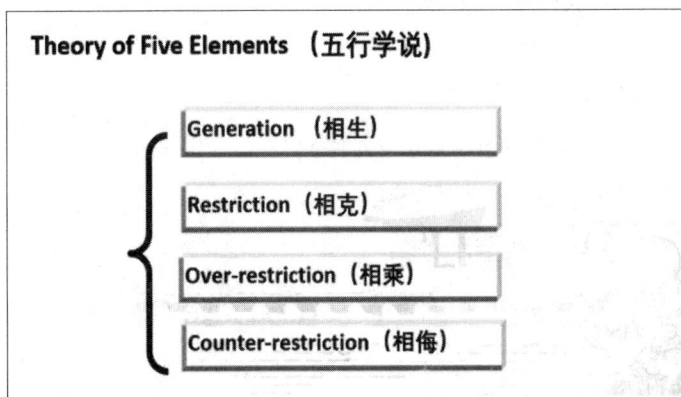

图 3-5

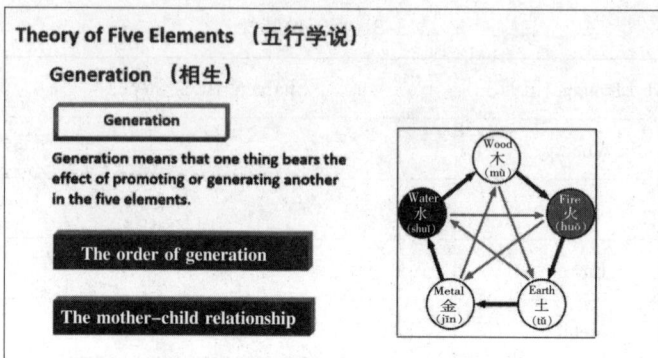

图3-6

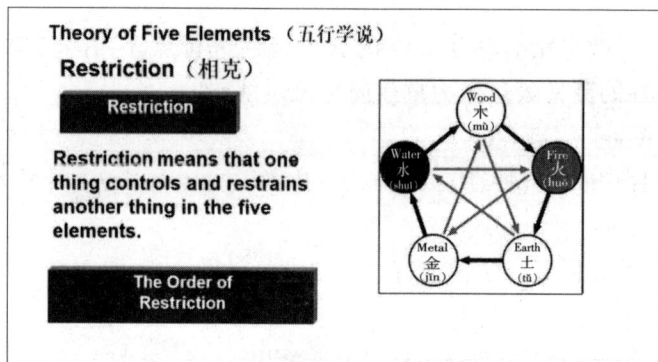

图3-7

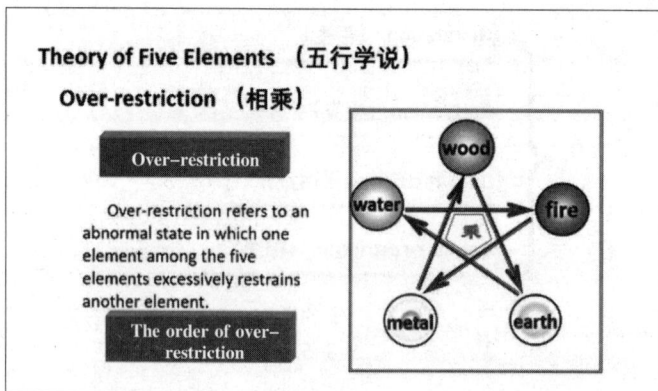

图3-8

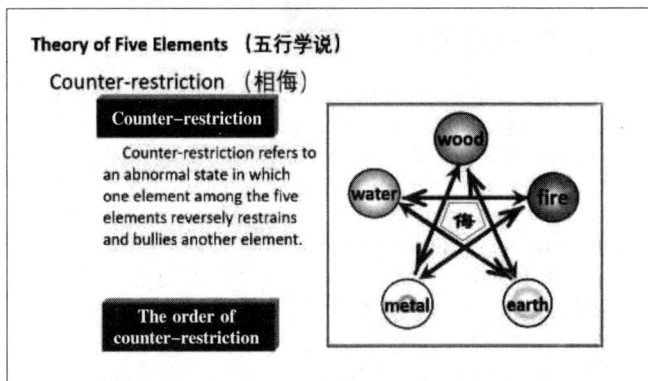

图3-9

第三步:课中学习(二):学习阴阳学说内容的翻译。

本部分采用任务式教学法。让学生再一次阅读文章,找到与阴阳有关的英文术语表达,为学生能够独立翻译阴阳介绍奠定基础。

教师在实例讲解中从与阴阳相关的句子翻译入手。以下为例句翻译(图 3-10、图 3-11)。

Sentences

Yin and yang depend on each other. *Yin and yang* are opposed to and, at the same time, depend on each other. Neither can exist in **isolation**. In other words, without *yin* there would be no *yang*, and vice versa. When the interdependent relationships between substances, functions, as well as the relationships between them becomes abnormal, life activities will be broken, bringing about **dissociation** of *yin and yang*, **depletion** of **essence**, and even an end of life. (para.4)

参考译文:阴阳互根互用。阴阳相互对立,同时又相互依存。两者都不能孤立存在。换句话说,没有阴就没有阳,反之亦然。当物质之间、功能之间、物质与功能之间相互依存的关系出现异常时,生命活动就会被打乱,从而导致阴阳离决、精气乃绝,甚至生命的终结。

图 3-10

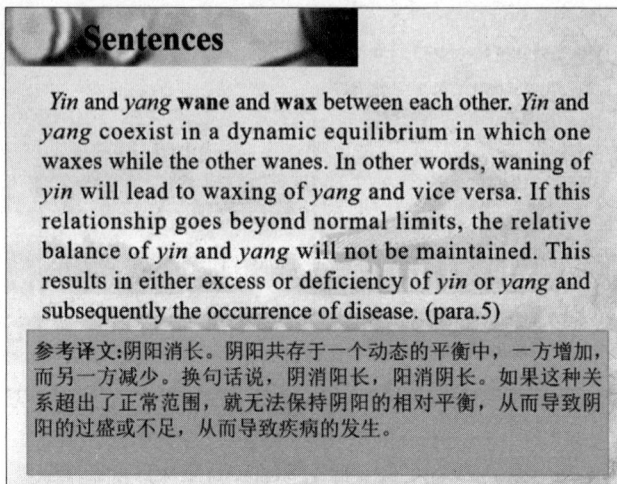

Sentences

Yin and *yang* **wane** and **wax** between each other. *Yin* and *yang* coexist in a dynamic equilibrium in which one waxes while the other wanes. In other words, waning of *yin* will lead to waxing of *yang* and vice versa. If this relationship goes beyond normal limits, the relative balance of *yin* and *yang* will not be maintained. This results in either excess or deficiency of *yin* or *yang* and subsequently the occurrence of disease. (para.5)

参考译文:阴阳消长。阴阳共存于一个动态的平衡中,一方增加,而另一方减少。换句话说,阴消阳长,阳消阴长。如果这种关系超出了正常范围,就无法保持阴阳的相对平衡,从而导致阴阳的过盛或不足,从而导致疾病的发生。

图 3-11

第四步:课中学习(三):学习五行学说内容的翻译(图 3-12~图 3-16)。

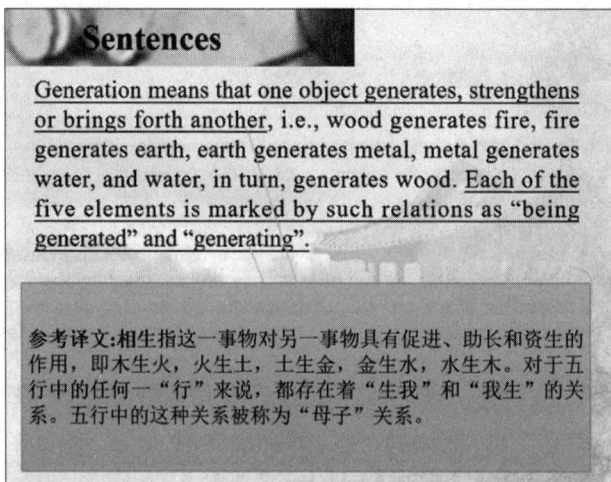

Sentences

Generation means that one object generates, strengthens or brings forth another, i.e., wood generates fire, fire generates earth, earth generates metal, metal generates water, and water, in turn, generates wood. Each of the five elements is marked by such relations as "being generated" and "generating".

参考译文:相生指这一事物对另一事物具有促进、助长和资生的作用,即木生火,火生土,土生金,金生水,水生木。对于五行中的任何一"行"来说,都存在着"生我"和"我生"的关系。五行中的这种关系被称为"母子"关系。

图 3-12

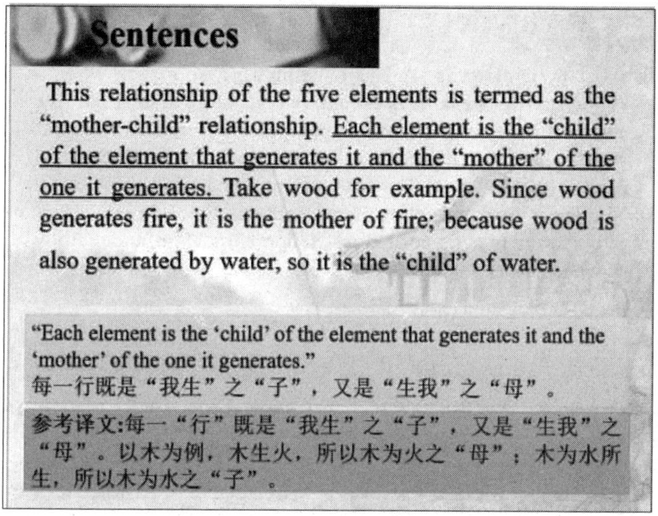

Sentences

This relationship of the five elements is termed as the "mother-child" relationship. Each element is the "child" of the element that generates it and the "mother" of the one it generates. Take wood for example. Since wood generates fire, it is the mother of fire; because wood is also generated by water, so it is the "child" of water.

"Each element is the 'child' of the element that generates it and the 'mother' of the one it generates."
每一行既是"我生"之"子"，又是"生我"之"母"。

参考译文：每一"行"既是"我生"之"子"，又是"生我"之"母"。以木为例，木生火，所以木为火之"母"；木为水所生，所以木为水之"子"。

图 3-13

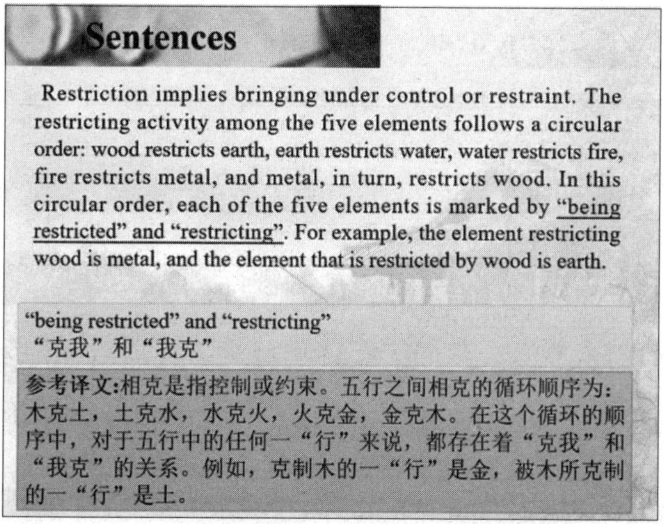

Sentences

Restriction implies bringing under control or restraint. The restricting activity among the five elements follows a circular order: wood restricts earth, earth restricts water, water restricts fire, fire restricts metal, and metal, in turn, restricts wood. In this circular order, each of the five elements is marked by "being restricted" and "restricting". For example, the element restricting wood is metal, and the element that is restricted by wood is earth.

"being restricted" and "restricting"
"克我"和"我克"

参考译文：相克是指控制或约束。五行之间相克的循环顺序为：木克土，土克水，水克火，火克金，金克木。在这个循环的顺序中，对于五行中的任何一"行"来说，都存在着"克我"和"我克"的关系。例如，克制木的一"行"是金，被木所克制的一"行"是土。

图 3-14

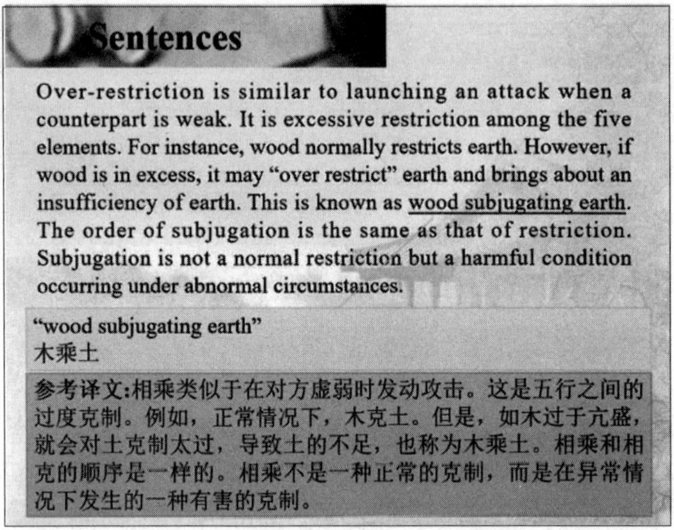

Sentences

Over-restriction is similar to launching an attack when a counterpart is weak. It is excessive restriction among the five elements. For instance, wood normally restricts earth. However, if wood is in excess, it may "over restrict" earth and brings about an insufficiency of earth. This is known as <u>wood subjugating earth</u>. The order of subjugation is the same as that of restriction. Subjugation is not a normal restriction but a harmful condition occurring under abnormal circumstances.

"wood subjugating earth"
木乘土

参考译文:相乘类似于在对方虚弱时发动攻击。这是五行之间的过度克制。例如,正常情况下,木克土。但是,如木过于亢盛,就会对土克制太过,导致土的不足,也称为木乘土。相乘和相克的顺序是一样的。相乘不是一种正常的克制,而是在异常情况下发生的一种有害的克制。

图 3-15

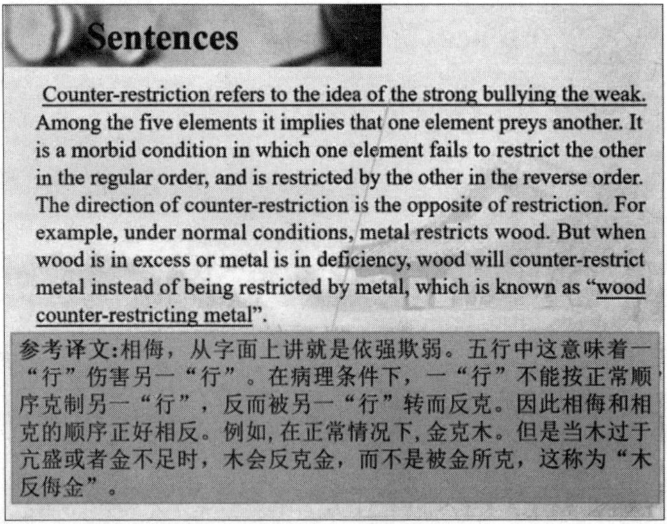

Sentences

Counter-restriction refers to the idea of the strong bullying the weak. Among the five elements it implies that one element preys another. It is a morbid condition in which one element fails to restrict the other in the regular order, and is restricted by the other in the reverse order. The direction of counter-restriction is the opposite of restriction. For example, under normal conditions, metal restricts wood. But when wood is in excess or metal is in deficiency, wood will counter-restrict metal instead of being restricted by metal, which is known as "<u>wood counter-restricting metal</u>".

参考译文:相侮,从字面上讲就是依强欺弱。五行中这意味着一"行"伤害另一"行"。在病理条件下,一"行"不能按正常顺序克制另一"行",反而被另一"行"转而反克。因此相侮和相克的顺序正好相反。例如,在正常情况下,金克木。但是当木过于亢盛或者金不足时,木会反克金,而不是被金所克,这称为"木反侮金"。

图 3-16

1.3 教学评价及课后练习

评价理念：本课时以学生自评、小组互评为基础，教师评价为指导，采用线上与线下评价相结合的评价方式。

评价方式：

(1)学生自评：学生根据自身学习进度，线上听力部分相关练习，得到线上最直接与快速的反馈。

(2)小组互评：小组互评可以兼顾小组内学生参差不齐的学习水平，以小组中学习能力较强的学生作为引领，激励组内成员；同时组内基础较差同学也能在参与评价过程中提升自身水平。小组互评也有助于培养学生团队意识与沟通能力。

(3)教师评价：在学生自评与小组互评的基础上，教师针对共性与个性问题进行线上线下指导，并鼓励学生撰写学习反思，巩固所学。

课后练习：

(1)个人作业：课后阅读 Text B：Taiji：A Great Myth，用英语书写 150 字左右的文章摘要(图 3-17)。

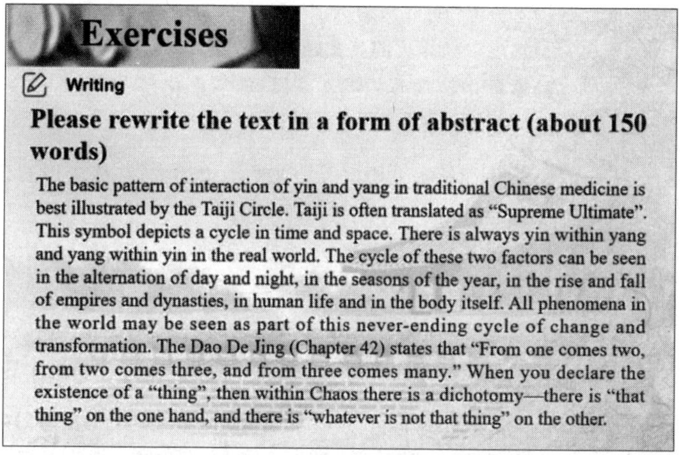

Exercises

✎ Writing

Please rewrite the text in a form of abstract (about 150 words)

The basic pattern of interaction of yin and yang in traditional Chinese medicine is best illustrated by the Taiji Circle. Taiji is often translated as "Supreme Ultimate". This symbol depicts a cycle in time and space. There is always yin within yang and yang within yin in the real world. The cycle of these two factors can be seen in the alternation of day and night, in the seasons of the year, in the rise and fall of empires and dynasties, in human life and in the body itself. All phenomena in the world may be seen as part of this never-ending cycle of change and transformation. The Dao De Jing (Chapter 42) states that "From one comes two, from two comes three, and from three comes many." When you declare the existence of a "thing", then within Chaos there is a dichotomy—there is "that thing" on the one hand, and there is "whatever is not that thing" on the other.

图 3-17

(2)小组作业:完成与阴阳有关的经典句翻译。以学习小组为单位:①搜集《黄帝内经》中与"阴阳"有关的经典句;②找到李照国译本与 Nigel Wiseman 译本中对于这些经典句的翻译,学习并分析;③小组基于两译本进行再创造,以小组为单位完成与阴阳有关的经典句翻译;④小组上台展示与阴阳有关经典句的翻译,并进行学生互评与教师点评、总结。

2. 中药

本单元教学对象为非英语专业大三学生,教学素材选自上海科学技术出版社出版的《中医英语(第 3 版)》第 8 单元,主题是"中药"(Chinese Materia Medica),拟通过 6 课时(每课时 40 分钟)完成。

2.1 教学目标

教学目标如表 3-4 所示。

表3-4　教学目标

知识目标	(1)了解中药的相关知识,如定义、四气五味、归经等 (2)熟悉中药相关的英文翻译 (3)掌握中药功效的英文翻译,如活血化瘀、清热解毒等"四字格"的英文翻译
能力目标	(1)学生能够提升中医英语文章阅读能力,熟练应用阅读技巧 Skimming and Scanning (2)学生能够独立翻译某一味中药的介绍(包括这味中药的四气五味、归经、毒性等) (3)学生能够独立翻译中成药说明书中的"功能与主治" (4)学生能够在临床翻译中用英语向来华留学生讲解中药
育人目标	(1)学生对中药翻译产生兴趣,并愿意在课后进行进一步研究 (2)在后疫情时代,学生能够以译抗疫,用英语向海外民众传播中药的相关知识,传递中医药方案

2.2 教学内容和步骤

教学设计如表 3-5 所示。

表3-5 教学设计

教学环节	教学内容	教学方法	教学资源
话题导入 (15分钟)	小组讨论：什么是中药？中药有哪些来源？李时珍对中药有什么贡献	线上线下混合式教学法,讨论法	教材、视频、网络、课件
课中学习(一) (60分钟)	阅读文章,了解: (1)中药的定义 (2)中药的四气五味 (3)中药的功能趋向 (4)中药的归经 (5)中药的毒性 (6)中药应用禁忌 (阅读能力培养,Skimming and Scanning 技巧训练)	任务式教学法,头脑风暴法	教材、音频、课件
课中学习(二) (40分钟)	学习介绍某味中药的翻译	任务式教学法,情景教学法	教材、音频、课件
课中学习(三) (40分钟)	学习中药功效的翻译	任务式教学法	教材、视频、课件
课中学习(四) (30分钟)	以中成药连花清瘟胶囊为例，学习中成药功能与主治翻译	任务式教学法,讨论法	教材、课件
教学评价和课后练习 (15分钟)	教学评价，布置课后练习,发布小组任务	线上线下混合式教学法	网络、教材、课件
小组任务展示 (40分钟)	清肺排毒汤功能与主治翻译及演讲展示	任务式教学法	课件

本单元的教学重难点为：

(1)全人教育:学生通过对中药单元的学习,了解并认同中药;在后疫情时期,能够结合自身专业,探索中药海外传播的有效路径。

(2)翻译技能:理解并掌握与中药相关术语的英文表达;能够独立翻译中成药说明书中"功能与主治"的翻译。

本单元的学习主题是"中药",教学材料由一个听力、两篇短文、一个翻译实例和一个小组展示任务组成。为了驱动学生能够在了解中药相关术语与翻译技巧的基础上完成翻译中成药说明书的任务,教师采用任务教学法,即以学生为主体,以任务为中心和以活动为方式进行课堂教学。

教材注重培养学生中医英语术语的积累,在单元后附带和本单元中药相关的术语翻译补充,单元内容上包括听力、阅读、翻译。教师在授课过程中,可以中医术语翻译为基础,循序渐进地提升学生的翻译实战能力。总体来看,全人教育贯穿于教材始终,学生在听力环节输入常识中的中药与中药代表人物李时珍;在阅读中加深对中药四气五味、归经、毒性的了解;在中药翻译过渡到中成药翻译中升华和提升对中药翻译与传播的认同感。教学具体步骤如下:

第一步:话题导入。

采用线上线下混合式教学方式,学生线上听 " Fantastic Herbal Medicine"(神奇中药),完成听力填空练习;线下在课堂中进行小组讨论,"什么是中药?""中药有哪些来源?""李时珍对中药有什么贡献?"等问题,为课中学习做好准备。

第二步:课中学习(一):阅读与翻译任务。

阅读文章,运用 Skimming and Scanning 阅读技巧,了解全文内容框架与重要知识点。

Skimming:学生通读全文,完成有关文章框架的表格练习。

如图 3-18、图 3-19 所示。

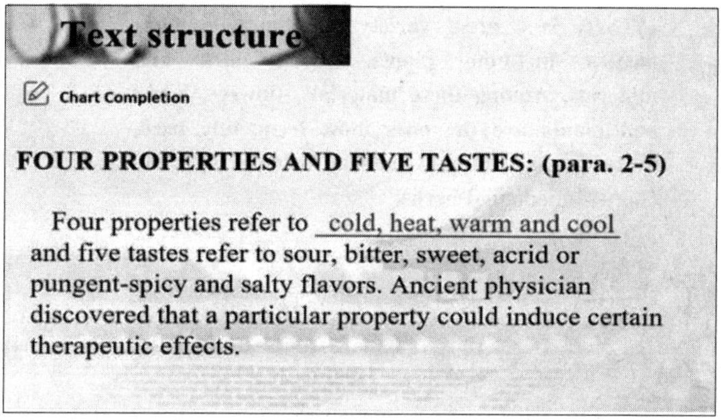

图 3-18

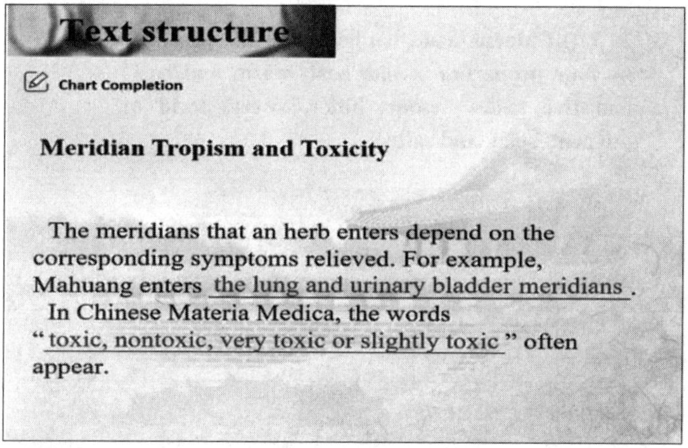

图 3-19

Scanning：通过寻读找到以下关键点：中药的定义、中药的四气五味、中药的功能趋向及中药的应用禁忌（图 3-20~图 3-24）。

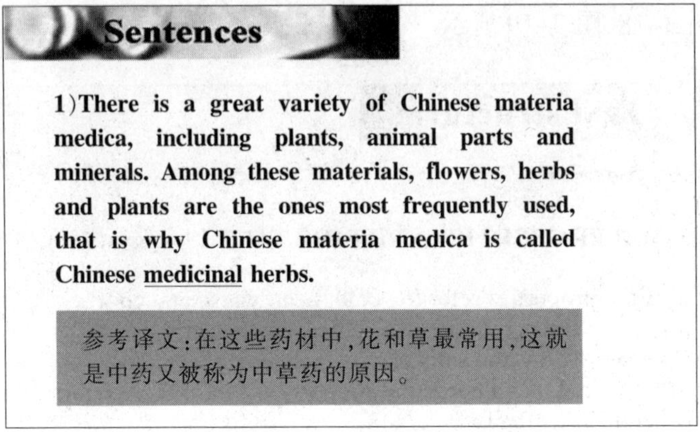

Sentences

1)There is a great variety of Chinese materia medica, including plants, animal parts and minerals. Among these materials, flowers, herbs and plants are the ones most frequently used, that is why Chinese materia medica is called Chinese medicinal herbs.

参考译文:在这些药材中,花和草最常用,这就是中药又被称为中草药的原因。

图 3-20　中药的定义

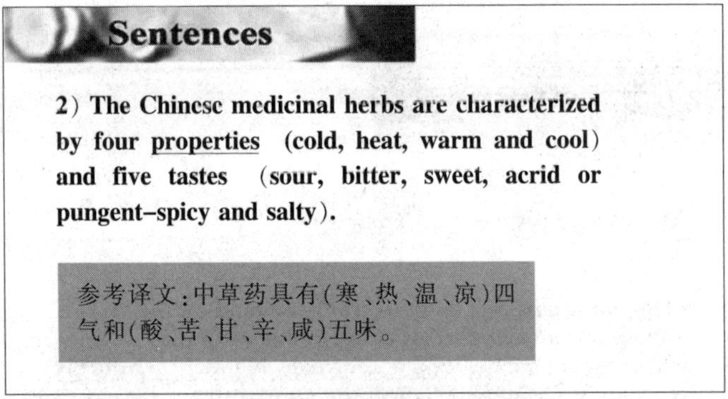

Sentences

2) The Chinese medicinal herbs are characterized by four properties (cold, heat, warm and cool) and five tastes (sour, bitter, sweet, acrid or pungent-spicy and salty).

参考译文:中草药具有(寒、热、温、凉)四气和(酸、苦、甘、辛、咸)五味。

图 3-21　中药的四气五味

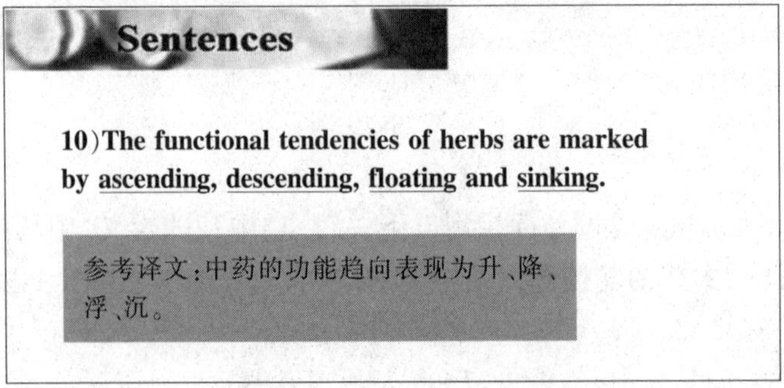

Sentences

10)The functional tendencies of herbs are marked by ascending, descending, floating and sinking.

参考译文:中药的功能趋向表现为升、降、浮、沉。

图3-22　中药的功能趋向

Sentences

12) The <u>toxicity</u> of herbs and substances not only causes symptomatic reactions but also exerts adverse effects on tissues.

参考译文：草药和一些物质的毒性不仅会引起症状反应,还会对各组织产生不良反应。

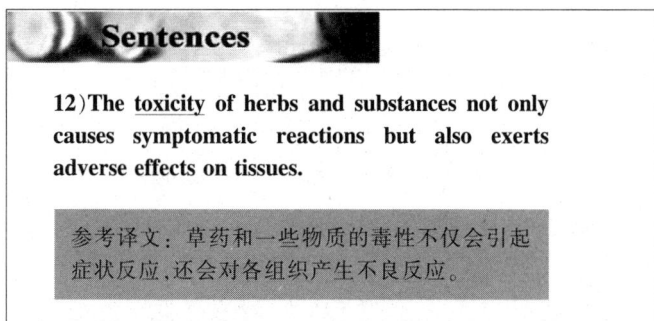

图 3-23 中药的毒性

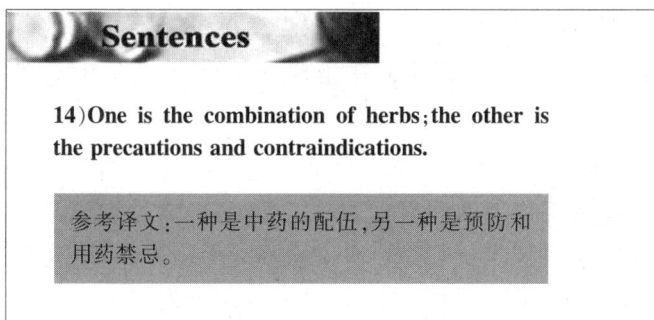

Sentences

14) One is the combination of herbs; the other is the precautions and contraindications.

参考译文:一种是中药的配伍,另一种是预防和用药禁忌。

图 3-24 中药的应用禁忌

第三步:课中学习(二):学习介绍某味中药的翻译。

本部分采用任务式教学法。让学生再一次阅读文章,找到与中药四气五味、归经、功效等有关的英文术语表达,为学生能够独立翻译某味中药的介绍奠定基础。

教师在实例讲解中以中药薏苡仁为例,巩固学生对中药四气五味、归经、功效等英文术语的学习。以下为薏苡仁的介绍英译。在讲解过程中,重点强调:①"归……经"的表达方法"enter into meridian of";②功效翻译:利水渗湿、健脾、除痹、清热排脓等(图 3-25)。

Translation

Directions: Translate these introductions of Chinese medicinals

Translation Practice: 薏苡仁性微寒，味甘淡，归脾、
胃、肺经，功能利水渗湿，健脾，除痹，清热排脓。

[译] Yi yi ren (Semen Coicis), sweet, bland and slightly
cold, enters into meridians of spleen, stomach and lung.
It has the effect of inducing diresis to drain dampness,
strengthening spleen, relieving impediment, clearing
heat and draining pus.

图 3-25

第四步：课中学习(三)：学习中药功效的翻译。

本部分以任务式教学法为主要方法，老师与学生一起剖析中药"功效"具体翻译的重难点——如何将表明中药功效的"四字格"术语恰当地翻译出来。要突破这一难点，需要学生厘清这些"四字格"术语内部的逻辑关系。老师首先运用定义法、举例法让学生了解常见"四字格"术语逻辑关系与具体翻译，然后通过练习巩固学生的理解。

功中的"四字格"术语翻译(图 3-26)。

第一类：并列结构

定义：多指"四字格"术语的前半部和后半部为并列关系。表示同时运用两种治疗方法或者同时针对两种病症或不同部位的病邪，没有从属之分。

举例：凉血散淤：cooling the blood and dissipating the stasis.

第二类：动宾结构

定义：由动词和名词(或名词词组)宾语组成。

举例：和解少阳：harmonizing the lesser yang。

第三类：动宾+目的结构

定义：一般用动宾+动词不定式来(to do)表示。

举例：发汗解表：promoting sweating to release the exterior.

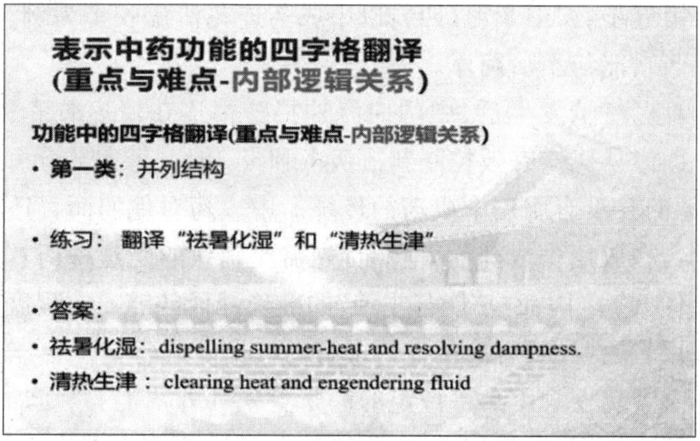

表示中药功能的四字格翻译
(重点与难点-内部逻辑关系)

功能中的四字格翻译(重点与难点-内部逻辑关系)

· 第一类：并列结构

· 练习：翻译"祛暑化湿"和"清热生津"

· 答案：
· 祛暑化湿：dispelling summer-heat and resolving dampness.
· 清热生津：clearing heat and engendering fluid

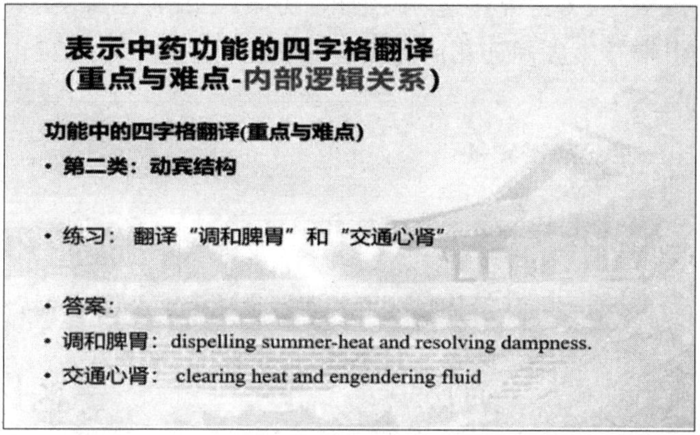

表示中药功能的四字格翻译
(重点与难点-内部逻辑关系)

功能中的四字格翻译(重点与难点)

· 第二类：动宾结构

· 练习：翻译"调和脾胃"和"交通心肾"

· 答案：
· 调和脾胃：dispelling summer-heat and resolving dampness.
· 交通心肾：clearing heat and engendering fluid

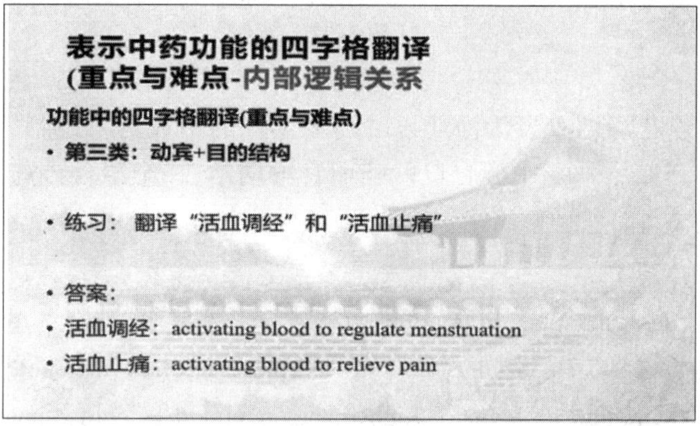

表示中药功能的四字格翻译
(重点与难点-内部逻辑关系

功能中的四字格翻译(重点与难点)

· 第三类：动宾+目的结构

· 练习：翻译"活血调经"和"活血止痛"

· 答案：
· 活血调经：activating blood to regulate menstruation
· 活血止痛：activating blood to relieve pain

图 3-26

第五步:课中学习(四):以中成药连花清瘟胶囊为例,学习中成药功能与主治翻译。

新冠疫情发生后,中国向海外捐赠捐连花清瘟胶囊,初衷是帮助海外民众有效控制新冠病毒肺炎。但对于大部分海外民众,他们并没有服用中成药的传统。中成药对他们而言还较为陌生。在服用中成药前,他们首先需要确认的是这种药具体是治疗什么病。因而"功能与主治"的准确翻译能够一定程度上消除服用者的疑虑,有助于他们了解与接受中成药。

中医院校学生具备一定的医学背景和外语能力,应加入翻译队伍中来,为世界传递"中国诊治方案"。因而在课堂学习中,教师引领学生翻译连花清瘟胶囊的功能与主治(图 3–27)。

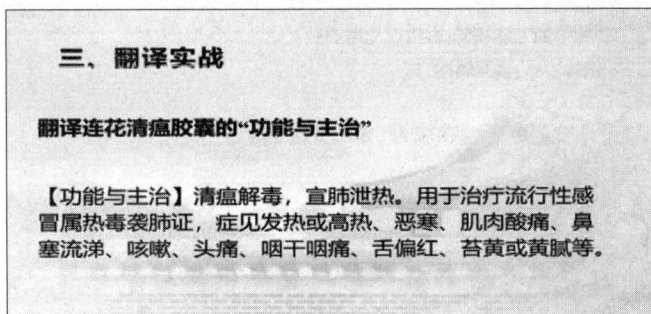

三、翻译实战

翻译连花清瘟胶囊的"功能与主治"

【功能与主治】清瘟解毒,宣肺泄热。用于治疗流行性感冒属热毒袭肺证,症见发热或高热、恶寒、肌肉酸痛、鼻塞流涕、咳嗽、头痛、咽干咽痛、舌偏红、苔黄或黄腻等。

图 3–27

连花清瘟胶囊为河北以岭药业生产的中成药,目前其有两个英译版本。一个源自以岭药业官方网站,一个源自该药品申请的海外注册。

译本 1:

Functions and Indications:Clear heat and detoxify, remove lung hotness. Used in treatment of epidemic influenza and lung heat, symptom as fever or high fever, aversion to cold, muscular soreness, nasal congestion and nasal discharge, cough, headache, dry and sore throat, flushing tongue, or greasy fur of tongue.

译本 2:

Functional Indications: 1. It can be used for the treatment of influenza with fever, muscle aches, nasal congestion, cough, sore throat, and headache; 2. According to the theory of traditional Chinese medicine, it has the effect of detoxification & let off heat, and can be used to treat a cold with symptoms of fever, muscle pain, nasal congestion runny nose, cough, and sore throat.

学生根据课程所学,比对两个译本,提供自己版本的连花清瘟胶囊的"功能与主治"英译(图 3-28)。

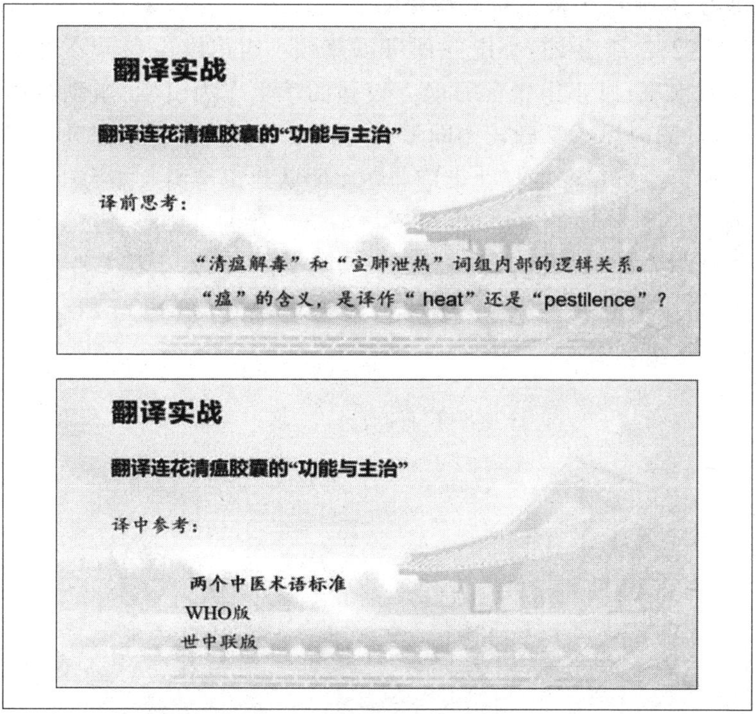

图3-28

在"功能"翻译中,让学生先分析"清瘟解毒"和"宣肺泄热"词组内部的逻辑关系。思考"瘟"的含义,是译作" heat"还是"pestilence"?在翻译过程中可以参考两个中医术语标准。一个是由世界卫生组织西太平洋区域办事处 (WHO–WPRO) 提出的International Standard Terms(ITS) ,简称 WHO 版;另一个是世界中医联合会(WFCMS)提出的 International Standard Nomenclature(ISN)。

2.3 教学评价及小组展示

评价理念:本课时以学生自评、小组互评为基础,教师评价为指导,采用线上与线下评价相结合的评价方式。

评价方式:

(1)学生自评:学生根据自身学习进度,线上听力部分相关练习,得到线上最直接与快速的反馈。

(2)小组互评:小组互评可以兼顾小组内学生参差不齐的学习水平,以小组中学习能力较强的学生作为引领,激励组内成员;同时组内基础较差同学也可在参与评价过程中提升自身水平。小组互评也有助于培养学生团队意识与沟通能力。

(3)教师评价:在学生自评与小组互评的基础上,教师针对共性与个性问题进行线上、线下指导,并鼓励学生撰写学习反思,巩固所学。

小组展示:

图 3–29

本部分要求学生以小组为单位,基于课堂已经学习的连花清瘟胶囊"功能和主治"的翻译,完成另一治疗新冠肺炎中成药"清肺排毒汤"中"功能与主治"的翻译,并逐一进行课堂展示(图3-29)。

第二节　中医药文化国际传播课程 教学设计与实践

1. 课程背景

自从2011年党中央提出了建设"文化强国"的长远战略以来,习近平同志已在多个场合提出要坚持文化自信,提升国家文化软实力,建设社会主义文化强国。文化是民心沟通的重要途径和手段。中国传统文化的跨文化传播面临内在守正创新和外在多元语境的双重困境。各个国家与地区迥异的政治、经济和文化造成了复杂的环境和信息需求,这无疑为中国优秀传统文化的跨文化传播带来了巨大挑战。

中医药学是中国古代科学的瑰宝,也是打开中华文明宝库的钥匙。中医药文化作为有着几千年历史的中国优秀传统文化,有着丰富的内涵。国家中医药管理局、中央宣传部、教育部、国家卫生健康委、国家广电总局联合印发的《中医药文化传播行动实施方案(2021—2025年)》提出,深入挖掘中医药文化精髓,深刻阐明中医药学的哲学体系、思维模式、价值观念与中华优秀传统文化一脉相承。可见中医药文化背后的思维模式值得深入挖掘,同时中医药文化的国际传播将极大助力中华传统优秀文化的海外传播。

在国家各项政策的大力支持之下,各类社会组织在中医药文化发展及传播的过程中均积极发挥重要作用,其中各家中医药大学在中医药文化国际化传播的过程中贡献了十分重要的力量。成都中医药大学外语学院针对全校本科一年级和二年级学生开设了中医药文化国际传播的通识课,课程设置为一学期开设 8 次课,每次 4 课时,总计完成 32 学时的理论学习。课程旨在帮助学生客观认识中西医在文化背景和思维模式上的差异,通过辨析历史、文本研究和术语翻译的学习,帮助学生树立中医药文化国际传播的意识,认清中医药文化国际传播面临的问题和挑战,思考中医药文化国家传播的手段和渠道,从而促进中医药文化的国际传播。同时中医药院校的学生,尤其是中医中药专业的学生,是未来中医药文化国际传播的中坚力量,帮助学生建立中医药文化自觉和文化自信,鼓励学生讲好中医故事,传播中医文化,在课程的理论学习中全面落实全人教育是这门通识课程所肩负的不可推卸的使命。

2. 课程设计与实践

我们以一次题为《中西医文化与思维模式对比》的课程为例,介绍如何在中医药文化国际传播的通识课中进行全人教育。

2.1 教学目标

教学目标如表 3-6 所示。

表3-6 教学目标

知识目标	(1)学生掌握文化,思维模式,意识形态等术语的基本概念 (2)学生了解中西思维模式的主要差别 (3)学生理解西医是循证医学,中医是经验医学并能掌握中西医理念的主要差异
能力目标	(1)学生能够辨析并解释中西思维方式的 10 个主要差异。学生能够简单介绍中西医诊疗的主要差异并进行简单的客观评价 (2)学生尝试提出如何解决中医药文化国际传播面临的挑战与困难
育人目标	(1)学生思考认知中医药文化在国际传播过程中因为思维模式和文化差异造成的挑战 (2)学生树立中医药文化自觉与自信,建立讲好中医故事、传播中医药文化的使命感和责任感

2.2 教学内容和步骤

本次课程的教学设计以中西方思维方式的差异为切入点，通过图片、视频等媒介调动学生的思考，逐渐引导学生认识中西思维模式的差异并最终要求学生思考中医和西医在思维层面的主要差异，从而帮助学生认清中医药文化国际传播过程中所面临的主要困难和挑战，引导学生积极思考解决之道，大胆提出设想，坚定中医文化自信，树立中医药文化国际传播的责任感。

课堂教学采用了多模态的输入方式，从多个角度介绍了中西思维的主要差别，在教学活动的设计中，教师注意提升课堂的趣味性和吸引力，通过图片竞猜、对比对照、故事分享、情景再现和视频观看等多种形式调动学生的思维，启发学生进行讨论与观点分享；同时教师注意在教学中正本清源，指导学生有意识地辨析有关中医药的常见错误理念，客观全面地认识中医、中药，帮助学生树立起中医药文化自觉和自信，同时引导学生进一步思考应该如何讲好中医故事，实现中医药的跨文化讲述和传播。具体教学设计(4 课时，总计 160 分钟)如表 3-7 所示。

表3-7　教学设计

教学环节	教学内容	教学方法	教学资源
主题引入：提问，故事分享和图片竞猜（20分钟）	中医和西医的常见认识误区，中西医特点分享	小组讨论与互动，交际教学法	图片、问题
课中理论学习（一）（10分钟）	学生观点总结，常见的中医误读总结	交际教学法	阅读材料
课中理论学习（二）（20分钟）	中西思维方式差异初步认知	任务教学法，交际教学法	图片、课件

续表

教学环节	教学内容	教学方法	教学资源
课中理论学习(三)(40分钟)	中西思维模式的10个重要差异	交际教学法,任务教学法	TED视频、课件、阅读资料
课堂讨论(20分钟)	对中西思维模式差异的讨论	任务教学法	课件、阅读资料
跨文化学习(20分钟)	电影《刮痧》中对于"刮痧"疗法的不同解读和争议	任务教学法	电影《刮痧》片段
小组讨论(20分钟)	学生讨论中医在西方面临哪些挑战以及可能的解决办法	小组讨论	视频资料
课堂总结与反思(10分钟)	总结主要内容和学生的主要观点并分享更多的学习资源	交际教学法	阅读素材及线上学习资源

第一步:主题引入。

为了引导学生快速进入本课的话题学习,教师从学生熟悉的生活场景入手设置问题:"生病时,你更愿意寻求中医还是西医的治疗？为什么？"学生从自己的亲身经历出发分享感受,进行了非常热烈的小组讨论,在组内分享自己真实的求医经历并简要陈述生病时选择中医或者西医的理由和考量因素。在讨论中,学生分别从中西医的治疗理念、治疗手段、治疗效果、治疗成本和治疗周期等主要方面分享做出选择的原因。

讨论之后教师请学生总结主要意见和观点,并通过师生合作协商的方式凝练要点。教师先请学生确认中医在养生康复,辨证论治等方面具有重要优势,同时中医治疗具有副作用较小、治疗成本相对较低的特点;再针对学生提出的有关中医的普遍误解如疗程长、见效慢、无法治疗急症等问题,向学生展示中医治疗急症的案例,引导学生进一步了解中医成功治疗急症的成果,帮助学生进一步认识中医治疗的全面性,树立中医自信。

在充分讨论的基础上,教师再次提问:"你如何看待和评价'中医不科学'这一说法?"教师通过这一问题激发学生思考中医在西医作为强势医学的西方语境中面临的误解和困境。教师引导学生进行中西医特点的初步对比,认识到目前对中医的评价存在严重西化的问题,并意识到若使用西医循证医学的标准来证明中医的合理性是不恰当的,中医作为经验医学,不需要也不应该使用西医的评判标准来自证合理性。教师引导学生客观认识中西医在思维模式、文化背景上的主要差异,从而客观全面地看待中医。

通过问题讨论的环节,教师调动学生的好奇心和求知欲,促使学生生发问题,发现中医面临的挑战并初步了解中西医的差异,意识到中医药文化的国际传播与中西思维模式和文化背景息息相关。讲好中医故事、促进中医药文化的国际传播需要建立在充分了解中西思维差异的基础上。

第二步:课中学习。

教师首先向学生展示一幅中国水墨画,请学生仔细观察画作后谈一谈在画中看到了什么(图3-30)。

图3-30　中国水墨画

教师请学生在小组内各抒己见,彼此交换意见,大胆发言。学生很快便给出了各种答案,并通过相互补充提到了画中的各种事物和细节。随后教师向学生介绍这是一项社会调查研究,并展示了美国学生针对同一幅画和同样的问题给出的回答,请学生将双方的答案进行对比(图3-31)。

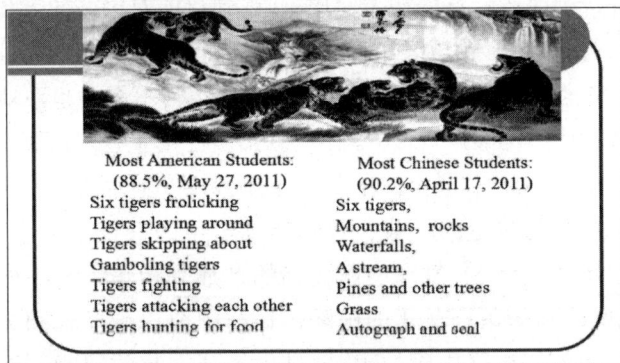

图3-31　中美学生答案对比

学生通过对比分析,发现大部分中国学生(90.2%)不仅注意到画中的老虎,还特别注意到环境和其他细节,包括溪水、山丘、松树、瀑布、岩石和草地,甚至能够注意到印章和题字;而大部分美国学生(88.5%)比较关注老虎本身的情况,几乎没有美国学生注意到画作中的背景环境和其他细节。但值得一提的是,美国学生对于老虎的动作描述比中国学生更详细更准确,他们提到老虎在嬉戏、在打架、在哺食或者跳跃追逐等。

通过这一教学活动,教师请学生反思自己的思考过程和观察角度,并尝试思考中西方思维方式的差异,请学生进行初步总结。学生发现中式思维比较关注主要事物与环境之间的关系,相对更加注重整体性和全面性,是一种环形包容的思维;而西方思维更加突出重点,力求对重点事物进行深入探索,相对更具进攻性,是一种线性探索性思维。教师通过图形形象展示特征,使学生加深认识(图 3-32)。

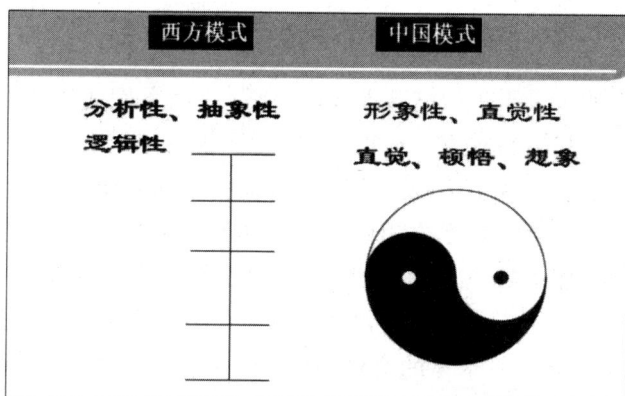

图 3-32　中西思维模式图形对比

　　在此基础上,教师通过课件和补充资料要求学生学习中西思维模式的特点和主要差异。学生首先掌握思维模式、文化、意识形态等术语的定义,并从影响思维模式的因素和思维模式的特征等几方面进行了理论学习。教师要求学生从 10 个不同方面来认知中西思维模式的差异(图 3-33)。

Chinese Mode		Western Mode	
Holistic	整体性	Analytical	分析性
Intuitive	直觉性	Logical	逻辑性
Imaginal	形象性	Abstract	抽象性
Ethical	伦理型	Cognitive	认知型
Fuzzy	模糊性	Accurate	精确性
Intentional	意向性	Objective	对象性
Convergent	求同性	Divergent	求异性
Past-focused	后馈性	Future-focused	前瞻性
Inward	内向性	Outward	外向性
Inductive	归纳型	Deductive	演绎型

图3-33　中西思维模式差异小结

在教学中,教师与学生进行充分的对话沟通,请学生就每一个不同的差异尝试从个人经历和所见所闻出发举例说明,这样一方面能加深学生对中西思维差异的理解,另一方面也能检验学生能否真正理解这些差异的内涵。学生分别通过小组讨论和线上查找资料的方式积极举例。学生尝试比较中国历史上秦始皇修建长城和西方亚历山大大帝征服亚欧大陆的历史事件,从而例证说明古代东方思维倾向于环形防御,而西方更崇拜线性推进征服的特点;学生同时提出中式思维倾向于第一感觉,西方更擅长逻辑推理;中方注重整体统一的和谐感,西方则更强调每一个独立个体的个性化思考;中方的处事准则往往是道德和人情,西方则注重推理和科学,讲究事实依据;中方的思维是委婉含蓄的,而西方更喜欢直接表达。这一系列的不同,让中国人和西方人在处事方式上、日常生活中出现了许多截然不同的地方。

教师点评学生所举的事例后,请学生举一反三,进行迁移性思考,深入认识中西方在事物认知、社会文明发展、历史文化建设等方面的不同之处。

第三步:课堂讨论。

在课堂理论学习之后,教师引导学生从中西思维模式差异的角度思考中医药文化国际传播的问题。教师首先请学生再次针对"中医不科学"这一说法发表意见,并且要求学生尝试有理有据地驳斥这一说法。学生总结了中医治疗的整体性和辩证性,认识到中医的阴阳学说和辩证论治是整体式圆环式思维的产物,这种思维深深植根于中国传统文化。中医的治疗模式强调扶正固本,注重人与环境的关联互动,强调整体调理而非针对病症的进攻;而西医是循证医学、对抗医学,往往采用检查化验等方式分而检之,从而探究病因,治疗方法相对中医更具进攻性。因此,用西方医学的思维方式来评价中医显然既不合理又不恰当。

在学生充分意识到中西医差异的情况下,教师再次引导学生思考中医相较于西医的优势和独到之处。学生再次从思维模式的角度入手分析,发现中医不仅具有全面整体的优势,并且注意人与自然之间的关联与互动,因此中医不仅考虑疾病与病人的情况,往往还将环境因素纳入治疗的考量中,从而实现对疾病的有效且彻底的治愈。

通过这一环节的讨论,学生不仅深刻认识到中西思维模式的差异,并且能够将对此差异的认识应用到对中西医的认识中,进行中西医特点的初步分析,从而对于有关中医的误解尝试进行有理有据的驳斥和说明,进一步建立客观全面认识中医的意识,并坚定中医药文化自信。

第四步:跨文化学习。

在充分认知的基础上,教师请学生进一步思考如何进行中医药文化的对外传播。教师首先请学生观看电影《刮痧》的一个片段,影片中对于刮痧究竟是"治病救人"还是"虐待儿童"的争论,就是中西两种不同思维模式冲突下的具体体现。教师要求学生对影片中展现出的中美双方由于对刮痧的不同认知而引发的冲突和矛盾展开讨论。学生意识到中医药在对外传播和寻求接受的过程中仍然面临大量挑战,教师请学生尤其注意从思维方式和文化背景的角度分析并尝试提出解决方案。

学生针对影片中展现的美国法庭和西医学对于"刮痧"这一传统的中医疗法的巨大误解首先表示出了理解,同时各抒己见,尝试提出自己的解决方法。教师请每组同学发表观点,随后请全班投票选出最合理的方法。教师继续展示影片中的解决方法,请学生进行对比和评述。影片中的转机在于主人公的老板对中国传统文化"刮痧"的体验,在去中国城了解中国传统医学文化和亲身体验了中国的刮痧疗法之后,极力为其正名,最终得到法官的认可。教师引导学生认识在不同文化相互交流的过程中，交际双方最大限度地避免冲突，建立起互信，显得尤为重要。差异虽然无法"刮"去，但在建立互信的基础上可以互相包容。学生看到影片中通过亲身体验和情感沟通的方式有效解决了这一难题，因此认识到文化和思维差异虽然是客观存在的，但是通过沟通和共情的方式，能够在一定程度上有效解决因为思维模式不同所导致的误解和困难。由此教师引导学生在跨文化传播中国优秀传统文化的过程中需要注意思维模式虽有差异，但人类情感具有相通性，跨文化传播中需要不断思考如何让对方动心、动情和动脑。这也进一步强化了学生树立人类命运共同体的价值观。

第五步：课堂总结与反思。

教师对本次 4 课时的学习进行总结，重点强调理解术语的基础上对中西思维模式的对比学习和现实应用解决问题。教师要求学生认识到思维模式的差异是中医药文化国际传播当中的重要问题之一，而跨文化沟通和充分的共情是我们推动中医国际化和讲好中医故事的重要前提。教师鼓励学生在掌握中医药专业知识的同时，全面客观地看待中西医的特点和优势，充分建立中医药文化自觉和自信，树立传播中医药文化的使命感和责任感，提升自己的人文素养和道德素养，提升跨文化传播能力，充分应用跨文化沟通策略推动未来中医药文化的国际传播。

2.3 教学重难点

本次课程的教学重点有两个：第一，要求学生理解和掌握中西思维模式的主要差异，并能迁移到现实生活中去应用；第二，要求学生从中西思维模式差异的角度客观全面地分析中西医的特点，并思考如何有效地讲述中医故事，传播中医药文化。

教学难点在于：第一，学生正确理解中西思维方式的差异。思维方式是抽象概念，学生不仅需要从理论层面进行认识，而且需要将概念与现实生活中的事例相联系，教学设计通过举例的方式来加深对概念的理解。教师需要使用深入浅出的教学语言和内容帮助学生理解相应的概念。在教学中，教师分别使用中西建筑图片、社会中常见的广告标语以及历史事件等作为示例，引导学生的理解和认知。第二，学生需要应用思维模式差异来理解中西医的差异并准确阐述。在对中西医进行对比的过程中，教师引导学生客观看待不同医学体系的特征和优势，并思考如何向思维方式不同的西方世界讲述和传播中医药文化，最终引导学生思考用沟通和共情的方式推动中医药文化的国际化。

2.4 全人教育教学内容挖掘

本次课程是围绕中西思维模式差异展开的探讨，目的是帮助学生了解并思考中医药文化的国际传播。全人教育是贯穿教学过程的重要内容。本次课程挖掘的主要育人内容为学生认知中医的思维特点和重要优势，在客观认识思维差异的基础上提高跨文化沟通能力和共情能力，从而更好地讲述中医故事，促进中医药文化的国际传播。

中医在寻求全球更大范围和更深层次认可的过程中仍然面临大量的问题和挑战，其中文化背景和思维模式的差异是影响中医药国际化的因素之一。中医药文化自信是中国文化自信的重要组成部分。作为未来中医药文化国际传播的主要力量，中医院校的学生必须具有跨文化传播中医的意识和能力。因此，本次课程的设计首先帮助学生直面中医面临的误解和挑战，帮助学生正本清源，纠正错误观念，树立正确认知；其次，通过教学活动的设计帮助学生深入认识中医背后的思维模式和文化背景，从而建立起中医药文化自觉和自信；最后鼓励学生提高自身的跨文化沟通能力、说理和共情能力，用客观严谨的态度和诚恳真挚的情感讲述中医药文化故事，克服跨文化沟通的障碍，努力推动中医药文化的国际化传播。

2.5 教学反思和创新

中西思维模式对比是跨文化教学当中的常见主题。课程将思维方式的对比作为研究和分析中西医差异的切入点,由此学生不仅能够了解广义上的思维模式差异,更重要的是应用这种差异分析中医的思维特点和思考如何进行中医药文化的国际化传播。教学设计具有极强的校本特色,与学生的专业背景和学校的人才培养目标紧密结合,力求做到学以致用。教学注重紧密衔接金课标准,注意提高学习的挑战度和高阶性,不仅要求学生掌握理论知识和概念体系,还鼓励学生尝试中医故事的讲述和跨文化传播,要求学生在实践中体会思维模式的差异和中医国际化面临的挑战,从而坚定中医自信,不断提升自身的跨文化沟通能力,为将来的中医药文化国际传播不断努力。

2.6 教学评价

本次课程后,教师请学生对自己的学习情况进行了反思和评价,并请学生完成自评表。学生就三个方面进行自评,分别是概念的掌握、概念的应用和中医故事讲述过程中面临的问题和解决方法。学生表示概念的理解和应用尚需要结合现实生活,但是课程的学习能够帮助自己深入认识中医的特点,对日常生活中一些常见的误解和错误进行有理有据的解释和澄清,同时建立了讲述中医故事的意识,并愿意尝试进行中医药文化的跨文化沟通。

第四章

以全人教育为导向的跨文化
交际课程教学设计与实践

第一节　跨文化言语交际课程教学设计与实践：
以社会医学英语课程为例

言语交际(Verbal Communication)是跨文化交际学科的重要构念分支,与语言学、语用学、社会学、心理学等诸多人文学科密切相关。目前语言学广义学科分支中的语用学学科理论分析方法中,言语分析(Discourse Analysis)是普遍涉及的教学与研究范式。但囿于学院派语言学理论中研究价值取向的局限性,对言语分析的相关研究视角以功能语言学为主, 其系统生成性语法的研究取向忽略了言语交际实践中社会因素的影响力。

跨文化交际视角下的言语交际将研究着力点放在交际中涉及的文化承载词(Culturally Loaded Words)、交际中的语言及议题禁忌(Taboos),以及语言现象背后的文化思维逻辑(Cultural Thought Patterns)上。需要说明的是,随着时代的发展,跨文化交际的概念已经不再局限于地域意义上的跨国或跨省市区,广义意义上的文化图谱具有明显差异的两个交际对象(如家庭背景、社会地位、职业身份等)之间产生的交际张力,都可纳入跨文化交际现象的研究范畴。

因此，无论是日常生活交际还是特定职业情境中的专业性对话，不同职业需求、不同文化身份的交际者在交际动机、沟通方式、语言风格及其背后的母语文化范式和思维方式的差异都会对言语交际的效果及得体性产生影响。随着中国在2020年初爆发的新冠肺炎疫情中交出了一张漂亮的防疫答卷，世界各国医学领域，尤其是公共卫生防疫领域的专家与学者必将进一步深化与中国在药物研发、临床治疗及相关病理学学术方面的交流往来。如何将中国优秀的防疫经验借助国际性的医学交流场合有效传播，需要我国的医学教育院校能为公共卫生领域不断输出"具备国际视野，熟练运用外语，通晓国际规则，精通国际谈判"的专业复合型人才，这是向目前在我国医科院校专攻医学英语一线教学工作者提出了巨大的挑战。在探索医学英语教学领域的课程思政改革范式时，我们不能只是粗劣地将某个教学单元的医学主题中中国的医学成就作为一个静态式地文化导入或结尾升华插入教学环节中，而是要运用医科生学习医学英语的工具性动机，引导学生思考在国际化的医疗情境中，分析、评价中外临床言语交际的语言差异及其背后所反映的文化思维差异，从而超越"熟练运用外语，精通国际谈判"的语言技能范畴，达到"具备国际视野，通晓国际规则"的课程思政目标，最终实现育人。

课程设计者利用其在医科院校任教所坐拥的教学资源及学生专业背景，巧妙融合 ESP、跨文化交际、思辨能力及临床情境交际等多学科视角，引导学生融合已习得的社会医学专业知识及语言知识，从临床交际中的术语及沟通方式差异反思语域差异及其背后的中英文化思维差异，以"跨文化交际视角下的思辨能力层级模型❶"及"CREED 跨文化外语教学模型❷"作为课程设计基本思路,引导学生思考跨文化视角下言语交际情境中文化、思维及表达方式对交际效果的影响及其解决方法,并总结出一项适用于跨文化临床交际场景的语言使用模式,引导学生分组改编并演绎理想化的专业对话,体验得体有效的跨文化言语交际。本设计是融合"新医科+人文学科"医学教育跨学科教学设计改革指导思想的探索之作。

　　本课程名称为《社会医学英语》,授课对象为某医学院临床专业本科三年级学生,一个自然班共 37 人,全班均通过大学英语四级考试,超过一半的学生已通过大学英语六级考试,具备相应等级的听说读写译能力及医学知识、技能和专业素养,拥有开展"医学+语言学"相关跨学科议题的背景知识初步积累。本课程性质为修满四个学期的大学英语必修课+语言拓展选修课后,针对医科生学科特点,在第五学期开设的综合性医学 ESP 专业课程。《社会医学英语》使用为复旦大学出版社医学英语教材《健康教育通识》。而本课时部分融入的核心理念及相关教学素材选自外语教育研究出版社出版,胡超著《跨文化交际实用教程》2013版第 4 单元,主题为"言语交际(Verbal Communication)"。

　　本设计为《社会医学英语》的期中讨论课(Mid-Term Discussion),从课程性质上,本次课程设计在形式上偏向小型论坛式的工作坊,设计的所有教学任务,均在教师引导下,学生全程参与的启发性讨论,不仅包含了学生已习得的各个社会医学英语专题中的相关英语术语及表达,还包含了以语言作为思辨及团队讨论契机的跨文化临床交际对话的分析,评价与反思。

❶沈鞠明,高永晨.思与行的互动:思辨能力与跨文化交际能力[J].苏州大学学报(哲学社会科学版),2015,36(194), 03:154-159.
❷孙有中.外语教育与跨文化能力培养[J].中国外语,2016,13(71),03:3+19-24.

既是语言技能课,也是人文素养课。从评价构成上,本课程学生的课堂表现将作为学生形成性评价中的期中测试部分以 20%的分数计入, 学生是否借助教师搭建的脚手架有效参与讨论、提问、建议或反思任务,以及学生思考的深度及观点视角的文化广度,都将作为评价的重要标准之一,因此学生具备一定的任务参与积极性。为提高课堂效率,此次讨论课的核心议题教师将会预告并提供翻转课堂性质的预习指导任务。学生们在本次课开始前已有了相关议题的资料准备。

根据本学期任课教师对学生语言知识、医学专业知识及交际技能的预先调研,以及本课程存在的大量难度渐进式的产出性任务, 为保证授课质量及观点产出尽可能贴近预期效果,同时减少学生学习焦虑, 激发学习动机,本课程预计安排一周 2次课,共 4 节,总计 160 分钟。

1. 教学目标

教学目标如表 4-1 所示。

表 4-1　教学目标

认知目标	(1)认识,比较并分析中英临床诊断专业术语的语言差异,反思中英医学专业术语差异背后的思维差异 (2)寻找并阐释医学专业术语在临床对话中所产生的歧义,以及这种歧义所带来的负面影响 (3)通过"参与者"和"医学场景"两个维度认知并了解临床对话的几种常见构成形式,以及每种对话形式的语言风格差异
技能目标	(1)言语交际能力: ①借助医科生所习得的基础医学专业知识,在跨文化交际情境下,将医学术语用通俗易懂的语言风格翻译或阐释给不同文化身份的病人的能力(Paraphrasing) ②将所习得的便于清楚阐述病情的通识性医学英语表达用于指定临床对话中,并通过小组任务改写、续写,演绎医学情景对话的能力

技能目标	③以词汇辨析和模拟对话任务为启示,对社会医学英语视角下的各种医学情景对话,根据对话者文化身份、所处场景采取相应的表达语域(即语言正式度)的交际策略能力 (2)信息素养及思辨能力: ①查询并借鉴双语词典或医学专业词典中的词条解释,有选择性地组合词条信息,生成适用于日常医学对话风格及难度的术语解释的能力 ②通过涉及不同参与者,即不同文化身份的医学场景对话失语现象,借助身份移情分析、评价并反思上述失语现象产生的原因和可能带来的后果,启发换位思考,即共情或移情能力 ③通过语言表达和案例分析任务,根据"思辨能力层级模型",培养学生识别、比较陌生及熟悉语言信息,用清晰的逻辑整理、阐述信息,并分析、评价言语交际(语言使用)差异背后的思维及文化差异的思辨技能 (3)跨文化交际能力: ①将医科生的医学专业知识、语言知识及交际策略与跨文化交际的主客体相结合,借助中文/英语以及医学术语/日常用语的思维矩阵框架,启发学生发现医学术语的语言风格差异(客体)背后涉及的思维,文化及对话者身份(主体)差异,初步树立医学场景下的跨文化意识 ②以不同主体参与的医学情景对话中专业术语使用的正式度作为案例分析的契机,在启发学生探寻文化身份及其相应社会责任的过程中,训练提升文化移情能力,反思社会身份、文化背景与沟通风格之间的联系及其所带来的影响,提醒学生在特定职业的跨文化交际中全面树立 Ingroups 及 Outgroups 的身份移情意识
育人目标	(1)通过医学情景对话案例的呈现,以交际失语现象作为契机,借助语言使用的角度呈现医务工作者认真严谨的专业精神,并借助身份移情的思辨技能树立一切为了病人的服务意识 (2) 通过对医学专业术语的语言风格及沟通方式的了解与体验,深刻意识到语言的使用对沟通方式、沟通效果乃至医患关系所带来的深远影响

育人目标	(3)见微知著,借助医患沟通议题引导学生思考相关交际场景中语言的恰当使用对临床诊断效率、医患关系、医学知识的有效科普和传播,患者对医生身份的包容理解,以及人文医学相关研究的长远发展所带来的积极影响。并以此作为契机,鼓励学生结合国内医患关系现状,对如何借助有效的医患沟通来提升医务工作者的服务意识与能力献言献策,提升医科生的职业认同感与自豪感,实现育人与课程思政

2. 教学内容和步骤

教学环节一:Lead-in Discussion 导入性讨论(5 分钟)。

教学目标:知识:了解本次讨论的主题——跨文化医学情景下的言语交际。

教学内容:教师提出导入性问题"What kind of medical language seems more appropriate in hospitals?"并让学生投票,同时提示学生通过同桌讨论的形式比较并解释各自的选择。之后教师随机选取学生阐述投票的原因。

教学材料:无。

核心理念:认知:导入讨论主题,进入并适应讨论氛围。

教学方法:①多媒体交互教学法;②小组讨论法。

任务设计:Lead-in Vote: What kind of medical language seems more appropriate in hospitals? You can choose up to 2 options.

A. Professional medical terms.

B. Plain expressions patients can understand easily.

C. It depends on the speakers.

D. It depends on the scenes.

Compare and discuss your vote in pairs. Justify your choices and share your views in class .

Tips:You can share your ideas via the following functional patterns for cause-effect mindset:

(1)I chose A and D,because I attach greater importance on...

(2)I think using languages patients can understand easily is more critical in diagnoses,because...,so I chose

任务形式:投票通过"雨课堂"小程序进行。投票过程中教师给出反馈,提示学生结合自己的临床实习经历或经验,遵循内心选择答案,并提供表示解释原因的句型模板,为学生搭建脚手架,缓解学生焦虑。

教学环节二:Comparison of Diagnostic Terms in Chinese and English(医学术语比较分析)(30分种)。

教学目标:知识:呈现临床诊断用语中的常见医学术语中英文,了解医学专业术语与英文日常表达用语的语言差异。

教学内容:

(1)教师首先呈现临床诊断语言中常见的中文术语,引导学生结合相关医学知识,运用恰当的翻译技能用通俗易懂的英语向外国病人解释含义。

(2)教师呈现一组英文临床诊断用医学术语,让学生通过医学知识和字典词条释义的研读,用通俗易懂的方式向病人阐释。

(3)学生查询教材词汇表,寻找更多专业性强的医学术语并解释。

(4)学生回顾针对中英文医学术语的阐释过程,对术语的解释难度及语言风格进行反思。

教学材料:《健康教育通识》教材词汇表。

核心理念:从语言和语域两个维度,复盘术语的阐释过程,同时探索、发现医学术语与日常表达,以及中英文医学术语在语言风格的差异。

教学方法:①案例分析法;②情景教学法;③文献分析法;

④自主学习法;⑤小组讨论法。

任务设计:

(1)Comparison: Diagnostic Terms in Chinese.

Study the following medical terms in Chinese, choose 1 term and explain in a way patients can understand in English via bullets(弹幕).

(注:参考答案在学生完成阐释后发布,下同)

代偿:Overload of organs

缺如:Without sth...

占位:Clots uncertain

纳差:Lack of food consumption

靶向:Target treatment of a disease

冶游:Sexual behavior leading to diseases

(2)Comparison: Diagnostic Terms in English.

Explain 1 of the English terms in a way patients can understand in English via bullets.

Acute(L10,教材单元,下同):Urgent and severe

Gastric / Abdominal pain(L6):Stomachache

Radiate(L15):Other pains caused by original one

Chronic(L14):A lasting(time-consuming) disease

Metabolism(L1):Process of body's consumption

Substance abuse(L10):Overdose of drugs/tobacco/alcohol

(3)Work in pairs. Refer to the wordlist of Learning 1–15, try to find out one more term that might be difficult to understand if without medical knowledge. How would you explain it?

(4)How do you feel about the language styles of medical terms generally? Which language sounds more formal? Which is harder to simplify? Why?

任务形式:教师提示学生在中英文各6个临床专业诊断术语中,各选择1个术语,通过"雨课堂"小程序发送弹幕进行简要解释(根据参考答案,教师提示学生尽量用不超过7个单词的长度简单解释疾病病理即可)。

在学生自主学习词汇时,提示学生从词条、新闻例句、同义替换化繁为简三个方面思考如何将术语表达通俗化;在词汇表研读环节,一人负责搜集整理生词词条解释及例句用法,另一人根据之前练习的框架提示进行阐释;在语言差异反思环节,教师提示从语言正式度、之前中英文词条解释的难度反思中英文风格差异。

教学环节三:Case Analysis of Clinical Communication Breakdowns(临床言语交际案例分析)(25分钟)。

教学目标:知识/意识:将不同语域形式的临床诊断言语交际对话案例呈现给学生,学生运用已习得语言知识找到交际失语的相关表达并阐释歧义,最后初步反思交际失语在每个案例中可能造成的负面影响。

教学内容:

(1)学生根据Task Sheet上的三段临床对话,在教师的提示下完成对临床对话中造成交际失语表达的鉴别与阐释。

(2)根据上述释义,结合每段对话涉及的临床诊断场景,分析交际失语可能带来的社会影响。

(3)结合教师展示的"文化冰山"文化图谱,引导学生分析不同文化身份的患者对类似临床交际失语的反应差异。

教学材料:环节三的临床对话案例PBL纸质Task Sheet(包括对话、问题及答案组织框架,供学生参与、组织、整理讨论)。

核心理念:体验与反省(Do and Reflect)/引导学生体会医学情境下的言语交际中,语域及沟通方式对沟通效率的影响。

教学方法:①医学 PBL 教学法[1](Problem-Based Learning);②体验式学习法(临床言语交际场景);③小组讨论法。

任务设计:

Case analysis: Breakdowns in Clinical Communication by Terms.

Act out one of the short dialogues in pairs and discuss:

Which part causes the breakdown in communication? Underline the improper words and explain.

(下划线字会在学生讨论结束后以动画效果呈现,供学生核对并做后续讨论。)

Case 1 (L1,L15)

"Does the pain radiate? " The doctor asks.

"Say that again? " The patient stares blankly.

Case 2 (L14)

Doctor: "It seems that you're in the chronic phase of diabetes."

Patient: "What, doctor? Is it THAT serious now? " Startled the patient.

Case 3 (L13)

"According to your PE, I'd give you an orange light for your pre-tension situation. Be sure to adjust to a healthy lifestyle." Said the doctor.

"Emm... What is an orange light treatment? And I came here to check my blood pressure, why do you think I have a problem with my nerves? " The patient is confused.

Think: (1) What negative social consequences may theseterms bring about?

---

[1] 沈建新,王海燕,王海江. PBL:一种新型的教学模式 [J]. 国外医学(医学教育分册), 2001, 2:37-39.

(2)Will the patients' reaction between the east and west be the same?

任务形式：教师提示学生两两组队，交换角色演绎 Task Sheet 上的 3 段医学情景对话，之后共同讨论对话中可能造成误解的医学术语表达，用下划线标出，并通过查询词典词条释义，分别列举该表达的医学内涵和患者视角的释义，比较差异，解释歧义，并提示从治疗效果、医患关系和医学知识传播 3 个方面反思患者的误解可能带来的影响。最后引导学生从患者情绪，沟通方式和病理理解能力上设想不同文化地域身份的患者对临床言语交际失语的反应异同。

教学环节四:Empathizing Clinical Language Use from multiple views(临床言语交际的多视角移情反思)(40 分钟)。

教学目标:态度/意识:从语域(语言正式度)，交际对象两个维度进行身份移情,反思不同文化、社会身份的人在交际中使用医学术语的程度差异及成因。

教学内容：教师引导学生通过对刚才交际案例的学习,全面思考如下问题：

(1)临床交际按交际对象、就医流程分别包含哪些交际形式？

(2)从医务工作者(内行人)和患者(外行人)的角度分别出发,使用专业术语相应带来的积极或消极影响是什么？

(3)在跨文化医患沟通场景下,医生和患者专业术语的使用上还应该注意什么？

教学材料:①环节四、五的 Task Sheet;②教育版在线辩论平台(电脑端+手机端)。

核心理念:身份移情+灵活性思辨(Empathize & Critique)/通过同一议题、同一场景中不同当事人的出发视角的比较及反思,重构现有文化身份认知。

教学方法:①多媒体交互教学法;②小组合作学习法;③情景教学法。

任务设计:

(1)Reflection 1: Panoramic View –Forms and Topics of Clinical Communication

Brainstorm in pairs at least 3 forms and topics of clinical communication in terms of participants and clinical scenes.

(2)Reflection 2: Medical Language–Insiders' View

Brainstorm Reasons: As medical staff, why do we speak diagnostic terms very often? Discuss in pairs, try to seek help from previous task. Elaborate your answers in ONE sentence.

(3)Reflection 3: Medical Language–Outsiders' View

Brainstorm Consequences: As a patient, what negative effects may arise when hearing too many medical terms from doctors? Discuss in pairs, try to seek help from previous task. Elaborate in ONE sentence.

(4)Reflection 4: Global View –Perspectives on Intercultural Clinical Communication

Group Work: Based on your previous findings, can you offer further opinions on the following intercultural scenarios? Discuss in groups.

①What should Chinese doctors be aware of when communicating with foreign patients on diagnoses?

②As medical staff, what is advisable for foreign patients to know before communicating with Chinese doctors?

Hint: Try seeking perspectives from cultural norms, medical regulations, communication styles and thought patterns in clinical communications.

任务形式:教师提示学生按照本课程本学期的学生分组进行讨论:

(1)在 Task Sheet 相应位置,从 speakers 和 clinical scenes 两个方面先思考临床言语交际的不同形式并作答,之后拍照发送到雨课堂实时投屏。

(2)负责本节任务(2)(3)环节的学生用手机访问 Kialo.edu 论点分享平台,教师安排组内两位成员分别从"医务工作者视角"谈谈使用并依赖专业表达的原因和"患者视角"下过多专业表达的后果,分别在平台上提交医学术语使用的相应观点。教师提示学生可以借鉴环节三中的讨论视角来发表观点。

(3)教师同时安排组内另外两位成员,分别从中外或国内不同地域的医生或患者 4 种身份发表对本节任务(4)中两个问题的看法,以雨课堂投稿的形式提交投屏。教师提示负责此部分的同学从"健康价值观、医疗制度、思维及沟通方式"3 个视角发表观点。

(4)教师随机选择本节任务(2)(3)(4)中部分同学的观点,总结语言差异与文化差异在医患沟通中的紧密联系。

教学环节五:Summative Discussion:Why should we study English for Health Literacy（课程思政讨论:《社会医学英语》医学语言风格的学习意义)(20 分钟)。

教学目标:态度/意识:根据之前任务对临床言语交际中语言差异及文化身份差异的反思,结合学生本学期学习这门课程的直观感受,借助身份移情,思考《社会医学英语》语言风格对医患沟通,医学科普和个人职业发展等方面的重要意义,实现思政育人。

教学内容:总结:学生沿用上个环节的身份移情框架,从医务工作者、患者、跨文化交际中的语言差异、语言风格、医学信息科普以及个人职业发展6个角度,结合《健康教育通识》教材中的语言风格,通过对中国医生在新冠疫情期间有效医患沟通的案例,思考学习本课程对中国医务工作者的现实意义。

教学材料:环节四、五的 Task Sheet(此环节的小组讨论结果将作为环节六学生搜寻新冠时期中国医生医患沟通案例的指导框架)。

核心理念:思辨(Critique)/ 通过语言使用的影响重构对医生职业身份认同,实现课程思政育人。

教学方法:①小组合作学习法;②交际法;③情景教学法。

任务设计:

Wrap-up Group Work: Why do we study English for health education/literacy?

Work in groups, review what we've learnt about medical language today. Consider the significance of the language styles of this course from the following perspectives, then share in open class and submit your group's ideas on board.

Perspectives:

G1. Insiders' view? (Medical Staff)

G2. Outsiders' view? (Patients, Civilians...)

G3. Global View? (Intercultural Communication)

G4. Views on clinical communication styles?

G5. Views on shared health literacy?

G6. Views on personal and social advancement?

Hint: Try to review the positive and negative consequences on the register (formality) of clinical communication, the cultural norms, communication styles and thought patterns in previous tasks. See if you could find corresponding significances to relevant issues.

Functional patterns for reference：

(1)From insiders' perspective as a medical staff, the medical terms in this textbook serve as a perfect example of how we can help patients clarifying their doubts...

(2)I think the appropriate use on the formality of clinical communication is critical for sharing the correct health knowledge in that...

(3)From the perspective of intercultural communication, I firmly believe that for foreign patients, we need to switch the mindset of explaining the diagnosis in an indirect way because in their thought patterns, they consider...

任务形式：由于此任务为总结性讨论。为降低任务难度，促进小组合作，结合任务内容，教师在每个小组设定Organizer（整理提供之前任务中的有用信息）、Contributor（借助课件的框架提示查询贡献新观点）、Coordinator（为Presenter记录整理观点和发言框架，并对已提出的观点发表评价）和Presenter（汇总小组智慧并在全班分享）四种角色，针对小组议题进行讨论。Presenter作为代表将讨论结果在全班分享，并将文字版整理好发送至雨课堂讨论区作为总结。此环节教师将在Task sheet为学生搭建表达脚手架，助力学生发表总结性观点。

教学环节六：Intercultural Project（跨文化交际实践）（40分钟）。

教学目标：技能：将环节三临床言语交际案例中的对话，结合本节课所习得的语域知识及社会文化身份特征，改编，续写并演绎录制对话，体验临床情境下得体有效的跨文化交际。最后安排学生课下在各大新闻媒体寻找新冠肺炎疫情期间中外医生的沟通新闻案例，并尝试用本节课习得的评价框架对不同案例的沟通效果和影响进行评判，通过职业身份认同实现课程思政。

教学内容:此环节为跨文化情景体验任务。学生以小组为单位,根据所学语言差异改编环节三中的某一篇对话至理想化的沟通状态，并根据教师假设的对话双方的文化身份特点，续写对话并演绎,重现完整的跨文化临床言语交际过程,以录制小视频的形式完成情景体验任务。

教学材料:①环节三 PBL Task Sheet;②学生手机(视频录制);③环节五 Task Sheet。

核心理念:移情与体验(Empathize and Do)/通过重译临床言语交际,重构语言及文化身份认知。

教学方法:①医学 PBL 案例教学法(Problem—Based Learning);②小组讨论法;③交际法;④多媒体交互教学法。

任务设计:

Oral Project：Videotape Dialogue Alternatives in Session 1.

Group 1 & 2：Case 1

"Does the pain radiate？" The doctor asks.

"Say that again？" The patient stares blankly.

(Case1 happens in America. The patient is a blue—collar worker.)

Group 3 & 4：Case 2

Doctor："It seems that you're in the chronic phase of diabetes."

Patient："What, doctor？ Is it THAT serious now？" Startled the patient.

(Case 2 happens in a campus hospital in England. The patient is a Chinese overseas student.)

Group 5 & 6：Case 3

"According to your PE, I'd give you an <u>orange light</u> for your <u>pre-tension</u> situation. Be sure to adjust to a healthy lifestyle." Said the doctor.

"Emm... What is an orange light treatment?　And I came here to check my blood pressure, why do you think I have a problem with my nerves？" The patient is confused.

(Case 3 happens in China. The doctor is responsible for the physical examination to the international laborers. The patient is from India seeking manual labors in China.)

任务形式:教师将 3 段对话分给 6 个小组,提示学生重新研读对话剧本,对 Medical Terms 进行通俗化改写后,教师分别给出 3 段对话的文化身份假设,并提醒学生在续写对话的时候注意:

(1)以完成临床诊断为终止,不超过 4 个话轮。

(2)仔细考虑对话双方的社会文化身份所赋予的思维、沟通方式与特点。

之后,教师引导每组自行分配角色,包括剧本编写、拍摄剪辑、剧本演员 3 种,以小组为单位录制视频。最后将视频发送至雨课堂投稿区。视频时长不超过 3 分钟。基本要求包括出镜录制、字幕后期及呈现小组分工明细,完成任务。

教学环节七:Post-Class News Research(跨文化医患沟通案例研讨)。

教学目标:技能:学生们课后搜索相关新闻媒体,寻找新冠时期中外医患沟通成功或失败的新闻事件,利用环节四、五总结出的观点分析并评价沟通案例。

核心理念:探究(Explore)/文化关键事件(Critical Incidents)分析评价。

教学方法:文献分析法。

任务设计:

Post-Class Project

Work in groups, search bing.com for more clinical communication cases in China and other countries with positive/ negative endings. Analyze the communication and complete the following tasks before final by a PPT presentation.

(1)What are the reasons for communication progress in China or breakdowns in other countries? (You can refer to the elements in Section 3 & 4, hence after.)

(2)What are the positive/negative impacts within this clinical communication?

(3)Revise the negative clinical communication case and act out an alternative with efficient and proper communication styles. Work out the new script together and choose 2 members to act it out.

任务形式:教师提示以小组为单位,整理好环节四、五中的所有观点作为反思参考,在新闻媒体中各寻找新冠肺炎时期防疫流程(教师给出如下备选场景提示:防疫政策阐释、流调追溯、核酸检测、隔离、常规治疗、出院指示等)相关的医患沟通在国内成功的案例和在国外失败的案例各1例(共2例),结合对比两例新闻中的语言正式度,沟通方式、思维方式、文化差异、身份差异等影响沟通效果的任何因素,结合所学知识,按以下框架于期末复习课以 PPT 演示进行新闻分享:

(1)沟通成功/失败的原因。

(2)所带来的正面/负面影响。

(3)组内选出两人重新演绎消极医患沟通案例,更正原事件中使用过于专业的医学术语、造成文化冲击的沟通方式,进行模拟对话。

3. 教学重难点

3.1 教学重点

(1)语言知识:以中英临床诊断用专业术语出发,结合医科生独有的医学知识储备,引导学生借助对中、英文专业术语的通俗化英语阐释过程,从通俗化阐释的难度出发,初步认知、比较中文专业术语与英语专业术语语言风格差异,以及背后可能存在的文化及思维差异:形合型语言(英语)与意合型语言(汉语)背后的低语境文化及高语境文化影响下的职业沟通环境,让中式诊断术语从语言形态和表达效果上,都更加委婉抽象。

(2)读写说技能:阅读技能主要在环节二中的相关中英文词汇的词条溯源、例句研读、环节三的对话案例研读及对话合作改写环节实现。学生不仅需要具备一定的词条信息筛选、文献溯源能力,还需要具备一定的 Paraphrase 技能,结合阅读感知的对话语境,在环节六的对话撰写中用恰当的语域表达进行改编和续写,让对话按照有效且得体的医患沟通方式进行下去并合理收尾,同时通过恰当的交际策略进行情景演绎,从而实现读、写、说三项技能的联动。

(3)思辨意识:以环节二、三最后对临床语言使用背后的的职业身份及文化身份差异作为讨论契机,自环节四起,组织学生根据自身临床实习的经历,展开身份移情,分别从临床言语交际的形式、医务人员的"内行人"视角(Insider),以及患者的"局外人"视角(Outsider),从整体过渡到局部,用全面性的视角考虑现存医患沟通风格的原因,问题及影响。在环节四中,学生将根据环节二、三中对不同语言风格、不同文化身份的医患沟通形式、内容和影响的讨论框架,分别站在主体和客体的角度进行身份移情,批判性发表观点。最后将跨文化身份代入言语交际中,从"文化差异,医疗制度,思维及沟通方式"三个跨文化要素，引导学生探讨文化差异与上述语言差异产生之间的联系，教师给出探究议题让学生结合案例并搜寻资料整理后发表个人观点。如"东方患者整体性、全面性的思考模式对理解某个专业术语带来的影响？""西方患者的直线型思考及沟通方式对东方语系医务工作者病情陈述的理解偏差？"等议题，通过身份移情和跨文化身份设定，培养学生分析阐释交际失语，以及更加包容和开放职业沟通心态，全方位多角度培养学生的思辨意识。

3.2 教学难点及解决办法

(1)语言认知教学难点及解决方法：尽管该课程设计针对的是有一定语言基础和语言学习策略积累的医学本科生，但由于笔者所在高校课程设置的特殊性，哪怕是母语为汉语的学生，囿于临床实习经验有限，对于部分临床诊断中的专用术语的理解也有限，更不用说在理解医学概念的基础上将其用通俗化的风格融入临床场景的言语交际中了。基于词汇语域的特殊性，教师在课程设计时预留了大量时间供学生查找研读，自我科普，并针对相应任务细节告知学生词条解释及例句选择的学习策略，鼓励学生依靠自己的能力发现、内化、推断并拓展相应语言知识。简化任务难度，帮助学生更快速在理解词义、用法和语境的基础上，亲自研读、探索并感受医学术语与日常用语，中英文医学术语在语言风格上的差异，为后续思辨及口语任务提供语言知识基础。同时，为进一步通过降低任务难度的方式提升学习效率，教师要求学生在寻找类似"正式程度"的医学术语时，仅限从所使用的《健康教育通识》教材生词表中选择，不设置全新的认知任务。学生一方面通过更全面的词条解释复习并巩固了已习得医学词汇，另一方面也对这些词汇的语域、用法及使用语境有了增益性的认识，常看常新。

(2)口语任务教学难点及解决方法：本次期中阶段性工作

坊以输出性任务为主,且课程设计的基本思路是让学生结合已习得的医学英语术语和观察到的言语交际现象,见微知著,从语言使用策略、职业身份及文化差异等多个角度探寻其与临床场景下言语交际的效果差异之间的关系(环节三、四)。其基本逻辑构建的思路非常抽象,如果教师不提供逻辑框架和相关表达的脚手架,学生很难产出更多有意义的课堂表达,讨论氛围也会大打折扣。因此,为辅助学生厘清表达思路,减轻讨论负担,加强小组讨论的互助意识,任课教师不仅在课件上多次根据任务内容,从讨论主题和交际功能两方面搭建表达脚手架,还会为学生提供相对丰富权威的素材平台供学生头脑风暴时做资源参考,继而组织观点。此外,教师还针对任务要求,结合前期对学生语言表达能力、国际视野及医学专业知识的了解,按照不同的任务角色分配并固定好组员,为难度较高的分组讨论任务赋能,提升课堂效率。

(3)情感目标、学习动机的教学难点及解决方法:由于医科生对待科学知识的学习动机和策略更多偏向工具性的认知识记,面对诸多学科(包括像思政及语言学的人文学科)所采取的态度依然是机械式的知识点记忆,对元认知内容和学习策略的思考凤毛麟角,更鲜有感受到"新医科+人文"教学改革下跨学科思维可能碰撞出的认知火花,因此部分同学在面对这一阶段性工作坊时,除了对未知的讨论议题和任务形式可能产生焦虑外,也未必能理解为何需要讨论医学术语的语言风格差异,以及其在医患沟通中带来的交际失语背后的文化、思维差异与学好《社会医学英语》这门课程之间的关系。因此,教师从环节四开始,就让原本只浮现于纸上的言语交际案例和医科生所处的工作环境融合起来,从职业身份的角度引导学生针对医务工作者和患者分别移情,发现临床言语交际失语的社会文化根源。最后,在环节五的总结性讨论中,教师从个人发展、医生的职业认同感、医学知识的传播及社会医学的发展等宏观层面,引导学生从言语交际中以小见大, 意识到本次讨论议题的重要性,深刻体会到一名医务工作者看似宏大的使命,时常要落在最日常的医患沟通中,实现学习动机和情感的升华。

3.3 本设计与全人教育教学导向的融合

本课程作为《社会医学英语》课程期中阶段工作坊,课程设计的初衷便是希望医科生能跳出单一性学科视角,转变自身对语言学习粗糙的识记性认知,从医学术语在临床言语交际中的使用作为讨论起点,借语言的正式度差异探讨沟通失语所带来的行业、社会负面影响。同时,引导学生反思如果这些案例在跨文化医患沟通的场景中放大会产生什么样的影响,体会职业语言的恰当使用与社会各个部门、阶层之间的良性互动;继而通过环节四中对这些言语交际失语的案例的追根溯源,实现不同身份的移情,初步树立医科生临床言语交际的思辨意识;最后在环节五的总结性讨论中, 学生能够在教师提供的研讨主题的启发下,以小见大,从言语交际放眼社会,谈谈有效且得体的跨文化临床言语交际对医务工作者、就医者、沟通方式,跨文化交际策略,医学知识的传播,以及医疗行业的发展等多个宏观社会议题所带来的积极作用。

学生们在对相关文献、政策等网络资源的搜索中,潜移默化地借助临床言语交际这一语言符号系统,展开综合、全面、整体且系统性的医疗行业反思。最后,为了检验学生在言语交际、思辨能力及跨文化交际能力,以及工作坊中的思辨成果,学生们以环节四、五总结出来的观点为评价标准,在课下寻找新冠时期国内外医患沟通有效或无效的新闻案例,在学期期末时按照老师指定的逻辑框架和任务形式,分享这些关键性的文化新闻事件,并进行评价,从而对新冠时期中外国家医患关系的处理效果有了对比性的新知。

此环节力求通过课程思政传递中国医生在处理公共卫生危机上呈现出的集体主义意识、全局观移情的大格局以及设身处地为病人着想的言语交际形式对有效防疫起到的积极作用。在实现增强医科生作为未来的医疗工作者职业自豪感和责任感的情感目标的同时，课程设计者也参考了 Ron Miller 于 1990 年提出的全人教育（Holistic Education）的核心理念，在各个教学环节通过启发性的任务引导医科生通过跨文化临床言语交际的研讨，独立发现投身医学行业应有的身份认同、情感诉求、个人发展途径，以及职业道德操守及社会服务意识之间的有机平衡，解决真实世界的实际问题，实现育人的教学目标。

现将具体的融合方式以教学环节为分隔阐述如下：

（1）个人层面：强调有效、得体的临床言语交际形式对个人职业发展带来的积极影响，并通过富有挑战性的任务让学生独立发现语言风格差异与社会影响之间的关系，指导个人职业发展。

①在环节三初次更改临床言语交际案例对话后，教师在课件上初次提出反思性问题，并指导学生尝试从治疗效果、医患关系和医学知识传播三个方面反思过度使用医学专业术语给患者造成的误解可能带来的消极影响。此时学生因为尚未得到明确的思路指导，且缺乏职业沟通经历，因此所产出的观点较为片面模糊，如："I think patients may find it hard to understand the condition of illness..."等表达（图 4–1）。

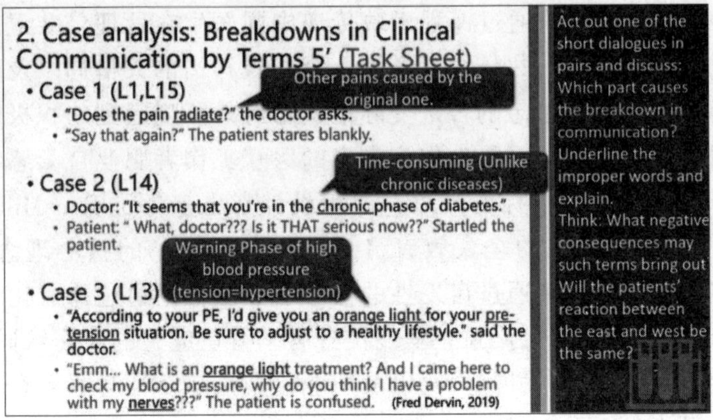

图4-1

②教师基于环节三中学生的初步反思观察,在环节四的身份移情部分引导学生根据分配好的任务角色,分别站在医务工作者的角度阐释使用临床用语的主要原因,以及站在患者的角度发表感受。教师鼓励学生切身感受职业沟通过程中不同身份对对方抱有的不同期待,以及这种期待对个人职业发展所带来的负面影响,并提示学生可以环节三中发表过的初步观点为构想基础。在此基础上,代表相应的身份在观点发布平台上尝试头脑风暴各方观点,并强调此环节没有标准答案及价值导向。最后教师可在平台中选择部分有代表性的观点展示讲解,如图4-2、图4-3所示,部分学生通过身份的换位思考发表的观点已经涉及了医生的医患沟通技巧、医患关系维护、职业认同感及职业权威性的维护方面,初步显露了学生的职业发展意识。

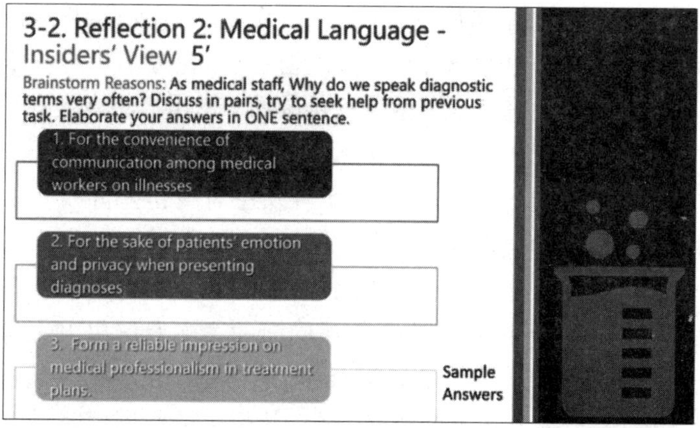

3-2. Reflection 2: Medical Language -
Insiders' View 5'

Brainstorm Reasons: As medical staff, Why do we speak diagnostic
terms very often? Discuss in pairs, try to seek help from previous
task. Elaborate your answers in ONE sentence.

1. For the convenience of communication among medical workers on illnesses

2. For the sake of patients' emotion and privacy when presenting diagnoses

3. Form a reliable impression on medical professionalism in treatment plans.

Sample Answers

图 4-2

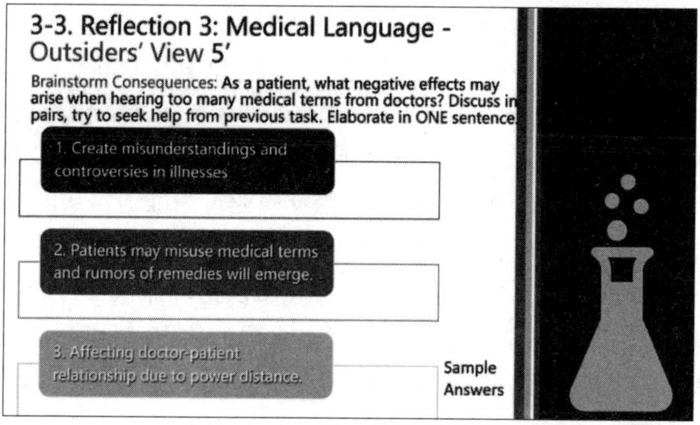

3-3. Reflection 3: Medical Language -
Outsiders' View 5'

Brainstorm Consequences: As a patient, what negative effects may
arise when hearing too many medical terms from doctors? Discuss in
pairs, try to seek help from previous task. Elaborate in ONE sentence.

1. Create misunderstandings and controversies in illnesses

2. Patients may misuse medical terms and rumors of remedies will emerge.

3. Affecting doctor-patient relationship due to power distance.

Sample Answers

图4-3

　　(2)国家层面：通过课后中外新冠医患沟通案例的对比研讨任务，学生们再次从国家层面意识到中国人的全局观和整体性思维在新冠肺炎疫情时期对临床言语交际的移情意识，对患者情绪的安抚，以及对构建和谐医患关系起到的重要作用。

　　本次工作坊结束后安排的课后新闻分享任务，是本课程设计中"润物细无声"的课程思政部分的一次集中体现。教师给予学生充分的任务准备时间(期末复习课统一展示)及相近的任务完成内容及进度框架,并以分组协作,角色分配等合作学习模式为提升学生任务完成效率提供辅助。学生们将有效利用本次工作坊中习得的临床言语交际中关于:①医学专业术语与日常用语的语域差异;②医务工作者及患者身份差异产生的对临床诊断的视角差异;③跨文化交际场景下的文化身份差异;④上述不同差异对医患沟通效果的职业身份溯源及跨文化身份归因、所带来的社会宏观层面的影响及解决方案等学习议题中的探究发现作为评判标准,思考基于汉语语言风格特征、中国人思维方式上的圆融并包、其衍生的中国医生的医患沟通模式及相应的职业道德素养, 是如何造成新闻事件中,中外在新冠肺炎疫情期间医患沟通效果的巨大差异的。学生们期末以小组形式,根据教师的框架性要求,以 PPT 演讲的形式进行总结, 在汇报学习成果的过程中以医疗职业情境作为基底,增强学生对中华民族传统语言形态、思维、沟通方式,以及相应传递出的优秀传统文化、思想道德及职业行为准则的认同感。

(3)国际层面:通过将跨文化交际的情境假设融入临床言语交际的范畴中,学生对高语境文化下汉语临床医学专业术语的抽象性及英语语言表达的有了更直观的认识,感悟到语言差异与文化差异背后的紧密关联,体会到所处世界语言符号系统的多样性。

汉语作为意合型语言,其无论从语言形式还是信息及情绪传递上,表意相对间接抽象,大部分情况下都需要结合对话语境去解读言下之意。在语言层面,虽然在跨文化交际情境中会导致中国医生在尝试用西方国家直线型思考的语言理解模式,将病情转述给外国患者时遭遇到不小的语码转换和语言风格转换困难 (教师已通过环节二中 Which medical language is harder to simplify? 这一后续反思提问, 在这一点上对学生有所暗示），但这种高语境文化所赋予的沟通方式的婉转与灵活性，在处理医患关系时通过更高瞻远瞩的格局，有效缓解了国内防疫各个环节可能产生的临床言语交际失语以及医患冲突，推动了有效的医患沟通。基于此现象背后的跨文化内涵，在课程设计中，依然根据学生的理解层次，分别在环节三对话分析结束后的"Will the patients' reactions between the east and west be the same?"这一反思问题初步启动学生的跨文化意识及文化差异的分析视角，之后在环节四完成身份移情之后的"Global View – Perspectives on Intercultural Clinical Communication"部分，通过"What should Chinese doctors be aware of when communicating with foreign patients on diagnoses?"和"As medical staff, what is advisable for foreign patients to know before communicating with Chinese doctors?"两个具备跨文化视角的问题，在社会身份移情的基础上加入文化身份的移情作为有效医患沟通的协同探讨因素，并提示学生从"Cultural norms""Medical regulations""Communication styles"和 Thought patterns"几个层面查找素材，以小组讨论的形式组织答案。对医患情境下医生与患者自身文化身份的考虑是树立学生"人类命运共同体"意识及"兼容并蓄"等中华民族历史发展中流传下来的具备国际视野的优秀传统思想的一次课程思政意义上的"润物细无声"，而上述议题均体现基于特定语境下的语言符号中，说明了特定地域的语言符号与其文化图谱及思维模式、沟通方式中的紧密联系，并在全世界范围内呈现出多样化的态势。学生通过对语言符号及文化图谱在临床言语交际中的运用过程，更深刻地体会到所处世界语言符号系统的多样性及跨文化言语交际的必要性及复杂性(图4-4)。

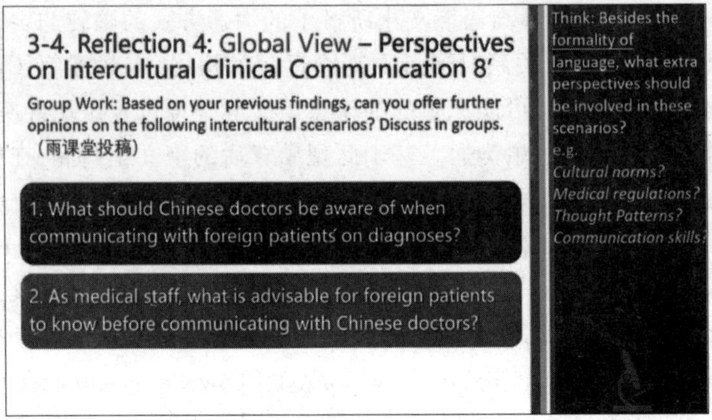

图 4-4

4. 教学创新点和不足

4.1 创新点

(1)力求摆脱枯燥生硬的言语交际理论教学,借 PBL 教学法作为情境基础,代入学生的职业身份放眼真实世界的实际问题,在真实的职业语境中融入理论知识的自主探究。

临床医学专业最具学科特色和问题解决色彩的教学方法便是 PBL(Problem-Based Learning)教学法。该教学法在医学专业课程内,研究对象为对典型案例的靶向锁定、病理分析、临床诊断,辅佐以诊断依据与治疗方案。该教学法本身不仅具备情境式教学的精髓,还能从专业角度培养学生的问题意识。虽然原方法仅限于对临床诊断及病理学相关知识的探索,但 PBL 教学法本身的探究性、思辨性、移情性、开放性与灵活度可以完全借用于对言语交际现象的探讨中,何况使用情境还是医科生非常熟悉的临床诊断场景。因此,该设计相当于借病理分析之框架思路,行病理分析之恰当言语交际之实,不仅实现了在医科生熟悉的医学场景中训练有效得体的言语交际内容及方式,借

PBL 的教学框架让医科生意识到临床诊断的思路过程与语言使用的紧密联系,从而自然上升至交际能力与思辨能力的紧密联系,明白临床诊断下的言语交际不仅是专业知识的表述,还受到患者这一交际对象的影响,需要借助一定的思辨能力,乃至跨文化交际能力,随时转变交际策略,方可促成最佳诊断方案的协同。这不仅是有效执行 PBL 讨论后确定的最佳诊断方案的需要,还具备了构建良性的医患沟通机制,改善医患关系,促进医学知识的科普传播等社会意义。

这些具备正确价值取向的引导弥补了纯语言知识或技能教学过于技术性、学术性的短板,融合了医科生的学习动机和职业认同感,加上学生具备言语交际案例的生活、工作经历,因此有一定程度的话题或内容积累套用至 PBL 模块中进行有效产出。

语言知识、思辨能力和跨文化交际能力的创新型融合与过渡,主要体现在教学中环节三临床言语交际失语案例分析中,现具体说明如下:

在环节三中,所有的交际案例及相关术语词汇均来自所使用复旦大学出版社《健康生活通识》教材中涉及的专业医学术语对话中。学生们在日常学习中更多将注意力放在了对相关临床诊断表达句型的积累上,而并未从真实的职业场景去考虑,或者批判性地看待教材所选材料相关表达可能带来的交际失语,以及从不同对话者身份视角窥探出的社会影响。因此,这一环节作为将语言知识、言语交际技能及思辨能力初次结合的过渡性环节。课程设计者首次引导学生从对专业性词汇的选择与阐释任务开始,体会不同语域在交际效果上的差异。学生结合语境,阐释相关医学术语从医务工作者和患者视角的理解差异,继而通过基于该理解差异背后蕴含的交际期待(治疗效果、医患关系和医学知识传播)、思维模式及文化身份图谱(就医情绪、沟通方式和病理理解方式)引导学生体验在真实世界中,用最具认同感的职业身份(医务工作者),解决言语交际中最现实问题的过程,将言语交际相关理论通过交际实践自然融入教学过程,而非传统意义上的语言知识讲授。

(2)所有思辨性强的输出任务,教师提供充沛的文献信息、逻辑框架或功能性句型脚手架,培养学生以自主学习策略的提升为基础,输出思辨性观点的能力,避免务虚。

从本次课程的导入环节,为避免学生对讨论议题感到陌生抽象,专门利用雨课堂的投票功能,设计了互动性极强的投票环节作为工作坊主题介绍,便于学生了解议题,在研讨时有所参考,也通过几个预备性问题让学生融入"临床言语交际"这一大方向研讨场景。作为为学生服务的缓冲环节,通过在学生选择某个选项原因的阐释问答环节,借助教师搭建的原因阐释句型的脚手架,引导学生快速进入讨论状态,了解研讨主题,同时为后续任务设计中的文献搜寻、交际句型话题提供场景提示。导入环节"雨课堂"小程序投票示例如下(图4-5)。

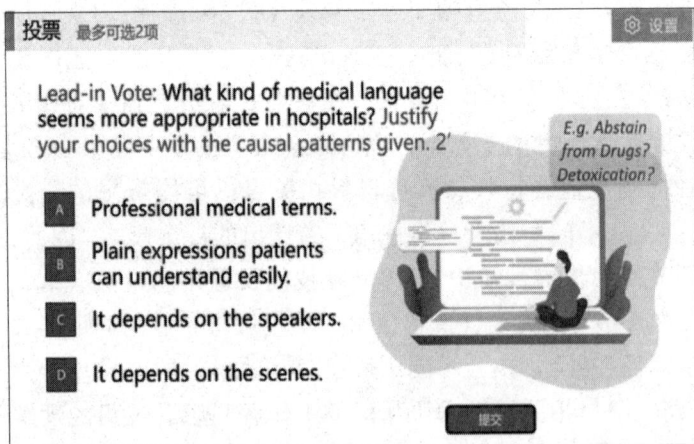

图4-5

此外,为帮助学生厘清思路,赋能学习策略,本课程设计在

文献信息素养、句型脚手架以及表达内容及思路框架方面均提供了大量资源,现总结如下:

在语言知识习得方面,从学习策略上,教师首先会提示学生在阐释术语时,仔细观察术语词典词条中例句的说话者身份,并根据词条不同释义所在的不同例句,思考站在患者的角度,对这些语言风格上过于学术性的专业术语诠释上可能存在的误解,以及与医务工作者对患者实际沟通期望之间的差异。

在搭建功能性句型脚手架方面,在环节一对于选项的原因阐释,以及环节五关于平实的语言风格对临床言语交际的社会意义的讨论中,均包含相近的原因阐释或观点呈现相关的功能句型。

在逻辑和思路框架方面,环节三和环节四均提示学生从治疗效果、医患关系和医学知识传播的角度评价这些误解可能造成的社会影响,以及从不同文化(注:不一定指的不同国家)患者的情绪、沟通方式和病理理解能力等文化图谱中探讨其对临床言语交际失语的反应异同,抑或以此为基础溯源、归因临床言语交际中不同文化身份的语言使用策略,并引导学生根据健康价值观、医疗制度、思维及沟通方式等更深层次的患者文化图谱,建立起语言差异与文化差异之间的知识点关联。

在文献信息素养方面,对于相关人文背景知识、人文医学议题相对缺乏了解的学生,教师提供了相关的搜索引擎,并提供关键词搜索策略,帮助学生快速链接相关文献及缓解表达焦虑,积累表达思路,更扎实地用英语分享更多与个人职业发展、医疗事业及医患关系提升相关的更具宏观视角及社会关怀的深度观点。

4.2 不足

(1)课程设计对教师自身的医学专业知识及思辨能力储备要求较高。

由于本节课为《社会医学英语》这一语言技能课的期中阶段讨论,呈现形式为交流性质更强的工作坊,其课程设计不仅包括学生们相对熟悉的语言知识学习,还包括基于临床言语交际下的思辨议题和跨文化议题,且需要将医学英语专业术语的使用效果与对话双方的社会身份,文化差异之间通过层层递进的思辨性问题建立起关联,并以此关联着眼更宏观的社会医学议题中。因此,为了促成学生"以小见大"的思辨能力进阶过程,教师在备课过程中不仅要对特定的临床言语交际场景相关的微观医学知识有所涉猎,还需要根据思辨层次,提前了解医患关系等其他更为宏观的人文医学议题与有效得体的言语交际之间的联系,从而设置包括对上述医学议题的问题意识、根源分析、影响评价、问题解决方案等思辨性技能的训练任务,对以外语专业出身的教师医学专业知识及思辨能力的储备要求较高。

(2)由于学生缺乏职场沟通经历或跨文化交际实践,在环节四的身份移情中需要借助国内外相关新闻案例作为分析评价的辅助材料。利用恰当的言语交际策略解决真实世界问题的经验不足,背后暴露的是因课程思政教育的匮乏而对国内外时事的钝感。

环节四承接环节三的交际失语实例展开更宏观层面的反思,虽然教师在环节三的末端通过一系列反思性问题建立起与环节四身份移情任务的过渡,但对于尚未正式成为未来医务工作者的学生来说,由于缺乏岗位沟通经验,或缺乏跨文化交际实践,虽然教师有所提示可分别站在医患两者的身份展开思考,并通过借鉴环节三的研讨主题词或给出新的主题词来从身份移情和跨文化交际两个层面展开言语交际失语归因分析和影响评价的小组合作讨论。虽然学生已获得讨论框架和具体分论点的主题词提示,但由于大部分学生的职业经验有限,在课堂实践中教师需要时常深入各个小组给出更具体的案例提示或资源搜寻思路,辅助学生获得交际失语归因的相关论据再组织讨论表达。这一课堂实践中遇到的实际困难再次提醒作为教育工作者的我们,任何一门包括语言教育在内的人文学科理论都要落入学生毕业后直面的真实世界的场景中去传授，以认知理论抛砖引玉，通过融合国内外时事案例为核心内容的课程思政环节，让学生在时事案例中预先体验社会大环境下职场中需要解决的实际问题及相应策略，才能真正通过赋能式教学实现传道授业解惑的统一，实现育人目的。

5. 教学评价

5.1 课程设计优势

(1)在教学环节设计上与孙有中"CREED"跨文化思辨教学模型高度吻合，在任务形式及完成策略上参照文秋芳"思辨能力层级模型"安排难度层次，与学生现有的认知及思辨水平相吻合。

北京外国语大学孙有中教授曾于2016年提出跨文化思辨教学的"Critique(思辨)、Reflect(反省)、Explore(探究)、Empathize(移情)、Doing(体验)"CREED原则，该课程设计的各个环节有机囊括了上述5个教学理念，如图4-6所示。

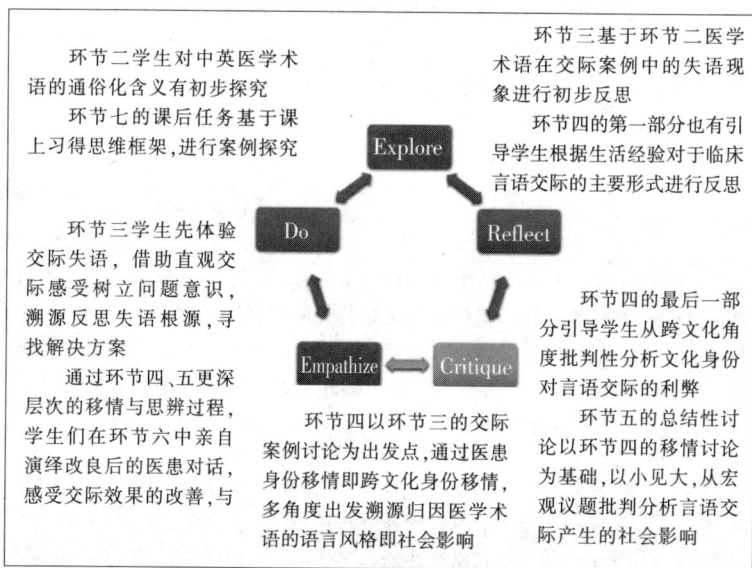

环节二学生对中英医学术语的通俗化含义有初步探究

环节七的课后任务基于课上习得思维框架，进行案例探究

环节三学生先体验交际失语，借助直观交际感受树立问题意识，溯源反思失语根源，寻找解决方案

通过环节四、五更深层次的移情与思辨过程，学生们在环节六中亲自演绎改良后的医患对话，感受交际效果的改善，与

环节三基于环节二医学术语在交际案例中的失语现象进行初步反思

环节四的第一部分也有引导学生根据生活经验对于临床言语交际的主要形式进行反思

Explore
Do
Reflect
Empathize
Critique

环节四的最后一部分引导学生从跨文化角度批判性分析文化身份对言语交际的利弊

环节五的总结性讨论以环节四的移情讨论为基础，以小见大，从宏观议题批判分析言语交际产生的社会影响

环节四以环节三的交际案例讨论为出发点，通过医患身份移情即跨文化身份移情，多角度出发溯源归因医学术语的语言风格即社会影响

图4-6

　　为赋能上述核心设计理念在教学实践中的有效执行,在从平日教学实践中初步了解学生已有思辨能力的基础上,课程设计者特别借鉴了文秋芳教授的思辨能力层级模型,循序渐进地训练学生多项思辨技能,如交际问题意识、归因分析与阐述、评价言语交际预设、归因失语并提供论据、得出结论等。学生通过移情式思辨任务,加深了对临床言语交际的理解,也通过中外文献信息、时事案例的搜寻,整理和进一步分析,拓展了看问题的视角广度,并借助教师给予的逻辑框架,有条理地针对社会议题,从多个角度发表了更具深刻性的个人观点,从而培养了他们看问题时更加开放包容的心态,以及对自己未来职业身份的自信的人格特质。思辨能力层级模型的多项标准均有所涵盖,如表4-2所示。

表4-2　思辨能力层级模型

元思辨能力(自我调控能力)——第一层次		
思辨能力——第二层次		
认　　知		人格特质
技　　能	标　　准	好奇(好疑、好问、好学) 开放(容忍、尊重不同意见、乐于修正自己的不当观点) 自信(相信自己的判断能力、敢于挑战权威) 正直(追求真理、主张正义) 坚毅(有决心、毅力、不轻易放弃)
分析(归类、识别、比较、澄清、区分、阐释等) 推理(质疑、假设、推论、阐述、论证等) 评价(评判预设、假定、论点、论据、结论等)	清晰性(清晰、精确) 相关性(切题、详略得当、主次分明) 逻辑性(条理清楚、说理有根有据) 深刻性(有广度与深度) 灵活性(快速变化角度、娴熟自如地交替使用不同思辨技能)	

(2)以学生为中心的工作坊式设计中，教师通过文献信息、功能性句型信息等静态化知识辅助，以及搜索技能、关键词和时事案例的示范，以及话题、逻辑框架呈现等动态化的元认知策略辅助，帮助学生提升思辨的深度，拓展言语交际理论+医学专业知识的广度，共同通过输出性任务实现意义协同。

由于工作坊主题的跨学科性、思辨性、实用性与前瞻性，每个教学环节教师不仅从技能方面搭建脚手架，及时参与小组讨论指导并提供反馈，还建立起了临床言语交际、相关社会身份、文化身份及其带来的社会影响几个大议题之间的有机联结，从而让学生意识到有效且得体言语交际的重要性。本设计还借助国内外新闻媒体，情景剧片段以及短视频等多样化的真实场景案例，以及贴近当下时政热点（如新冠防疫时期的医患沟通新闻）的具体案例，降低学生理解这些抽象议题的难度。这也就证明了教师根据教学设计，已经查阅并选择了大量的文献、媒体信息，同时回溯学生现有教材，借鉴其他相关医学英语教材中的优秀语料库，选择并重新改编典型的交际案例，设计符合教学目标的思辨性输出任务，并根据任务议题在恰当的时候通过句型、分论点关键词及表达逻辑框架辅助反思性问题讨论，从而循序渐进地引导学生建立起临床用语与医患关系及医疗事业发展等社会议题之间的桥梁，有助于学生批判性输出更有深度及广度的观点。

基于上述教学目标，教师必须尽可能地为学生提供更多的辅助信息，同时还需要用恰当的课堂语言艺术，避免自己在形式上呈现出过度掌控课堂的错觉，扮演好协助者的角色，教师话语对课堂进度的掌控是隐性的，从而实现显性视角上以学生为主导的自由讨论，充分彰显工作坊式课堂氛围在开放性、探索性及学生高度自主的课堂氛围方面的绝对优势，缓解学生焦虑，提升课堂参与自信。这种探索过程不仅通过在同一个议题上不同技能面向的任务设计提升了思辨的深度（如环节 3 案例对话社会影响的初步分析至环节 4 以不同身份和文化图谱为基础的归因分析的思维层次递进），还随着议题讨论范围的扩大，借助更多的国内外时事案例，在对比中拓展了学生的国际视野，同时树立了家国情怀。在无形中建立的课程思政教学氛围中，用更加整体全面、包容客观的思维模式，提升分析职业问题的广度，最终借助教师搭建的脚手架输出至课堂，与其他同学共享新知，最大程度提升了课堂效率，实现意义协同。

5.2 教学改革

（1）对于具备一定挑战的思辨性、输出性任务设计，在时间允许的情况下，通过更细化的角色分工，使学生有章可循，强化合作学习的效率。

在环节五的总结性讨论议题中，教师以合作学习的模式将每个小组分为了 Organizer、Contributor、Coordinator 和 Presenter 4 种角色，而经课堂实践证明，要完成针对社会议题更加全面讨论需要具备的合作学习策略，仅靠上述 4 种角色分工还远远不够。今后将减少组别数，扩容组内人数为至少 6 人，并将组内分工扩展为 Resource Organizer(已完成任务资源整理)、Contributor(资源贡献)、Outliner(表达及逻辑框架确定)、Coordinators(笔记整理及对组内其他任意角色任务的辅助，至少 2 人，主要负责组织讨论)、Proofreader(语言校对及已有观点评价)、Presenter(汇报人)。这样的分工可以更有效地厘清表达思路，保证语言质量，合作学习的流程也会更加明确，继而促成更有质量的观点产出。在后续的课程任务设计改革中，教师还将视情况随机更换组内成员的任务角色，实现语言技能，思辨技能，跨文化技能的综合提升。

（2）以课程思政为理念基石的全人教育，更要着眼于真实世界场景中的现实问题，而不是强行升华。

虽然课程思政育人的最终目标是借助对知识和技能的传授,实现学生精神境界、社会认同、文化自信及国家自豪感等情感目标的提升,但这并非代表融合课程思政的育人教学设计仅仅局限于完成常规性的学科教学设计环节后,教师生硬地以与教学主题相关的时事政策或精神口号凭空上价值就能实现育人目的。使学生真正由内而外产生共情、达成认同的育人教育过程,需要教师跳出将知识技能传授与情感目标传授的对立割裂思维,借助现实社会中尤其与学生专业相关行业的真实场景中具有代入感的案例有机结合,作为某项课堂任务的社会背景呈现出来。以本设计为例,设计者正是通过一系列进阶性的言语交际任务,向医科生呈现了恰当的临床言语交际策略可以促进医疗行业的健康发展、医学知识的正确科普、个人职业身份的认同乃至因国家新冠防疫沟通机制而递增的国家认同这一社会真相。学生们扫清自身职业发展道路上的某些困惑,才会主动树立学习理论知识,接受课程思政育人的动机,教师才能将全人教育借助课程思政解决现实问题的精髓落到实处。实践是检验真理的唯一标准,也是全人教育的真正基石。

因此,根据此次设计中呈现出的学生对医学发展时事了解偏弱的问题,教师在今后的教学改革中会将《社会医学英语》每一单元的医学主题,通过恰当的导入任务,与该医学研究领域的最新发展相结合,力求学生的语言学习不脱离社会实际,有更全面的视野积淀,从而让育人的过程更加扎实,有理有据。

第二节　跨文化非言语交际课程教学设计与实践：D.I.V.E.教学法

　　非言语交际(Non-verbal Communication)是日常跨文化交际较为普遍的几种表现形式之一,无论是国家与国家间除言语交际(Verbal-Communication)形式外的任何交流,如外交礼仪、仪式活动,还是普通人日常生活场景中,在工作、社交等场合与国际友人间的身体语言、目光交汇,抑或是公共演讲中除言语之外的演讲节奏、声音的抑扬顿挫等,对于来自不同国家的交际参与人均有不同的解读。如何让来华置业、从商、短期交流及旅行的国际友人能理解并融入极具中国文化特色的日常交际中的"心领神会",国人拜访他国领土后,如何在短期内了解、理解乃至在举手投足间入乡随俗,发扬中国人长久以来在社交场合中和而不同、兼容并蓄的优良品质,掌握一定程度的跨文化非言语交际技能至关重要。

　　本单元授课对象为某医学院非英语专业本科二年级学生,班级共 36 人,均已通过大学英语四级,具备相应等级的听说读写译能力及国际视野。本课程性质为修满两个学期的大学英语必修课之后开设的人文素养选修课,教学素材选自外语教育研究出版社出版,胡超著《跨文化交际实用教程(2013 版)》第五单元,主题为"非言语交际"(Non-verbal Communication),拟通过 12 个课时共 3 周时间完成。

　　本节课为本章节中 Time Language/Space Language/Body Language/Para Language 四大非言语交际表现形式中的身体语言(Body Language)部分,是非言语交际最广为人知、使用最频繁的交际形式。因其涵盖内容较繁杂,故此知识点安排 4 个学时共 180 分钟完成,为非言语交际整章节的主要篇幅。教学全过程的依据是在美国 AFS Institute 于 2016 年在 Daniel Velasco 提出的 D.I.E. 模型❶基础上改编的 D.I.V.E. 模型(Description，Interpretation，Verification，Evaluation)，分为四大环节。

1. 教学目标

教学目标如表 4-3 所示。

表 4-3　教学目标

知识目标	(1)认知,熟悉并掌握非言语交际中身体语言的主要表现形式 (2)掌握描述人体动作特征的部分常见交际句型 (3)了解并比较非言语交际中身体语言的文化差异,理解、归因并反思该项差异在跨文化交际中产生的影响
能力目标	(1)语言表达能力: ①运用笔记技巧记录图片呈现的身体语言信息,并转化为口语描述、在此基础上阐释信息的能力 ②运用"比较"句型,就图片中身体语言差异进行信息交换、阐述文化差异的能力 ③运用"评价"句型,就之前在"描述"和"比较"环节中对基于不同文化产生的身体语言的偏见进行自我评估的能力 (2)信息素养及思辨能力: ①对于陌生的异国文化信息内涵的溯源能力 ②区分客观事实和主观阐释的信息区分及相关言语表达能力 ③培养评估、反思、质疑和重构刻板印象的批判性思维能力 ④通过小组讨论及跨组讨论,利用所学的非言语交际文化差异,在讨论过程中发现、了解、评价、反思并理解偏见的能力

❶Velasco D. A New Way to D.I.E.: Intercultural Communication Strategies [C]. Asian Conference on Psychology & the Behavioral Sciences 2015 Official Conference Proceedings,2015.

能力目标	(3)跨文化交际能力： ①运用习得的身体动作特征交际句型，以及对非言语交际文化差异的认识，在模拟的跨文化交际案例中体验得体且有效的非言语交际 ②以非言语交际现象作为出发点，通过学生对既有文化现象差异的认知、非言语交际文化现象的偏见程度和文化差异的包容度的自我评价及小组、跨组讨论，以及学生对这种差异在跨文化交际中产生影响的归因与反思，通过呈现问题、溯源反观、评价反思和参与体验培养学生的批判性思维、文化相对论意识及跨文化思辨能力
育人目标	(1)引导学生充分认识到非言语交际文化差异的普遍性、多样性和动态性，真正意识到偏见无处不在且难以消除的本质，鼓励学生理解、包容偏见的存在 (2)鼓励学生利用所掌握的非言语交际中身体语言的文化差异，在今后的国际医疗场景中对来自目的语文化的病人采取其相应的身体语言沟通方式，充分展现中国医务工作人员的国际视野，提升公众形象 (3)培养学生树立文化传播意识，通过对非言语交际中身体语言的文化差异知识的深入认知，在国际交流中发扬文化自信，用所学到的交际句型有效且得体地向国际友人呈现、比较、阐释并示范中国文化中典型且独具特色的非言语交际现象，发扬优秀的身体语言中华文化，让国际友人能"入乡随俗"，构建良好的非言语跨文化交际生态

2. 教学内容和步骤

2.1 描述(Describe)(20 分钟)

教学目标：知识：基于本族文化对目的文化的非言语交际现象进行认知性描述。

教学内容：教师给出图片(新西兰毛利人行碰鼻礼，学生分组描述并记录其从图片上看到的客观事实。

教学材料：①文化争议图片；②记录人用 Worksheet。

核心理念:探究/表达现有文化认知。

教学方法:①案例分析法;②合作学习法;③情景教学法。

任务设计:

Work in groups of 3, describe what you see from the image/critical incident/video/object. Brainstorm with your partner for 2 minutes. Take down your ideas and share them in class.

(1)What is shown in this picture?

(2)What is happening in the experience/situation? (学生作答示例,保留语法错误,下同):From the picture, I can see the lady is touching another man's nose...)

任务形式:教师提供语言表达模板并下场指导讨论,发放记录人用 Worksheet,学生分 6 人一组,共 6 组。小组分工决定贡献人、记录人与发言人。往后所有讨论任务均按角色分工进行。

教师引导学生在此环节只关注图片所见到的客观事实,不加入主观诠释。随机抽选 3 位小组代表发言。

2.2 阐释(Interpret)(20 分钟)

教学目标:知识:对给定的文化现象基于本族文化认知进行评价。

教学内容: 学生根据图片解释刚才所描述的现象,并思考成因。

教学材料:①文化争议图片;②记录人用 Worksheet。

核心理念:探究与思辨/表达并阐释现有文化认知。

教学方法:①案例分析法;②合作学习法;③情景教学法。

任务设计:

Work in groups of 3. Brainstorm with your partner for 2 minutes about the possible explanations for what is happening (What I think/explain about what I see).

(1)Why are they doing such gesture? What's the probable

occasion?

(2)What do you think is going on in the picture?

(学生作答示例:I think the other guy may come from a local village, but I don't know why they touch each other's nose...)

任务形式:教师提供语言表达模板并下场指导讨论,学生按照分组继续发表图片现象的起因。要求每组至少写出 3 种出现图片现象可能的原因。教师提示可以进行对所在场合,人物身份,交流内容的猜测。小组依旧分为贡献人、记录人及发言人 3 个角色,随机抽 3 位代表发言

2.3 验证(Verify),5分钟(第一节课结束)

教学目标:态度/意识:通过新闻来源验证文化真相,学生表达自己对目的文化的包容度与共情度。

教学内容:教师通过播放相关新闻视频展示目的文化的非言语交际真正含义(新西兰毛利族的碰鼻礼是接待非本族来宾一项重大欢迎活动),学生检查汇报之前猜测的准确度,并询问学生对该礼节的接受度,摸清学生共情程度。

教学材料:①文化争议图片;②文化真相视频;③自我评价里克特量表。

核心理念:共情与反省/解构现有文化认知。

教学方法:①多媒体教学法;②问卷调查法。

任务设计:

Now watch the video revealing the true story of this picture and finish the following task in each group. Retell the truth and⋯

(1)Check and report whether your descriptions and interpretations above are accurate and appropriate.

(2)Give yourself a score from 1–5 based on the degree of acceptance of such rituals. 5 as most acceptable.

任务形式:教师在展示视频新闻来源,学生通过"5W1H"迅

速凝练新西兰碰鼻礼的文化内涵,教师随机抽查 1 位学生公开复述,之后各小组的记录人汇报自己刚才的所有描述和诠释是否准确,并以 1(最不接受)~5(最接受)❶表达本小组对目的文化礼节的包容度。

2.4 评价(Evaluate)(40 分钟)

教学目标:态度/意识:比较中外欢迎礼节的异同,反思之前做出的判断,了解自身存在的文化偏见。

教学内容:学生用手机查找资料,比较中国和新西兰在欢迎礼节上的差异, 回顾之前在描述及阐释部分的所有发言,从肯定(Positive)/否定(Negative);客观(Objective)/ 主观 (Subjective)两个态度维度评价。

教学材料:①文化争议图片;②记录人用 Worksheet;③相关网站列表。

核心理念:对比探究、反省/解构现有文化认知。

教学方法:①多媒体教学法;②文献分析法;③合作学习法;④情景教学法。

任务设计:

Step 1. Work in groups and check out the differences of sign language in a state visit welcoming ceremony between China and New Zealand. List all the actions you found.

Step 2. Review the interpretations in your group for 3–5 minutes, along with the scores given. Decide whether each interpretation is good (positive) or bad (negative), objective or subjective. Share your ideas in class.

(学生作答示例:I think my understanding is a little rude because I ignored the background of this picture...)

---

❶为便于展示结果及后续教研存档统计,实际操作过程中此处采用了二维码扫描填里克特量表的形式。

任务形式:第一个活动:分组。教师给出中新欢迎礼节比较的资料查找推荐网站,并提示学生从 sign language 的角度寻找并比较差异。

第二个活动:结合学生之前的自我评分,教师给出语言表达模板以及表示积极消极,主观客观的评价形容词列表(如 rude, appropriate, biased 等),并给出句型示范,小组讨论 3~5 分钟后,教师随机选取 3 组代表公开分享评价。

2.5 总结性讨论(Summative Discussion)(50 分钟)

教学目标:态度/意识:根据之前的阐释与评价总结反思,了解非言语交际的不同形式以及隐藏的深层文化差异,切身体查到自身文化偏见的成因,学会谨慎判断非言语交际的文化差异,培养思辨能力及文化相对论意识。最后引入课程思政升华。

教学内容:活动总结:学生反思 D.I.V.E. 的全过程中自己的表现,通过教师给出的问题进行反省与思辨讨论任务。

教学材料:①文化争议图片;②记录人用 Worksheet;③课程思政时事材料。

核心理念:反省与思辨、重构新的文化认知、课程思政育人。

教学方法:①合作学习法;②交际法;③情景教学法。

任务设计:

(1)What sign languages besides words have you used to make your interpretations? (Knowledge)

(2)How can we know which interpretation is true? (Skills)

(3)Culturally speaking, based on your interpretations, why do we often find some actions normal/abnormal? Why does our evaluation on others tend to be negative? (Attitude)

(4)Can you think of a time in the past when you misunderstand a person's close distance to you? What caused such misunderstandings? Do you think non-verbal communication is more efficient in conveying information than verbal communication? (Intercultural Competence: Relating, Interpreting. Evaluating)

(5)If you were in the scene, do you think you could perform naturally as the English female official did? Why do you think she can "do what Romans do"? (Holistic Education)

任务形式:学生跨组,按照对应角色(如第 1 组与第 2 组的记录人)一对一针对 4 个问题自由讨论 10 分钟,并互相交流心得。之后教师随机抽取 4 名同学分别分享对每一道问题的看法。对于第 4 题,教师给出描述的五大要素（Sensory details, actions and responses, emotions, dialogues, conflicts）为学生的描述搭建新的脚手架。

2.6 跨文化情景体验(Intercultural Encounters)(45 分钟)

教学目标:技能:将上述环节习得的非言语交际文化差异表现、应注意的文化偏见及所树立的文化相对论意识运用于情景讨论与体验中,培养得体、有效的非言语交际能力。

教学内容:跨文化情景体验任务:医学情景下的非言语交际案例分析——阿拉伯医生(亲密身势距离)与日本人(疏远身势距离)的人际距离差异。

教学材料:PBL Worksheet。

核心理念:思辨与体验、重构新的文化认知。

教学方法:①医学 PBL 案例教学法(Problem-Based Learning);②文献分析法;③情景教学法;④合作学习法;⑤交际法。

任务设计:(课件无展示,教师为学生发放 PBL Worksheet)。

任务形式:学生阅读一段医学情景下的非言语交际失败案例,以小组为单位利用所学知识,讨论根本原因及解决方案,在此基础上模拟新的对话,利用所学知识让该非言语交际更得体、有效,达到跨文化交际目的。

3. 教学重难点

3.1 教学重点

(1)知识。借助图片传递的肢体语言信息,以一位英国游客在新西兰毛利族村庄进行的碰鼻礼问候作为非言语交际事件导入,引入肢体语言差异这一知识点。学生通过对新西兰毛利族碰鼻礼这一社交礼仪的猜测性描述与阐释,以及验证后的评价与偏见反思,在教师搭建的句型脚手架下,发现并描述附带特定交际功能的肢体语言差异。

(2)听说技能。听力技能主要在验证环节体现。教师播放一段新西兰毛利族重大欢迎场合碰鼻礼的科普短视频,学生在教师搭建的脚手架下快速总结义化信息要点,并复述凝练。交际技能主要在评价反思环节体现。学生需要在老师给定的语言框架下完成之前环节对文化的偏见性解读,以小组评论的形式评价与反思。主要训练观点表达、溯源、解构及重构的交际功能。采用的主要教学方法包括分组、跨组讨论法和情景教学法。

(3)实践技能。结合上述教学环节中学生所掌握的关于毛利人正式场合行碰鼻礼表示欢迎这一文化常识的习得过程,以及学生以阐释文本为参照,以评价量表为辅助的评价反思过程为前提,以PBL教学法和讨论法为主要教学方法,进行医学情景下医患肢体语言交际案例分析练习,巩固所学知识点,最后鼓励学生利用所学肢体语言文化差异知识,在对情景体验材料中的某些观点进行批判分析的基础上,重构PBL中的案例,身体力行,根据案例主人公的文化背景,体验并实践得体且有效的肢体语言交际,培养文化相对论意识。

3.2 教学难点及解决办法

(1)根据本小节教学内容及任务形式需求,学生们大部分时间都在查找,内化,学习并输出知识和观点。因此为简化任务难度,帮助学生厘清表达思路,减轻表达负担,任课教师已在课件上多次根据题目要求呈现出功能词汇和句型,抑或提供网站链接,帮助学生搜集资料,组织观点。此外,在分组讨论中,为加强团队协作效率,教师已根据事先对学生能力的预期评估,将不同语言水平、思辨能力及文化视野的成员合理分组,加强互助意识,提升课堂效率。

(2)囿于不同学生各异的文化知识图谱及思辨能力,会有部分学生难以区分"描述"(描述肉眼可见且无争议的实景)环节和"阐释"(对客观现象存在原因的主观性理解)环节的区别,即客体与主体的差异。信息归类素养的缺失是人们容易被误导,对不熟悉的事物产生偏见的原因之一。因此教师要随时在前期的小组讨论的环节,通过举例及提供句型结构等方式,形象说明两者在内容上的本质区别。

(3)评价、反思和总结环节非常考验学生对偏见的包容度、开放性、同理心和综合的批判思维能力。因为很多学生会因此揣测此次课的授课目标是消除非言语交际中肢体语言交际的偏见,而忽略偏见无法消除,需要理解与包容的本质。因为文化差异本身具有动态性,随不同时代呈现出不同的形态,是不可能彻底被消除的,因此真正需要的是学会换位思考、求同存异。既要理解新西兰毛利族人民碰鼻礼问候的来龙去脉,也要理解部分学生在总结性讨论环节中,作为中国人,在隆重场合避免长时间过于亲密的肢体接触心态的合理性;既要入乡随俗,也要保留好文化根基。最终应该在本国文化与异国文化的冲击中逐步形成实现特定情境下非言语交际目标的制衡点。这一思想需要教师在评价、反思及总结性讨论环节中深入小组内部引导,并且在PBL案例分析中,以引注形式再次提醒学生。

3.3 本设计与全人教育教学导向的融合

在本次课程的前期设计及准备阶段,任课教师就尝试融合语言教学、跨文化交际教学、思辨能力教学融合至全人教育的场景中。以西方国家之间的非言语交际作为对比参照,在对具备社交礼仪性质的非言语交际行为经过 D.I.V.E.四个环节的认知、阐释、评价与反思中,教师在总结环节的讨论问题设计中带入了学生们的中国人身份,并引导学生基于中国作为礼仪之邦的历史优良传统,力求在新时代的交际场景下见微知著,采用循序渐进的方式,观察不同国家如何在肢体语言上跨越文化冲击,践行文化适应,入乡随俗的过程。之后,再由微观返回宏观,在评价环节鼓励学生深入挖掘中国人尊重他国文化背后的历史、思想、社会及国际政治层面的原因,并让学生以自身角色代入图片情景,从对比中反思自身在面对陌生文化现象时在知识储备、态度、思维方式和交际技能方面的应对能力差异。此外,在最后的医学英语 PBL 案例分析中,学生在医学情景的跨文化交际应对中实现了对现有文化知识框架的结构与重塑,实现了所学即所用,同时也实现了本单元所学课时的跨学科情景应用,为"新医科"教育改革大背景下"医学+人文"跨学科趋势的教学模式改革提供了新的学科视角。本课程设计着重于对陌生文化的冲击与适应态度的培养,并借从非言语跨文化交际中的肢体语言分支,以恰当的情景任务鼓励学生在交际体验中培养文化相对论意识,从而逐步形成批判性思维,在交际实践中包容偏见。其跨学科性、思辨侧重性及强实践性,与 Ron Miller 早在 1990 年就提出的全人教育(Hollistic Education)重道德、情感教育的核心理念不谋而合,同时融合大篇幅的思政元素,学生较容易代入自身的文化身份。

现将具体的融合方式以教学环节为分隔阐述如下:

(1)个人层面:提示学生非言语交际不仅是一个身体行为学和空间学的概念,它在特定场合具备文化含义,且会因为基于个体身份认同产生的文化范式,产生文化差异。

Step 1：教师构建鼓励性的课堂环境，不做任何价值观引导，采用课堂交互平台做头脑风暴导入，从浅显易懂但开放性强的问题出发（"What can you see from the picture？"，"What are they doing？" and "Why are they doing so？"），采用循序渐进的方式，从头脑风暴过渡到小组讨论、小组代表汇报，最后进行情境反思及情境体验。在学生产出过程中，教师不断搭建搭语言，思辨逻辑及文化要素的脚手架，促进学生二次产出。学生逐渐探索发现跨文化交际中社交礼仪的肢体语言部分有其独特的文化差异。

Step 2：通过总结学生在"描述（Description）"与 "阐释（Interpretation）"中回答语句的反馈，引导学生自主发现自身在对非言语交际行为观察中因为文化差异产生的理解偏差，进一步理解描述静态的客观文化现象（Description）和对文化现象加入主观阐释（Interpretation）的区别：所陈述语句是否具备争议性（debatable），以及这种争议产生的深层次原因：成长于不同文化环境中产生的认知和生活经验差异。此时，教师呈现如下理论及案例：

描述的内容通常为全人类文化生活经验共享的，肉眼可见的客观现象，无争议性。如图4-7中两位人士的肤色不同；他们的鼻子碰到了一起……

Step 1: Description 5' (Deconstructing)

Work in groups of 3, describe what you see from the image/critical incident/video/object. Brainstorm with your partner for 2 minutes. Take down your ideas and share your in class.

- What is happening in the experience/situation?

- What did you see (as observable facts of sign language)?

(From the picture, I can see the lady is touching another man's nose...)

Goal: Observe behavior of people involved and the material environment in which their behavior takes place objectively.

图4-7

阐释通常为基于特定文化群体内部独有的,基于内部生活经验而对某种现象的独特理解,其随着文化身份认同的差异而各异。如部分中国人会认为在图4-8中呈现的是正式的跨文化场合(是否正式对异国文化群体来说有争议),碰鼻的行为对于陌生人来说,过于亲密(是否是陌生人具有争议;是否亲密亦有争议)。

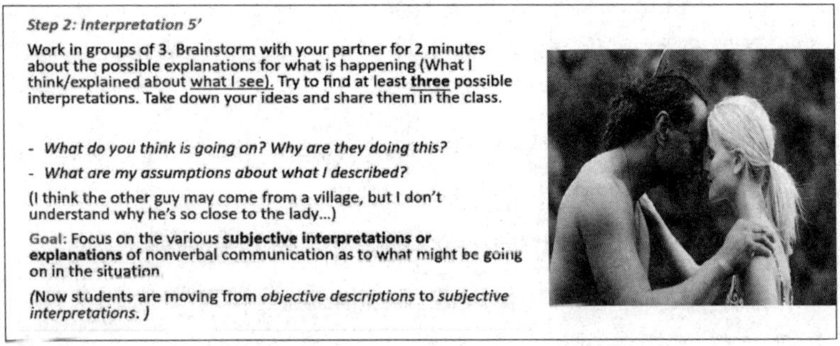

图4-8

Step 3:验证(Verification)。作为学生评价前序观点,引导后续反思的重要过渡阶段,教师力求通过呈现该图片中反映的文化争议现象相对较权威的新闻媒体及学术专著来源,向学生提供真相信息源,从而引导学生以小组形式对前两个环节中的个人观点可能存在的偏见进行初步反思。同时,教师以文化冰山的图示,提供若干显性文化和隐性文化要素关键词,启发学生思考学生在之前讨论中产生偏见的根源,如对新西兰传统习俗的认知缺失,用东方文化中的社交距离去衡量西方文化等。小组讨论汇总后,由一位代表汇报。

Step 4:评价(Evaluation)。小组代表根据之前组员发言的回顾,以及教师提供的文化要素关键词,对本组成员发言中存在的文化偏见进行回溯。

此时,教师根据汇报提供及时反馈,引导学生反思两个问题:①Do you think cultural stereotypes can be permanently diminished? Why? (根据刚才的讨论表现,你认为文化偏见是否能彻底消除?为什么?)② If you encountered someone whose physical contacts make you feel uncomfortable abroad, how would you cope with the situation? (如果在国外别人的肢体接触让你觉得不舒服,你将如何应对?)从而启发学生跳出国与国的地域文化差异思维,利用之前习得的非言语交际文化差异代入自身情境,初步体验文化冲击及应对。

学生在此环节的回应将被教师收集,根据评价内容凸显的价值取向做成 Positive/Negative, Objective/Subjective 的表格并打勾,最后根据表格中凸显出的价值取向矩阵(Value Matrix),归类班级内所有学生的评价内容,作为下一课时关于非言语交际表现形式,以及其文化差异引出的文化动态性讨论的导入材料。跨文化交际现象为学生拓展国际视野,积累国际沟通规则的静态文化知识提供思辨的广度。对文化偏见的深度讨论及思辨,以及对自身文化观点的评价过程,将为学生提供跨文化交际的深度。

(2)国家层面:通过让学生对西方世界不同国家之间的非言语交际这一文化体验,映照并引导学生对比自身的中国人身份,并将其移情至异国文化场景中,预测中国人是否可以产生出更好的统筹兼顾措施,从中引导学生反思中华民族作为礼仪之邦,既能做到入乡随俗而海纳百川,又可以保留并传播自身文化根基的精神品质。

Step 5:总结性讨论(Summative Discussion)。此环节为本课时的思政育人环节。教师首先通过几个小组讨论问题引导学生对本章"非言语交际"的概念,案例及 D.I.V.E.过程进行深度复盘,最后让学生移情自己作为中国人身处的跨文化场景,借助

"If you were in the scene, do you think you could perform naturally as she did?" 鼓励学生对自己在肢体语言上遭遇文化冲击时的适应能力进行自我分析、评价(教师提前搭建好具备思辨性特点的句型的脚手架),引导学生重新认知中国作为礼仪之邦,在外事礼仪中不失礼节、入乡随俗的精神品质(图4-9)。

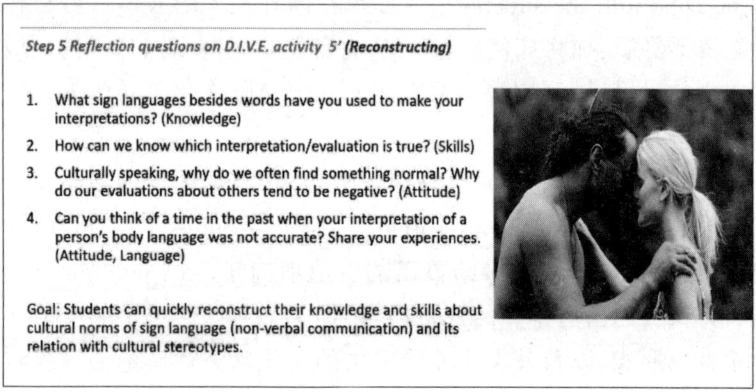

图4-9

(3)国际层面:引导学生见微知著,通过医学场景中的非言语交际的 PBL 跨文化案例设计,引导学生带入中国医生的文化身份,对国际视野、国际规则和沟通技能引起重视,以非言语交际这一特殊视角,向学生呈现出"人类命运共同体"的联结性和世界各国文化系统的特殊性的对立统一关系,培养学生在跨文化交际中的思辨能力。

Step 6:引用十九大报告中关于高等外语教育培养"具有全球视野、熟练运用外语、通晓国际规则、精通国际谈判"四大能力的讲话点题,鼓励学生意识到"通晓国际规则"不仅要靠"熟练运用外语",还需要"具有全球视野","精通国际谈判"的非言语交际技能,并针对学生在各个环节中的发言内容在以上四大要素方面的体现进行复盘,寻找匹配相关交际句型。最后启发学生理解在建立海南博鳌国际化医疗先行试验区及"新医科+人文"等创新性医学教育政策的大背景下,通过课程的学习,思考培养具备以上四大能力的复合型国际医学人才,具备跨文化交际能力,对海南自贸港建设,"一带一路"热带医学学术研究往来及医疗技术、资源的国际互通的战略意义。

　　Step 7:课后任务:跨文化情境应对(Post-reading Material: Intercultural Encounters)。针对本节课关于中西方非言语交际形式、场合及诠释的差异,学生课后阅读一篇关于阿拉伯医生在日本山区义诊时因为文化差异而在沟通及肢体接触方面产生的冲突案例,结合本节课所学知识完成情境应对任务,转换文化身份,体验并探索得体、有效的非言语交际方式。同时通过问题讨论,进一步培养文化相对论意识,让学生意识到文化的多样性决定了在跨文化交际中既要树立国际视野,具备入乡随俗的态度和技能,又要有心怀家国,在出现沟通失语时得体有效地阐释本国文化特点,暂时搁置偏见,为实现交际目标达成理解的能力(图4-10)。

Step 7. A Medical Case Study 15' (Reconstructing)

Students are given a handout on a medical context of a nonverbal communication failure. They are expected to analyze the cultural norms as roots of the case, offer up a solution and simulate the alternative situation in open pairs.

Teachers may provide further cultural information based on the case (e.g. intracultural differences)

(Handout)

Goal: By simulating the case with the alternative version, students apply the skills of minimizing cultural stereotypes by nonverbal communication immediately.

This activity also serves as a linkage to the next session as introduction to theories.

图 4-10

4. 教学创新点和不足

4.1 创新点

(1)以言语交际技能,巩固非言语交际知识,同时体会两种交际模式信息传递效率的差异。

本章节所隶属的非言语交际主题在学生所使用教材《跨文化交际实用教程》中,体例位于第 4 单元文化思维模式差异专题之后。学生们在小组解读(Interpretation)非言语交际信息时,教师会提示去使用本教材第 4 单元 Cultural Thought Patterns 环节中的中西方思维差异来解释非言语交际中肢体距离的文化差异,并以此作为出发点诠释图片中的外交礼仪行为。同时教师列举教材第 2 单元中 Initiating Conversations 中的一些学生学过的跨文化对话开启句型,鼓励小组讨论中学生使用这些言语交际句型,体验跨文化对话,模拟中西方讨论情境对图片内容进行文化阐释。以复现中西方言语交际的场景搭建讨论脚手架,对非言语交际现象进行讨论,不仅巩固了既往习得文化知识与技能,还实现了不同知识点的有机串联,使学生的习得过程更加系统化,一定程度上也减轻了学生的交际难度焦虑,学生可以在更加舒适且熟悉的言语交际环境中完成对新知识的探索。

此外,在总结性讨论环节中,教师在学生评价他人的非言语交际差异,联想自我的非言语交际失语经历之后,设置了"Do you think non-verbal communication is more efficient in conveying information than verbal communication?"这一讨论题,鼓励学生基于对他人经历和自我经历的对比,联系及反思,对言语交际及非言语交际在跨文化场景中传递目标信息有效性的差异进行批判性评价,为后续对时空语言(Time/Space Language)、肢体/身势语言(Body Language)及泛语言(Para Language)的理论学习及如何有机结合运用言语+非言语交际实现得体、有效的跨文化交际提供理论及情感基础。

(2)运用生成性课堂指导思想,教师根据学生随机产生的非言语交际行为评价的价值取向给予反馈和引导。

在描述、阐释、评价三个教学环节中所搭建的脚手架,教师都基于学生对非言语交际评价的价值取向即兴给予相应的反馈。当学生在阐释环节的小组讨论中使用类似"I feel a little bit uncomfortable the other man need to stay so close to the lady..."这样带有消极性主观推断的评价时,教师会直接根据此评价生成即兴教学环节,追问学生"Why do you think such distance makes you feel uncomfortable？"让学生简短地给出深入性的观点产出。此环节对后续总结性讨论中呈现出的价值倾向在价值矩阵❶(Value Rubrics)中归类,从而提供价值取向的提示性引导,同时也预告了后续学生需习得的空间语言及身势语言的文化表现形式。

生成性课堂❷是语言教学中有效利用课堂上由学生即兴产出的课堂话语资源辅佐教学设计,靠拢教学目标的一种新兴的教学手段。它本身具备的未知探索性和产出多样性使学生在交际型任务中全身心投入课堂,在教师的引导下,积极参与创造性产出性任务,实现知识体系、思维方式,情感态度及交际技能解构及重构,同时提升课堂氛围的趣味性及充实度,对教师的应变能力及表达能力要求较高,非常适合时常需要鼓励学生走出舒适区,探索并体验文化冲击的跨文化交际课堂。

❶Hills, M. D.(2002). Kluckhohn and Strodtbeck's Values Orientation Theory. Online Readings in Psychology and Culture, 4(4).

❷陈瑞丰.对分课堂:生成性课堂教学模式探索 [J].上海教育科研,2016,No.346,3:73—76.

4.2 不足

(1)课堂进度的控制难度较高。

由于本节课为本章节的导入环节,因此本次教学设计中涉及大量的小组讨论及公开分享讨论环节,由于学生语言表达能力、国际视野、生活经验、文化体验、思维方式及学习风格的差异,讨论过程中存在很大的随机性。教师不仅需要依据自己之前对学生的了解在本导入环节中有意识地根据学生水平差异进行有机分组,还需要通过大量的反馈及脚手架引导学生趋向有意义的产出,推进教学进度,在润物细无声中实现对课堂进度的隐性掌控。不仅需要教师保持注意力集中,随时察言观色跟踪监督学生进度,还需要用恰当的言语减缓学生的表达焦虑,难度较大。

(2)部分课堂任务对学生语言及思辨水平的要求较高,需要大量的言语引导。

由于对非言语交际文化差异的讨论需要学生"见微知著",不仅要能描述现象,透过现象在跨文化情境中反思本质,还需要学生在针对视觉形象的讨论结束后迅速抽离出来,根据教师提供的参考信息和搭建的脚手架反思自身表达出的价值取向及其可能带来的跨文化交际失语的后果,同时通过课程思政内容对比并感悟借助该案例衬托出的,中国作为礼仪之邦在跨文化交际中呈现出的,更充沛的国际视野与更具思辨性的价值取向。该堂课对学生的语言及思辨水平要求较高。教师在备课过程中需要为每个教学环节准备较多的言语引导词及表达句型,以推动教学环节的进行,减轻学生的表达焦虑,备课难度较大。

5. 教学评价

5.1 课程设计优势

(1)摆脱传统思政课程设计中的国内文化案例的设计局限,站在人类命运共同体的国际视角看中国,完成育人过程。

　　该设计对思政元素的文化素材挖掘并未来自于国内，而是直接选取西方世界细分后，不同国家之间产生的跨文化情境作为讨论背景，以作为礼仪之邦的中华民族在跨文化交际情境中主动"入乡随俗"的非言语交际行为作为价值观引导点，通过问题导向法、案例分析法、小组讨论法、合作学习法及多媒体资源的合理运用，线上与线下，听说读写技能，输入输出任务多管齐下，引导学生通过多样化的交际任务，逐步趋近教学目标及重难点：认识非言语交际的基本形式及文化差异，并对其产生的原因和应对方法进行反思。同时站在人类命运共同体的角度，通过中国人在跨文化活动中突破自身的文化舒适区进行非言语交际这一真实情境的思辨性讨论，引导学生对中华民族礼仪之邦的文化身份深入性认同，同时通过复现教材第4单元中关于东方人圆融的文化思维模式这一知识点，将非言语交际情境中中国人民特有的海纳百川的格局和国际视野，与人类命运共同体大环境下为中国人民谋福利的外事活动案例结合起来，向学生隐性传递出"看过世界，更爱中国"跨文化传播现实，从而间接树立学生们作为中国人的身份自豪感与家国情怀，实现育人教学目标。

　　(2)以学生为中心的生成式课堂设计中，教师扮演着资源提供者，任务协助者的引导角色，帮助学生通过思辨的深度及跨文化知识的广度，借助输出实现意义协同。

　　该设计中，每个教学环节都始于学生依靠教师搭建的脚手架和反馈而进行的产出，课堂的进行大部分依赖于教师针对学生不同价值取向讨论的启发式反馈或提问，从而自然过渡到下一教学环节，具备生成式课堂的随机性特征，却依旧处于教师话语的隐性掌控之中，在开放性、探索性及学生高度自主的课堂氛围中，借助贯穿始终的时事案例实现课程思政教育的"润物细无声"。跨文化交际的学科特点决定了课堂设计的探索性、思辨性与开放性，因此教师在授课过程中扮演的是协助者的角色,促使学生通过自身努力趋近教学目标的完成。教师即兴引导的思辨性问题能拓展学生非言语交际文化差异讨论的思维深度。而贯穿讨论环节的时事案例,真相"揭秘"中的非言语行为科普,以及最后跨文化情境体验环节中的延伸案例活动,则为学生提供了文化视野的广度。在此基础上,学生将小组内合作学习中的研究发现、思辨成果、文化意识和非言语交际体验以言语交际的形式输出至课堂,为后续的理论学习课时提供经验性基础。教师与学生通力协作,初步实现了意义协同。

5.2 教学改革

(1)全人教育的"润物细无声"不应该只着眼于"细无声",还应真正体现"润"之本质。

在本单元的教学设计中,借助跨文化交际的跨学科及文化对比属性,诸多教学环节教师均借助学生表达出的价值取向,引导其进一步思考背后传递出的中华民族礼尚往来的传统美德,依托入乡随俗的礼节展现的文化自信。这种思政元素的传播不应只是内容及形式上的隐性化,还应体现在教师在价值升华过程中扮演好的"润"之角色:内容输出无攻击性,表达方式温柔得体、有理有据,育人的环节过渡不生硬,不套路化,为学生创造无压迫及不适感的、缓解学习焦虑且让其信服的课程思政教学过程,不仅需要在教学设计上通过语言、文化及内容教学的有机融合在呈现形式上体现出"细无声",还需要在教学实践中用翔实的文化背景知识、过硬的思辨逻辑和得体的言语让学生在习得过程中有切身的"润"之体验。不"润物"的过程,很难达成"细无声"的教学目标,学生树立的文化自信也将浮于表面,无法实现全人教育的育人精髓。

(2)对于输出性及生成性主导的交际类课堂,在教学设计上应注重任务形式及难度的多样化,设置合作学习机制。

由于课程设计者的授课对象为医学本科生而非英语专业,

他们的优势在于拥有者英语专业缺失的跨学科视野和多元思维模式，缺陷在于不知如何将自身的观点用恰当的语言组织、表达并参与跨文化议题的讨论。因此教师在课堂任务形式上应根据学生的学习方式，力求任务形式的多样化及高低难度的语言任务的有机结合。在划分讨论小组时可根据对学生语言能力、思辨能力、国际视野及跨文化意识等多个维度的水平摸底有机组合成能促成多项技能互帮互助的讨论小组，与教师设计的脚手架一起，协同提升课堂任务执行效率。可以用"彩虹学习法"对小组中每个成员针对不同的任务分配不同角色，并不定期根据任务形式及难度变化转换角色，如此加强了课堂任务的挑战性及趣味性，又能有效平衡任务难度对学生课堂专注度的影响，最大程度实现课堂资源的优化配置。

第三节　特定跨文化能力理论课程
教学设计与实践：以跨文化冲突与适应为例

在对非本族文化中的言语交际及非言语交际形式有了初步了解后，拥有不同文化身份的自然人在诸多社交场合中将实践这些交际方式。由于对话者性格特征，思维模式，语言使用、沟通方式及价值取向的多元性，即便事先对目标文化图谱有过理论意义上的背书，在真实世界中的跨文化交际依然存在较多的因隐性文化（Invisible culture）所带来的不确定因素，它们会转变跨文化交际的风向，对话者抑或遭遇交际失语，抑或将经历一定程度的文化冲击乃至冲突。

尤其在医学情境下的跨文化交际中，来自不同文化背景、具有不同社会身份人们之间的医患沟通失败所带来的医患关系冲突，不仅不利于临床诊断过程的顺利推进，从宏观的人文医学层面也反映了公共卫生领域下健康教育通识的普及力度，医务工作者的沟通技巧,对医患关系在认知、态度上的重视程度,乃至医学伦理信息差的弥补程度尚存欠缺。近年来,国内发生的袭医事件层出不穷,其背后所揭露出的社会问题往往来自医务工作者时常忽略的患者的跨文化冲击、冲突和适应机制的差异。

因此,针对新时代的医科生,在其大学英语课程体系中开展提升人文素养的《跨文化交际》选修课,并在教学大纲制定时就设定好以跨文化冲突与适应的主题单元,对于医科生在未来职业场景中,在维护医务工作者的职业权威、培养职业责任感的同时,能用更开放、灵活、包容、移情的心态面对、适应医患沟通,由于文化身份差异可能面临的信息差,采用妥当的交际策略遏制可能出现的文化冲突,从而达成相互理解,促成有效得体的医患沟通,提出的新思路。

这一具备跨学科特征的研究新面向跳出了与静态化的沟通技巧相关的技术性知识传授,而是将对话者的社会背景与跨文化交际失语的原因链接起来,用动态化的视角探讨在真实世界的对话中,在预料之外的文化冲击面前,如何借助跨文化交际中的文化焦虑成因、跨文化适应(Cultural Adaptation)等特殊理论视角下的相关研究模型,用更加得体的方式处理沟通过程中突如其来的意外。在一次又一次的职业沟通实践中,这些未来的医务工作者将逐步培养健康的心态,用更敏捷的思维、更从容的表达及更广阔的格局,练就一颗能让患者共情的医者仁心,最大程度地避免医患冲突的发生,甚至可能造成的严重影响,在思想道德修养上最大限度地符合全人教育的基本要求。

本单元授课对象为某医学院临床专业本科二年级学生,班级共 36 人,均已通过大学英语四级考试,具备相应等级的听说读写译能力及国际视野。本课程性质为修满两个学期的大学英语必修课之后开设的人文素养选修课,理论基础来自外语教育研究出版社出版,胡超著《跨文化交际实用教程》(2013 版)第 1

单元跨文化交际导论，以及第 8 单元培养跨文化人格部分内容，同时任课教师在课件中加入了大量符合中国实际、医学情景实际的本土化内容，以便于学生的身份代入、知识链接与联动，以及最终的育人过程。

本节将从了解文化、交际、跨文化交际三个核心概念出发，从文化差异的归因、批判性反思引出对于跨文化冲击、逆向文化冲击以及面对文化多样性应有的批判性思维，探讨跨文化交际的适应过程，并结合 Janet M. Bennett 所提出的跨文化交际敏感性模型[1]，即否认(Denial)、抵御(Defense)、弱化影响(Minimization)、接纳(Acceptance)、适应(Adaptation)、融合(Integration)作为预期的学生心态演变，指导贯通全篇教学设计。该理念将贯穿全部章节，预计总学时为 16 学时共 640 分钟，2 周时间完成，为《跨文化交际》限选课最后一章。现将具体教学设计按教学环节呈现如下。

1. 教学目标

教学目标如表 4-4 所示。

表 4-4　教学目标

知识目标	(1)认知，熟悉身份、文化的基本概念，以及身份与文化的关系 (2)了解文化特征 3P 模型[2]隐形文化和显性文化的基本概念、区别及案例 (3)通过对文化偏见、文化差异的案例分析探索，了解有效且得体的跨文化交际的内涵 (4)基于对文化冲击、逆向文化冲击情境而产生的跨文化冲突原因分析，通过跨文化能力的六大阶段模型，了解跨文化适应的基本过程

[1]Bennett M. Development model of intercultural sensitivity [J]. Wiley International encyclopedia of intercultural communication,2017.

[2]Bennett M. The Sage Encyclopedia of Intercultural Competence[M]. Routledge,2015.

能力目标	(1)语言表达能力： ①对呈现的不同地域文化相关的案例（文本、图像或视频形式）中的文化现象进行梗概描述的能力 ②运用"Compare and Contrast"结构，从显性和隐性文化两个维度比较并阐释文化差异的能力 ③借助对语言、文化与跨文化交际之间关系的批判性思考，对来自不同文化情境下的特色文化负载词进行阐释或翻译，帮助不同文化背景的对话者理解共情 (2)信息素养及思辨能力： ①针对陌生的文化现象，培养学生以第三方、旁观者视角搜索关键词，查找事实并溯源文化差异的意识及能力 ②通过"文化冰山"❶图示所呈现的显性文化与隐性文化的分隔，借助"冰山一角"这一现象，提醒学生延迟判断，摆脱对直觉和现有知识体系的依赖，利用第三方文献或其他权威信息源溯源归因文化差异及文化冲击的思辨能力 ③引导学生借助对文化差异的探索过程，理解文化多样性的客观存在。借助文化冲击乃至逆向文化冲击的学习案例，引导学生悦纳常态化的文化偏见，并意识到这些偏见会随着时代的发展及大环境的改变衍生出新的形态，从而凸显跨文化适应的重要性 (3)跨文化交际能力： ①根据"文化冰山"图谱，结合自己的生活经历，通过构造自己的"文化冰山"图谱，重构文化身份认同，同时利用显性文化、隐性文化的分隔探寻外显文化现象的本质 ②借助教师呈现的跨文化案例视频，学生借助教师搭建的语言及逻辑脚手架，初步重译因文化差异而引起的跨文化交际失语，体会文化冲击产生的交际张力，并借助跨文化交际的两大要素：有效性与得体性，尝试结合对文化差异的溯源结果，重编有助于交际成功的跨文化对话 ③通过与课堂呈现的正向或逆向文化冲击案例作比较，学生将文化身份代入案例情境中，尝试移情归因文化冲突，并借助跨文化适应自查问卷，初步评估自身适应文化冲击、解决文化冲突的能力，从而指导后续的跨文化交际实践

❶ Hooker. J. The cultural iceberg. Intercultural communication：A reader [M]. 12 版. Boston，MA：Wadsworth Cengage Learning，2009.

续表

育人目标	(1)通过对文化差异、文化冲突应对及文化适应过程的分析与反思,使学生意识到身处世界上文化差异的多样性、时代性、多变性、普遍性及常态性。培养学生面临陌生文化时开放、包容及独立思考的心态。实现国际视野与家国情怀的有机融合 (2)借助中国古代"三思而后行""审时度势"等成语典故背后蕴含的辩证思想,以及马克思哲学理论中"矛盾的普遍性与特殊性有机统一"的思维模式,培养学生从容应对文化冲击的批判性思维 (3)借助本教学环节所习得的身份、文化差异,文化冰山图谱,文化适应模型及对文化冲突成因的思辨性理解,通过对目的语文化在思维、沟通方式及价值观上的探究,鼓励医科生在国际场合中更有效、得体地讲好新常态下的中国抗疫故事,展现文化自信,同时用批判性视角向世界阐释具备中国特色的社会发展道路,用国际友人可理解的交际思路呈现、阐释并比较中国故事与外国故事的异同。意识到在应对文化冲突时,中华民族传统文化中"求同存异""以和为贵""博采众长"等重要思想在跨文化交际中,对实现交际目标,同时维持良好人际关系起到的重要作用

2. 教学内容和步骤

教学环节一:Lead-in 1: Cultural Identities(导入 1:文化身份)(60 分钟)。

教学目标:认知:基于对已习得的言语交际,非言语交际案例导入,从身份差异的角度探讨文化差异的根源,引入跨文化交际的核心概念。

教学内容:教师借用"3 Truths 1 Lie"游戏框架引导学生探索身份特征与文化特征之间的关系,之后借助两个已习得的言语/非言语交际漫画及视频,进一步体会身份差异如何带来文化差异及冲击,从而产生跨文化交际需求,实现跨文化适应的。

教学材料:跨文化漫画图若干。

核心理念:①知识:现有文化身份图谱;②探究:身份差异对跨文化交际的影响。

教学方法:①案例分析法;②多媒体交互学习法。

任务设计:

Slide 1: 3 Truths 1 Lie: Choose the wrong description based on your observation of me.

A. I've been working in Hainan Medical University since 2012. (Professionalism)

B. I'm 25. (Appearance)

C. I used to be in America twice. (Life Experience)

D. I'm from Hainan. (Ethnicity)

Slide 2: Your Turn!

Introduce yourself by "3 Truths and 1 Lie" outline. Arrange all 4 descriptions on board in random (随机) order to let others guess which is the false one of you.

Reflection: Based on what did you make your guess? What makes your judgment correct/incorrect?

Slide 3: Cartoon Discussion 1 (言语、非言语交际案例漫画。学生阐释,归因文化现象,并提出消除误解的方法).

Slide 4: Video response: A Laundry Issue.

(1)What did you see in the video? What's the relationship between them?

(2)Why did the American feel shocked?

(3)If you were the Chinese overseas student, what would you say to clarify her doubts?

任务形式:课程伊始,教师首先通过 3 Truths and 1 Lie 描述框架,借助雨课堂投票,通过学生对教师错误身份特征的猜测过程,呈现出基于学生身份、自身经历产生的相应偏见。之后，学生基于自我认知撰写属于自己的 3 Truth 1 Lie 身份描述，发送至雨课堂投稿区。教师随机投屏 3 位学生的投稿，让全班同学根据日常生活中的相互了解，再次猜测错误的身份描述，并反思该推测过程中产生偏差的根本原因(身份差异)。最后，教师通过呈现基于身份而产生的言语及非言语交际文化特征的漫画及视频案例，利用"What? Why? How?"逻辑脚手架设计相应的案例分析问题，组织小组讨论，引导学生认知并探究身份差异对文化差异及所引起的文化冲突的潜在关系，引入本章主题。

教学环节二：Lead-in 2：Identities，Culture and Intercultural Communication (导入2：身份、文化与跨文化交际)(40 分钟)。

教学目标：认知、探究与反思：了解身份与文化的关系，构念跨文化交际。

教学内容：通过上一环节的讨论结果，得出"Culture is what makes you YOU"的基本概念，并通过医科生对医生职业身份图谱的理解，发现身份是文化根基的主要来源，继而推理身份差异与文化风俗、行为习惯、固有成见、立场及价值观、思维方式、沟通风格之间的差异，将身份差异与文化差异的 3P 模型 (Products，Perspectives，Practices) 联系起来，构念跨文化交际的必要性。

教学材料：无。

核心理念：①知识：3P 文化图谱模型；②意识：身份、文化与跨文化交际的关系。

教学方法：①头脑风暴法；②案例分析法。

任务设计：

Slide 1：Brainstorm.

Submit any key features which perfectly describe the most critical characteristics of Chinese medical workers. It can be characters, qualities, value and beliefs, ways of thinking, communication style, behaviors, appearances, daily routines, facilities, environment...

Reflection：Why did you choose these tags? Compare your bullets with your partner and explain any similarities or differences you discover.

Slide 2：Reflection.

Discuss in pairs：Why do we become strangers when we are away from home？

A：We have our culture roots. We call them IDENTITIES. （核心问题构念）

Slide 3：Case Analysis—Why is our world complicated? Can we fix these situations?

（呈现因为身份认同而在新闻媒体中出现的偏差案例截图。）

Slide 4：The 3P model and its relations to cultural identity.

关系1（显性）：文化风俗→行为习惯→思维与沟通方式→固有成见→立场与价值观。

关系2（隐性）：身份不同→文化差异→跨文化交际实践→寻求相互理解。

对以上影响因素进行归类：Products→Practices→Perspectives：The 3P intercultural model.

任务形式：结合上一导入环节的案例分析，教师借助2021年上映的《中国医生》视频片段，引导学生通过雨课堂投稿提交的形式，在本环节代入未来的医生这一职业身份，思考作为一名职业医务工作者在外貌、衣着、所处环境、性格品质、职业责任感、伦理道德、日常行为等方面所彰显的身份特征。同时引导学生思考作为中国医生在疫情期间彰显出的独特文化身份。如个人利益服从集体利益的价值观，防患于未然的职业责任感等。教师之后对学生的投稿进行反馈，继而呈现 "Culture is what makes you YOU"的文化概念，揭露身份认同与文化差异之间的紧密联系。教师最后借助 3P 模式，呈现出身份差异对文化风俗、行为习惯、思维与沟通方式、固有成见及立场与价值观的影响，阐释跨文化交际的动机。

教学环节三：Exploration 1：Secrets of Identities（探究 1：身份的秘密）（160 分钟）。

教学目标：移情与思辨：代入自己身份，反思自身及他人性格特质及行为习惯的来源，并给出批判性评价。

教学内容：通过美籍华人给父母用中文打电话过程中汉语掌握程度的视频案例，启发学生思考语言及社会环境对文化身份的改变乃至冲击如何影响跨文化言语交际的效果。之后借助普鲁斯特 35 题问卷，学生互相了解对方的身份特征，并思考这些特征是如何让彼此具备东方文化的性格特质的。之后，学生根据问卷答案的比对，寻找"文化同类"并结对同坐，共同完成教师呈现的另一组跨文化漫画讨论任务，并协同准备课后的身份案例分析作业。

教学材料：①普鲁斯特问卷 Worksheet；②Personal Identities 课后案例分析 Worksheet。

核心理念：意识：体会身份差异对文化及跨文化交际效果的影响力。

教学方法：①案例分析法；②交际法；③合作学习法。

任务设计：

Slide 1：Video 1：ABCs call their parents in Chinese for the first time.

Work together and discuss with your partners, then share your ideas in class.

（1）What do you think of their Chinese？ What about their

English? Why is this happening?

(2)Why did the host choose their parents for them to talk with?

(3)Did you find anything interesting or strange about their behaviors in the video?

(4)Do you think language can tell others where you're from? Why or why not? If not, what else can make you stand out?

Slide 2: Think –Pair –Share: The Proust Questionnaire (Instructions on the worksheet).

Slide 3: Compare your answers with classmates, find someone who shares the most similar responses with you and sit together in pairs. Tell us why you sit together.

(此时给学生时间根据问卷结果结对并移动座位)

Slide 4: Collaborative Study: Intercultural Cartoons on Identities: What? Why? How? (学生结对合作学习,共同分析两组跨文化漫画反映的文化现象及身份特征)。

Slide 5: Post–Class Collaborative Task: Personal Profiles.

Each pair reads the paragraph about a person's profile, then discuss the following questions on the reading material after each paragraph. Report your responses in pairs and make a brief report with your own understandings towards each case.

任务形式:教师首先播放一段关于美籍华人突然用中文打电话给父母的视频,通过小组讨论的形式鼓励学生观察视频中的美籍华人因为长期所处的英语使用环境,对他们使用中文母语所带来的冲击,继而通过观察他们用中文给父母打电话的艰难过程,思考社会环境对于身份的重塑能力,体会文化身份的流动性对跨文化交际的影响。教师复现视频重要信息点,并搭建观点句型脚手架,以便学生发表看法。之后,教师发送普鲁斯特 35

题问卷的中英双语电子版，提示学生选择 3 道最能代表自己但最容易被他人误解的主观题，用 1~2 句话回答，并限时 5 分钟让学生在教室内走动，相互比对答案，寻找存在答案重合的"文化同类"结对就坐。如若落单，则可结成 3 人队伍共同完成后续任务。之后，通过合作学习的方式，新的队伍共同完成存在身份偏见的跨文化漫画案例分析任务，进一步探索具体有哪些身份特征会产生对陌生文化的认知局限。最后带着新认知，所有队伍课后共同完成纸质版文化身份案例阅读练习，下节课提交。

教学环节四：Exploration 2：What is culture？（探究 2：文化的内涵）（160 分钟）。

教学目标：认知与思辨：借助文化冰山模型了解显性文化与隐性文化及其与 3P 模型的关系。同时借助对语言、文化与跨文化交际三者关系的探讨。

教学内容：教师继续展示两组分别体现文化产品，以及家庭观念差异的漫画，借助文化冰山模型引出显性文化（Visible Culture）及隐性文化（Invisible Culture）的概念，并折射到医学情境中的显性和隐形文化案例阐述文化的内涵，之后通过医学诊断术语、四六级翻译中的时代词（Buzzwords）及中国文化负载词探讨语言、文化及跨文化交际的关系。最后通过中英基于文化认知缺乏产生的跨文化交际失败案例视频验证上述关系，并引入跨文化交际的"有效性"与"得体性"两大概念。

教学材料：无。

核心理念：意识：通过对语言、文化及跨文化交际关系的探讨让学生意识到文化差异的普遍性、多样性和时代性，为后续的文化冲击及跨文化适应培养开放心态做好心理建设。

教学方法：①案例分析法；②多媒体交互法。

任务设计：

Slide 1：Cartoon Discussion + Cultural Iceberg. 学生根据漫

画中反应的文化形式初步归类,并通过绘画符合自身实际的文化冰山巩固对显性及隐性文化的认识。

Visible Culture：We can see the cultural products clearly.

Invisible Culture：We won't know the real picture unless we inquire intentionally.

Slide 2：Think（"雨课堂"单选）：In medical situations, which of the following belongs to the visible culture?

A. Chinese treatment plans focus more on long－term improvements, while western medicine is mostly quick and relieve pains at the instant. (Invisible：Treatment Plans)

B. Sometimes you must make an appointment several months ahead to reserve a distinguished doctor in the US. (Invisible：Time Culture)

C. America has much more family clinics than China in cities. (Visible：Geographics)

D. For serious diseases, Chinese doctors will suggest family members hide the truth to keep the patient in good mood. (Invisible：Thought Patterns)

Slide 3：The relationship between language and IC：Medical Situations.

Case 1. 望、闻、问、切

Observe, hear, inquire, feel the pulse

Case 2. 体虚、血虚、脾虚中的"虚"

Fatigue, shortage/deficiency, weakness

Case 3. Conversations of Visible & Invisible Cultures.

Case 4. Culturally Loaded Words (Chinese and English).

Slide 4. Video Response：Things Chinese people are tired of hearing/ Things Chinese people say to annoy foreigners （具体案

例设计见图示)。

Slide 5：Secrets to successful intercultural communications："Effectiveness" & "Appropriateness".

任务形式：教师首先通过简短的 Brainstorm 提问学生 "When hearing the word 'culture', what comes to your mind?"学生通过雨课堂发送弹幕关键词。1 分钟后教师借助雨课堂"词云"功能投屏所有回答,并提示这些关键词呈现出的分类。之后,教师通过彰显显性文化和隐形文化的两幅图(国家文化产品特色,踏入社会前后的家庭观念)引出隐性文化、显性文化两个概念并简要辨析。学生们在了解概念分类后,绘制符合自身文化身份的文化冰山模型,并借此将基于自身身份认同及生活经历的个人关键词分别归纳在冰山模型的海平面之上或之下,即进行与个人身份相关的文化图谱的描述分类,进一步巩固概念。学生们在了解隐性文化的内涵及代表案例后,感知文化色彩浓郁的中医诊断中"望闻问切"等术语的翻译思维以及学习日常对话中的俚语或文化负载词的补充翻译策略,进一步彰显文化对语言学习、思维模式及跨文化交际的深远影响。最后,利用上述影响因素,再次通过另一组漫画及视频,分析对话者由于身份及文化认知欠缺,让来自不同文化的另一方在跨文化交际中产生文化冲击的原因。在巩固已学知识点的同时,引导学生了解除了要有效地达到交际目的,好的跨文化交际还需要考虑文化风俗、历史地域、思维模式、行为习惯、沟通模式乃至文化价值观的差异,随时调整自己的遣词造句,采取言语技巧,让交际过程更舒适得体。

教学环节五：Exploration 3：Culture Shock and Reverse Culture Shock(探究 3：文化冲击与逆向文化冲击)(160 分钟)。

教学目标：移情、体验与思辨：对文化冲击,逆向文化冲击情境而产生的跨文化冲突原因分析,了解跨文化适应的基本过程,并通过跨文化适应情境问卷对自身的跨文化适应能力进行初步评估。

教学内容：教师首先通过一组文化冲击漫画案例分析,让学生了解文化冲击和逆向文化冲击的基本概念。之后学生根据教师给定框架,以头脑风暴法找出自身日常生活中出现的文化冲击现象(不一定是跨国情境)。教师发放跨文化适应情境采访提纲,学生通过相互问答初步评估自身的跨文化适应能力。最后教师通过逆向文化冲击视频案例讨论,以及其背后的文化偏见视频及图片讨论,并通过汉语中体现古人哲思与智慧的成语或俗语,呈现和学习文化偏见的多样性、时代性、可变性及隐蔽性,鼓励学生悦纳文化偏见,从容应对文化冲击。

教学材料:跨文化适应问卷 PDF。

核心理念：意识与能力：文化冲击与逆向文化冲击的归因意识,跨文化适应初步评估的能力。

教学方法:①案例分析法;②头脑风暴法;③小组讨论法;④情境体验法;⑤多媒体交互法。

任务设计:

Slide 1：Cartoon Discussion.

通过 What happened in the picture? What's the cultural difference behind the picture? 以及 What would you say to bridge the misunderstanding? 三个问题进行小组讨论,解读漫画背后产生文化冲击的原因。

Slide 2：(雨课堂投稿)。

Brainstorm：What kinds of culture shock will you face if you study abroad? List at least one example to explain. You can write down a list or draw a picture to promote understanding.(30 分钟)

Sample aspects: Lifestyles and Customs, Beliefs and Values, Thinking Patterns and Communication Styles.

Slide 3: Test how adaptable you are. Interview your partner with 5 questions from the questionnaire. Take notes on his/her answers, and tell us if he/she is ready for living in a new culture and why.

Slide 4. Video –Response: Reverse Cultural Shock. Discuss the questions in groups.

(1)Take notes. Name 3 of the reverse cultural shocks the man experienced from the video.

(2)What cultural differences can you conclude between China and US from the video?　List at least 3.

(3)What are the reasons behind such behaviors?　Do you think they adapted foreign cultures well?　How to prevent these shocks from happening again?

(4)Based on the analysis above, explain your understanding of a reverse cultural shock.

(5)Look at your cultural iceberg again. Which element may be the biggest reverse cultural shock if you come back from a foreign country?　Why?

Slide 5: Video Response: Behind the cultural shock: Stereotypes.

(1)Brainstorm: Think of at least 3 key words of your general impressions for one of the countries below, share on bullet board ("雨课堂"弹幕)。

(2)Watch a video of an interview on national stereotypes. How many matches have you got?

Slide 6: Picture Exploring: What are the hidden stereotypes in this set of pictures?　Discuss in your groups to make your guesses.

图 4-11

Slide 7：Chinese Wisdoms：Match the Chinese idioms on the left column with the traits of cultural stereotypes on the right. Compare your answer with your partner and justify your choices briefly.

博采众长：Flexibility of Culture

以和为贵：Inclusiveness of Culture

三思而后行：Dynamics of Culture

求同存异：Variety of Culture

审时度势：Generations of Culture

Concluding Remarks：Stereotypes are everywhere, because culture matters! Intercultural communication is needed.

任务形式：教师在本环节中呈现的漫画以投屏形式出现,并通过 PPT 设置好讨论问题让学生在小组内部讨论分享，之后通过雨课堂投稿的形式，基于上一讨论任务的收获，根据自我认知,在教师提供的思路提示下,思考如果自己留学可能会遭遇到的文化冲击形式并阐释细节。随后,学生们两两组队,以发放的跨文化适应问卷为基础,选择 5 个问题相互提问并回答,整理并比较对方的回答记录，对自我及对方的跨文化适应能力进行评价。再通过一个逆向文化冲击的视频讨论,反思文化冲击产生的根本原因:文化偏见的普遍性、多样性、时代性、可变性及隐蔽性，小组讨论提升跨文化适应能力需要秉承的基本心态及可行的解决方法。最后,通过一道简单的匹配题,将汉语中中国古人与文化包容主题相关的哲思性成语或俗语与文化偏见的特点结合起来,以课程思政的形式实现跨文化思辨育人的目标。

教学环节六:Summary and Post-Class Reflection(总结及课后反思)(60分钟)。

教学目标:认知、反思与情感升华:回顾本章节所述跨文化核心概念,并作反思讨论,然后用 Bennett 提出的跨文化交际能力发展阶段模型,为本章节所涉猎的所有跨文化案例提供理论阐释,培养包容、开放且灵活的文化价值观,以此结束学习,安排课后任务。

教学内容:在总结课时,教师先简要呈现本章节关于身份、文化、跨文化交际等重要概念,之后通过两个复习问题让学生代入自己的身份,表达他们对跨文化交际意义的理解,同时结合中国古代 "三思而后行""审时度势""矛盾的普遍性与特殊性""求同存异""以和为贵""博采众长"等多个蕴含文化典故及思辨意义的成语,通过搭配练习与其所蕴含的、本章习得的文化偏见特征做匹配,验收学习成果。最后介绍 Janet M. Bennett 的跨文化交际模型,并让学生根据本章节的理论学习和任务实践收获,最后一次自我评估自身处于跨文化能力的哪个阶段,并分享理由。结束授课。

核心理念:知识与意识:了解 Bennett 的跨文化能力发展六大阶段,更加客观地看待全世界普遍存在的文化偏见,并用悦纳的心态面对文化差异,适应跨文化交际。

教学方法:①小组讨论法;②多媒体交互法。

任务设计:

Slide 1: Summary:Till now we've learned...

(1)Culture is what makes you YOU!

(2)Elements of Culture includes visible cultures like food, lifestyles, customs and habits, beliefs and values, communication styles and ways of thinking.

(3)Misunderstandings come from stereotypes, in international occasions, stereotypes come from cultural differences, and they are everywhere!

(4)We will experience cultural shock and reverse-cultural shock.

(5)Stereotypes are everywhere because culture matters.

Slide 2: Post-Class Reflection: Discuss in group and submit your ideas on the discussion board.

(1)Based on what we've learned, how would you define intercultural communication?

(2)What factors should be aware of in intercultural communication?

Slide 3: Concluding Model: Bennett's Stages of Intercultural Competence.

Denial(拒绝)→Defense(防御)→Minimization (弱化)→

Acceptance(接受)→Adaptation(适应)→Integration(融合)

Slide 4:Final Vote ("雨课堂"投票):Which stage of Intercultural Competence are you in? Why? Try to use your experience to justify your vote. (10 分钟)

(Please be honest since there're no right answers).

A. Denial(拒绝)

B. Defense(防御)

C. Minimization (弱化)

D. Acceptance(接受)

E. Adaptation(适应)

F. Integration(融合)

任务形式:教师首先总结本章节的核心观念,再通过雨课堂讨论区引导学生就展示的两个问题,结合本章所学核心知识点及自身经历进行小组讨论和分享。之后教师展示 Bennett 的跨文化交际六阶段模型,并以"外地人对海南人看法演变"示范举例每一阶段的心理变化,通过雨课堂投票的形式,鼓励学生自我评估自己处于跨文化能力的哪个阶段,并让学生以自己的真实案例给出选择理由, 以投稿形式分享并给出评价与反馈。最后,教师安排本章节课后小组任务,结束授课。

3. 教学重难点

3.1 教学重点

(1)知识:本设计以身份探索为开篇,首先引导学生通过漫画、视频案例及自我反思,借助身份差异学习身份与文化之间的关系, 继而通过3P文化模型及文化冰山图示探讨显性文化与显性文化以及语言、文化与跨文化交际之间的关系,并最终借助图片及视频案例中文化冲击与逆向文化冲击的表现形式,强调跨文化适应的重要性, 并以Bennett的跨文化能力发展6大阶段模型作为知识点结尾,让学生对以跨文化适应为基础的跨文化能力发展过程形成整体认知, 知识点呈现过程层级递进,环环相扣(图4-11)。

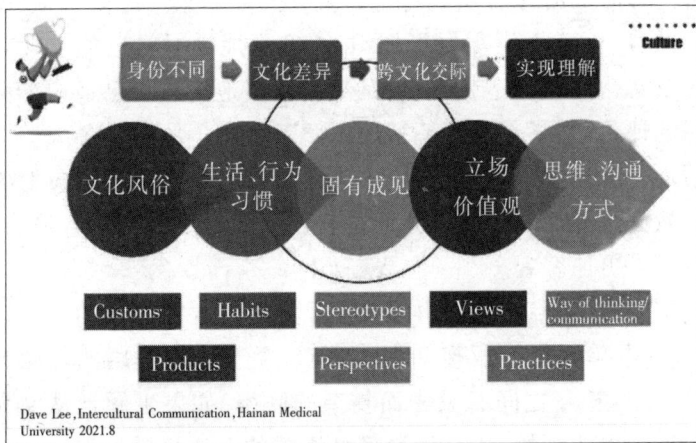

图4-12　"Products, Perspectives, Practice" 3P文化模型讲解示例

（2）听说技能：本章节的听说技能设计，主要是在导入环节中、根据身份图谱寻找同类的交流过程中、图片及视频案例小组讨论中以及跨文化适应采访中体现。教师几乎在每一项案例分析任务里都针对蕴含的文化现象搭建"What？Why？How？"的逻辑脚手架，设置案例讨论问题，并提示学生在小组讨论时遵循此框架进行分工，由一位同学汇总并整理答案在全班分享。由于本设计中视频案例讨论较多，且大多为极具目的语文化色彩的纪实视频，对于视频中出现的文化特色词汇，教师也提前做简要讲解，为学生清扫听力障碍。

（3）实践技能：学生们根据探究教学环节一、二中所习得的关于 3P 模型，显性文化及隐形文化，文化冰山模型，语言、文化及跨文化交际的关系，以及文化冲击的表现形式，通过探究教学环节 3 中采访问卷的回答，自我评估并相互评估跨文化适应能力，并根据具体的文化表现形式讨论对应的跨文化适应方法，实践有效而得体的跨文化交际。教师在学生讨论适应方法过程中，反复强调 Solution 部分不是为了彻底解决文化差异或消除文化偏见，而是在对其追根溯源后，如何用更开放包容且具备同理心的心态，实现特定跨文化交际场景下的博采众长、文化共赢，因此学生需要更加坦诚、客观地针对自己的文化舒适区及文化冰山图谱代入自身经历，真实地给出自己适应能力强弱的评价，并举例来说明理由。此部分学生能借助各大跨文化情境，充分代入自身经历，反思面对文化冲突的自身应对方式，从而窥探面对陌生文化时的自我价值观及跨文化心境，评估也得以更加客观。

3.2 教学难点及解决办法

（1）本单元仅就所授知识点来看，浮于概念表层的抽象理论较多，且相互之间有紧密而复杂的联系，如果生硬地从文化身份这一概念开始，用纯理论模型讲解的方法将学生引导至跨文化适应的重要性及方法论,对于缺乏跨文化经历的医科生来说,难免显得无凭无据,让理论观点过于虚无。因此教师在每个重要的概念呈现环节,都通过蕴含文化现象图片或视频的案例以及自我反思性讨论,引导学生先在真实的文化冲突场景中接触文化差异,树立问题意识,诊断跨文化交际失语问题的根源并提出解决方案。之后教师根据学生的见解,在反馈中自然呈现本任务背后的理论基础或模型,减轻学生学习负担,辅助学生自然理解其含义,为后续学生对自身跨文化适应能力的评估奠定理论基石。

(2)本设计的理论框架及相关模型较多,如若不用恰当的任务设计和理论讲解串起不同知识点,有效地呈现本设计的最终教学目标,学生们极易因为知识点的繁杂凌乱而摸不清该单元的教学重点是什么。因此在每个教学环节之间,教师都会通过专门选择的案例资料,设计过渡性任务,呈现出承上启下的相关理论模型,并基于学生回答中折射出的问题及这些问题与后续知识点之间的关联,通过过渡性的话语串起如下逻辑关系:身份差异是文化差异根基(3 Truths 1 Lie 互动题的判断过程,根据身份特征寻找同类就坐的过程等),而文化差异中的显性文化与隐性文化会生成 3P 文化表现形式模型 (通过文化冰山任务体现), 基于此模型中的任何一文化现象的真实场景中进行跨文化交际时,彰显的便是语言符号、文化形式及跨文化交际之间的关系:如何有效且得体地进行跨文化交际(通过医科生可共情的医学情景,文化漫画及日常交际视频讨论任务呈现)。而无效或不得体的跨文化交际也是文化冲击与逆向文化冲击的根源(通过雨课堂习题及视频讨论任务呈现),而基于不同形式的文化冲击,采取对应的跨文化适应和交际策略,是包容并灵活应对文化偏见的开始(跨文化适应调查问卷,文化偏见总结性视频任务中体现)。虽然教师为了找到贴合知识点逻辑线的教学材料耗费了巨大精力，但在将抽象化的理论具象化、将零散化的理论系统化呈现的过程中，学生们不仅能有的放矢地习得理论，还可结合自身经历，循序渐进地反思或共情理论模型中的各大文化要素，学习难度大幅降低。

（3）目前对跨文化适应能力及跨文化交际能力的评估，由于其跨学科性、情境性、灵活性、思辨性和开放性的学科特点，研究的对象多为质性材料，只能对信息进行多级编码，非常难以量化或制定普适性的评估标准。即便是质性分析，目前也难以找到较为广泛使用的评估模型。因此教师在本环节的教学设计中，在跨文化适应问卷的采访问题设计上，为了再次呼应跨文化适应与前序环节中各大知识点的紧密联系，问题中选取的文化场景大多按照显性文化与隐形文化的分类以及Products，Practices，Perspectives 等文化类型展开，同时与前序理论传授暗含的逻辑线相呼应。采访问题涉及的场景及问题从医科生的人生时间线展开，基于成长、求学、工作、安居乐业、结婚生子、后续养育这几大重要人生时间节点所涉及的，体现跨文化适应能力的重大问题决策过程，启发学生结合所学知识点及之前的课堂讨论实践，借助里克特量表，有所依从、有针对性地对自己的跨文化适应能力进行初次评估，并通过比较他人的评估结果展开反思，为后续的跨文化特殊视角理论学习打好情感基础。

3.3 本设计与全人教育教学导向的融合：育人、育己与育才

在之前的跨文化理论学习中，学生们从言语交际及非言语交际两大主要交际形式作为出发点，结合思辨框架及文化图谱对医学情景及日常情境中的跨文化交际形式、成因和基本进路有了整体性认识。本教学设计作为《跨文化交际》人文素养限选课的最后一章，将之前教学中所有涉及的跨文化现象及相关概念，通过溯源归因以及逻辑构建的方式，系统化地

关联起来，从旁观者的角度一窥跨文化冲突与适应复杂的形成过程，从而悦纳普遍存在于周遭的各种各样的文化偏见。这样一套思维逻辑及情感目标在医科生心中的建立过程，将语言教学、思辨教学与跨文化交际教学的理念有机融合在具体的课程设计中，通过知识性、思辨性及交际技能性任务在授课过程中的交错贯通，实现了育人、育己与育才的有机统一，充分满足了全人教育理念中的医科生的职业道德伦理及个人情感诉求。

现将具体的融合方式以教学环节为分隔阐述如下：

(1)育人层面：在导入和探究环节，该任务设计包含大量来自本族文化和陌生文化中，在显性文化及隐形文化场景下的文化冲突漫画，学生们可站在旁观者的视角，更加客观冷静地审视并讨论案例中反映的文化现象。在完成这些任务的过程中，通过对现象成因的深入了解与积累，逐步建立起面对陌生文化的一个更加稳定、包容且灵活的心态。学生们利用这种健康的心态，在最后的跨文化适应采访任务中得以为其他同学给出关于跨文化交际能力的中肯评价并提出实用建议，具备了通过身份代入及移情的方式向外育人的能力。

(2)育己层面：从设计开篇学生撰写的"3 Truths 1 Lie"(案例设计见图4-13)的4句话构成的身份初审视(自我认知及他人误解)，到最后利用新知，在跨文化交际问卷中，借他人的评价鉴自身，实现对自我跨文化适应能力的评估进阶，学生们多次代入自己的文化身份及职业身份，通过反省与思辨的模式，不断地借助学习过程中通过跨文化案例习得的相关理论、结构、解构重构自己的文化认知。学生们逐步悦纳无法消除、无处不在的身份偏见的过程，不仅是认知上的进阶，更是共情能力的提升、文化心态的包容与跨文化交际技能的进阶，从而借助向内育己过程，实现个人的全面综合发展。

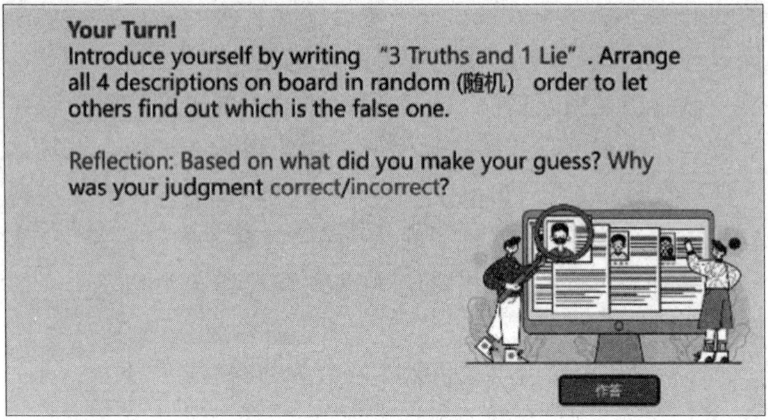

Your Turn!
Introduce yourself by writing "3 Truths and 1 Lie". Arrange all 4 descriptions on board in random (随机) order to let others find out which is the false one.

Reflection: Based on what did you make your guess? Why was your judgment correct/incorrect?

图 4-13 "3 Truths 1 Lie" 身份认知互动活动设计示例

(3)育才层面：无论是导入部分的个人文化身份，还是基于与医生职业身份关键词相关的头脑风暴设计，抑或是在中医及临床诊断术语中通过汉语与英语的语言差异窥探文化差异，本课程设计充分考虑授课对象的职业身份及相应可能出现的交际场景，融入跨文化理论与实践的探究式学习任务中，旨在贴合兼备国际视野、跨学科意识、交际技能、人文素养及医学专业知识的复合型人才的培养理念，充分发挥"新医科+人文"政策下医学教育跨学科教学设计的可塑性，借对跨文化适应的学习，培养兼备职业责任感及医者仁心的优秀医务工作者，贴合育才教学理念。

4. 教学创新点和不足

4.1 创新点

(1)在教学任务的设计上，既包含"通过跨文化任务实现思辨(Critical Thinking by Intercultural Competence)"，又包含"以跨文化能力为目的的思辨 (Critical Thinking for Intercultural Competence)"形式的任务，实现了思辨教学与跨文化教学的有机融合。

在"跨文化思辨育人"的教学理念中,思辨能力是跨文化交际能力的重要组成部分,教学设计亦如是。思辨能力将决定学生对文化案例分析诊断的深度,以及基于文化身份和人生经历形成的刻板印象对独立思考的影响程度。而跨文化能力可以为思辨过程提供更多元化的视角,决定思辨范围的广度。因此教师在本总结性章节的任务设计中,如何综合运用学生之前习得的思辨性技能,辅助以各种跨文化冲突现象及跨文化适应任务的多元化讨论;如何选择具备一定文化争议性、开放性的跨文化案例,激发学生的思辨潜能,实现学生文化认知的重构,达成育人教学目标,至关重要。

为了贯穿思辨能力与跨文化交际能力相辅相成的教学设计理念,在本设计中,任务形式主要体现在"通过跨文化任务实现思辨"以及"以跨文化能力为目的的思辨"中。前者以跨文化案例作为思辨动机,以跨文化输入指导后续思辨性输出。后者以跨文化交际能力作为思辨目的,通过思辨性输出重构文化认知,实现新的跨文化输入。两种逻辑共同指导教学任务设计,实现跨文化思辨育人的最终目的。举例如下:

①本设计中所有基于跨文化医学术语翻译及文化差异相关的漫画及视频案例所展开思辨性任务讨论,均属于"通过跨文化任务实现思辨 (Critical Thinking by Intercultural Competence)"这一范畴。以"探究 2:文化的内涵"(教学环节四)中对于语言、文化与跨文化的关系探讨为例,教师设计了医科生更为熟悉的中医诊断术语的跨文化翻译案例(见图 4-14),启发学生思考除去语言差异之外,基于中国人文化身份所蕴含的全局观,重全面调理及整体辩证性与西方基于治标的临床诊断思想下的局部辨病思维的区别所带来的中西医诊断用语措辞的差异及其对翻译的影响,继而启发学生从文化渊源的角

度探讨语言差异的成因，便是借助跨文化任务实现思辨过程的典型案例。

图 4-14　中医诊断术语跨文化翻译背后的文化差异教学示例

②本设计中，教师同样安排了诸多"以跨文化能力为目的的思辨(Critical Thinking for Intercultural Competence)"类型任务，借助思辨性任务培养跨文化交际能力。学生通过反思性的任务或议题，借由给定的思辨逻辑，结合自己的生活经历，探索发现属于自身的跨文化图谱。在"探究 2：文化的内涵"环节中，通过反思性问题设计，鼓励学生从"自我视角""旁观者视角"探索并描绘属于自己的文化冰山模型，便是该项任务的典型案例之一(见图 4-15)。此外，"探究 1：身份的秘密"环节通过普鲁斯特 35 题问卷，并据此寻找文化共性成员组队的任务，以及"探究 3：文化冲击"中跨文化适应采访任务，均为借助探索或评估性的思辨框架，促使学生构筑身份对文化差异的影响，评估跨文化适应能力为目的的思辨型任务设计。

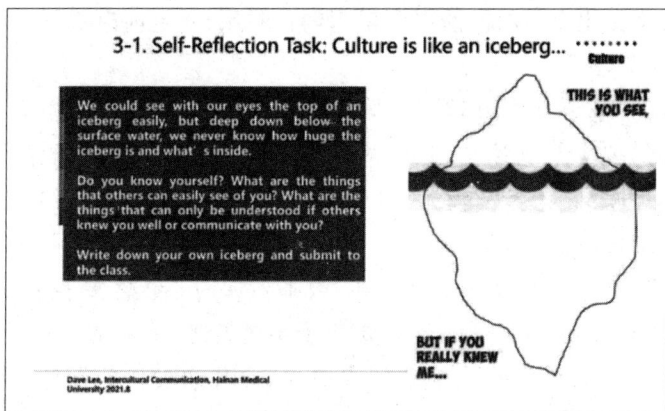

图4–15　基于个人身份的"文化冰山"绘画任务示例

　　(2)以案例分析及跨文化情境任务,鼓励学生自主发现理论。以理论总结作为基石,反哺更深层次的思辨性课堂任务,实现知识点的有机联结与自然巩固。

　　由于本章节在教学大纲中涉及的与文化模式、文化构念、文化差异、冲突及适应过程相关的理论及模型过多且过于抽象,因此在教学设计中,教师尝试通过案例导入、情景体验及自我反思等多项任务,按照认知及思辨层次有机融合,引导学生循序渐进地自然接触相关理论模型,并以跨文化理论模型作为后续任务解答的逻辑框架,推动学生实现认知及思辨能力的进阶。如"探究1:身份的秘密"结尾部分,教师首先引导学生联结导入2已习得的"Products, Practices 及 Perspectives"文化表现形式3P模型,借助两幅分别代表显性及隐性文化冲突的漫画,引导学生进行问题归类。之后引出"显性文化"以"Products(文化产品)"为主要表现形式,"隐性文化"以"Perspectives(文化价值观)"为主,"Practices(文化实践)"是两者的交集这一理论联结,自然呈现显性与隐形文化的归类,并以显性及隐性文化的分类自然过渡到文化冰山模型的讲解,为后续文化差异的归因方式以及跨文化交际的内涵探究串起内在联系,奠定理论基石。

4.2 不足

(1)基于本章节教学内容的思辨性及学习过程的探究性,教师需要串起理论与实践、理论与理论、实践与实践任务之间的多种联结,任务量较大,言语引导需具备清晰的知识线逻辑,备课难度较高

基于本章节教学内容特性,教师备课时不仅需要找到每个文化概念的相关材料,还需要基于系统性考虑,根据课程设计思路,挑选、排序不同呈现形式的材料,并通过任务设计,在不同知识点之间建立内在联系并过渡,备课压力较大。因此,虽然在教学实践中教师通过精心设计的过渡性任务以及话语中的理论联结引导词串起了所有环节,但依然有学生反映课堂信息量较大,消化时间较长。今后教师将考虑利用翻转课堂的形式,将一部分导入性人物借助雨课堂等交互平台搬至线上完成,并不断结合时政热点及周边环境的变化,及时重新探寻并更新更富时代意义、学生更容易共情的案例,不断提升课堂教学效率,延伸更多的教学可能。

(2)思辨性任务中学生输出的信度及效度尚需在后续教学研究中再次检验。

由于授课对象均为具备英语四、六级水平及一定国际视野的医科生,且其自主学习能力较强,部分聪明的学生会出于赢得课堂表现分数的目的,揣测出本堂课教师串联起来的理论知识系统及思辨性产出框架,继而在后续的思辨性任务中提供第三方视角下的具备普遍性及公共性、符合特定文化群体大多数成员价值观的"理想化答案";或是在案例分析任务中,部分学生可能存在揣测任务设计"意图"的倾向,提供课本上的"标准答案",避而不谈自己的真实感受。这是开放性、探究性、包容性及灵活性强的跨文化思辨课堂中,探究式学习过程中的大忌。因

此教师必须鼓励学生坦诚面对自己的文化身份，真实地倾听并表达出内心的声音，将文化冲突彰显的认知与情绪张力真实地呈现于课堂中，这样学生们才能真正共情跨文化交际能力的重要性。此外，教师亦可通过基于课堂实践的相关质性研究，基于研究议题，对学生们的发言内容进行多层级编码，通过内容信度效度的统计学检验，真实评估教学效果，指导后续教研改革。

5. 教学评价

5.1 课程设计优势

(1)本设计实现了输入与输出性任务以及第三方视角与自我视角的有机统一，学生可全面且深入探究跨文化冲突与适应的漫长过程。

本设计从导入元素开始，到最终客观看待文化偏见这一教学目标实现，知识点联结及相关模型环环相扣、循序渐进，从身份出发有逻辑地引导学生接触并体验文化冲突与跨文化适应的根源、表现形式和解决方法。知识呈现具备系统性和层次性，任务设计多样化，任务难度呈阶段式发展，符合学生对抽象概念及逻辑框架的认知规律。

(2)将授课对象的职业身份及文化身份同时纳入跨文化现象的考虑范围，为学生完成输出性任务提供多样化素材的同时，增强自身的职业使命感及民族身份认同。

在身份环节中，关于中国医生身份特征的关键词头脑风暴任务，以及医学情境下专业术语跨文化翻译误区的探索，融入了授课对象未来的职业身份特征及职业道德品质，使他们在完成任务时可以基于未来所处的医学情景，更加共情地去全面、客观地反思文化冲突，感悟到医患沟通中"医者仁心"的深刻含义的同时，增强自身的职业使命感。同时在漫画、视频案例以及中国成语、俗语所体现的文化偏见特征这一语言理论学习环节,将所呈现的所有跨文化现象基于本土化的语言特征及社会情境进行反思,有助于学生在拓展国际视野的同时,通过学习中华民族优秀传统文化思想的精髓在跨文化交际中起到的积极作用,加强自身的国民身份认同。

5.2 教学改革

加大探究与体验式学习的任务比重,为学生创造真实的交际情境,体验有效而得体的跨文化交际,训练学生用开放、包容的心态从容适应文化冲突。

由于本单元所涉及的跨文化理论相对较多,在第一轮学生的教学实践中,为了保证学生能借助案例对理论有更深刻的理解,课堂教学设计将较大的比重放在了跨文化案例的思辨性分析上,学生们大多数时候以小组讨论或合作学习的形式,针对跨文化输入进行思辨性输出,抑或利用教师搭建的语言或思辨性脚手架进行跨文化理论模型的输出,并未有太多机会为学生创造真实的文化冲击、跨文化适应场景,以在真实的交际情境中体验有效、得体的跨文化交际。学生们虽然能在轻松、自由且安全的课堂氛围中摆脱焦虑,各抒己见,但理想化的跨文化交际场景终究浮于纸上,并未有机会去践行,习得跨文化适应策略及交际手段。今后随着教学实践的进一步成熟,教师将尝试将部分导入性任务借助"雨课堂"等交互平台置于线上进行,将线下授课的重点放在借助小组情景剧、线下田野调查、模拟联合国会议等多种在更加真实的情境中模拟演练跨文化交际的体验式学习设计上,并针对特定任务搭建语言及思辨脚手架,营造更沉浸式的跨文化交际体验,让学生切身体验文化冲突下如何更得体、有效地采取适应策略,完成跨文化交际任务,构念相关理论。

全人教育视角下外语教学中跨文化冲突及跨文化适应的教学设计,在后疫情时代的背景下,势必将借助跨文化思辨育人的教学理念,更加强调弘扬传统文化,培养文化自信,树立家国情怀及人类命运共同体意识。而在未来的医学复合型人才培养中,通过跨文化冲突、跨文化适应过程的体验,在国际学术、公共媒介及医疗情境下实践更得体、有效的方式进行跨文化交际,不仅可以结合医生的职业道德准则,实现立德树人的情感教育目标,还符合医科生本科学习中蕴含的职业及情感诉求,也是教育部"新医科+人文"跨学科教学改革指导思想下,培养复合型医学人才的一条真正从医科生视角出发的课程思政教学路径。

参 考 文 献

[1] Coleman J A. Project−based learning, transferable skills, information technology and video[J]. The Language Learning Journal, 2014, 5(1)：35−37.

[2] Miller J P. The Holistic Curriculum[M]. Toronto：OISE Press, 2001.

[3] Legutke M, Thomas H. Process and Experience in the Language Classroom[M]. Harlow, UK：Longman, 1991.

[4] Miller R. Caring for New Life：Essays On Holistic Education[C]. Brandon, VT：Foundation for Educational Renewal. 2000.

[5] 蔡基刚. 全球化背景下外语教学工具与素质之争的意义[J]. 外国语, 2010(6)：33−40.

[6] 陈秉公. 充分吸收中华优秀传统文化养分[N]. 人民日报, 2017：7.

[7] 成矫林. 以深度教学促进外语课程思政[J]. 中国外语, 2020(5)：30−36.

[8] 盖言希, 王思顺, 袁依."融媒+中医" 新模式下中医对外话语传播的探究[J]. 公关世界, 2021(18)：17−22.

[9] 胡以仁. 全球化背景下中医话语权建构研究[J]. 湖南中医药大学学报, 2021,41(9):32-36.

[10] 教育部高等学校大学外语教学指导委员会.大学英语教学指南:2020版[M]. 北京:高等教育出版社, 2020.

[11] 教育部课题组. 深入学习习近平关于教育的重要论述[M]. 北京: 人民教育出版社, 2019.

[12] 赖明德. 全人教育的探讨和落实[J]. 河北科技大学学报(社会科学版), 2002(6).

[13] 李日. 基于价值取向理论试析《刮痧》中所表现的中美文化差异[J]. 渭南师范学院学报, 2019,34(5):74-79.

[14] 联合国教科文组织国际教育发展委员会.学会生存: 教育世界的今天和明天[M]. 北京: 教育科学出版社,1996.

[15] 林忠, 王美娇. 新文科建设背景下的英语专业课程思政——以"基础英语"为例[J]. 重庆交通大学学报(社会科学版), 2021(1): 115.

[16] 刘宝存. 全人教育思潮的兴起与教育目标的转变[J]. 比较教育研究, 2004(9): 17-22.

[17] 刘晓燕. 大学全人教育的理念及实践[D]. 南京:南京信息工程大学,2014.

[18] 刘优丽. 全人教育理念下外语类院校外语专业课程设置研究[D]. 重庆:四川外国语大学, 2016.

[19] 刘正光,岳曼曼. 转变理念、重构内容,落实外语课程思政[J]. 外国语, 2020(5): 21-29.

[20] 蒙芳. 全人教育视域下大学英语"课程思政"的探索与实践[J]. 教育教学论坛, 2020(45): 67-70.

[21] 沈鞠明,高永晨.思与行的互动:思辨能力与跨文化交际能力[J]. 苏州大学学报(哲学社会科学版), 2015,36(194), 03:154-159.

[22] 沈建新,王海燕,王海江.PBL:一种新型的教学模式[J].国外医学(医学教育分册),2001(2):37–39.

[23] 孙有中.外语教育与跨文化能力培养[J].中国外语,2016,13(71):3,3+19–24.

[24] 施建荣,周景,等.中医英语[M].3版,上海:上海科学技术出版社,2020.

[25] 孙有中,王卓.与时俱进,开拓中国外语教育创新发展路径——孙有中教授访谈录[J].山东外语教学,2021,42(04):3–12.

[26] 王守仁.坚持科学的大学英语教学改革观[J].外语界,2013(6):9–22.

[27] 文辅相.文化素质教育应确立全人教育理念[J].高等教育研究,2002(1):27–30.

[28] 文旭.外语教育的新理念与新路径[J].外语教学与研究,2020(1):17–24.

[29] 文旭,夏云.全人教育在外语教育中的现实化[J].外语界,2014(5):76–82.

[30] 吴铁军,等.近20年来我国大学英语人文教育研究综述[J].渭南师范学院学报,2019(5):19–26.

[31] 习近平.习近平总书记在全国高校思想政治工作会议上的重要讲话[M].北京:人民日报出版社,2016.

[32] 向明友.新文科背景下大学外语教育改革刍议[J].中国外语,2020(1):19–24.

[33] 肖琼,黄国文.关于外语课程思政建设的思考[J].中国外语,2020(5):10–14.

[34] 谢安邦,张东海.全人教育的理论与实践[M].上海:华东师范大学出版社,2011.

[35] 邢燕文.以全人教育理念引领高等教育发展(一)[J].

西部素质教育，2020(9)：8-9.

[36] 杨翠萍，刘鸣放. 在大学英语教学中以任务教学为手段实施协作学习策略[J]. 外语界，2005(3)：49-54.

[37] 杨婧. 大学英语课程思政教育的实践研究[J]. 外语电化教学，2020(4)：27-31.

[38] 杨甜，文旭. 从"自由"到"全人"——美国大学育人理念的嬗变及其对我国外语教学的启示[J]. 外语教学理论与实践，2017(2)：50-56.

[39] 杨婷."通识通德"的全人教育与当代大学精神[J]. 航海教育研究，2005(1).

[40] 叶洪. 新读写理论与外语写作任务设计[J]. 现代外语，2014：524-530.

[41] 岳曼曼，刘正光. 混合式教学契合外语课程思政：理念与路径[J]. 外语教学，2020(6)：15-18.

[42] 张东海. 全人教育思潮与高等教育实践研究[D]. 上海：华东师范大学，2007.

[43] 张金华，叶磊. 体验式教学研究综述[J]. 黑龙江高教研究，2010 (6)：143-145.

[44] 张敬源，王娜. 外语"课程思政"建设——内涵、原则与路径探析[J]. 中国外语，2020(5)：15-20,29.

[45] 张文忠. 国外依托项目的二语/外语教学研究三十年[J]. 中国外语，2010(2)：68-74.

[46] 张欣. 新文科、大外语与英语专业"全人教育"培养路径[J]. 外国语文，2020(5)：14-18.

[47] 赵雯，王海啸. 新时代大学英语语言能力的建构[J]. 外语界，2020(4)：19-27.

[48] 郑秋萍. 全人教育视角下英语学科核心素养的培养[J]. 教学与管理，2017：73-75.

［49］钟启泉. "整体教育"思潮的基本观点［J］. 全球教育展望, 2001(9).

［50］周鸿志. 小原国芳的全人教育论及其别具特色的教学原则［J］. 北京师范学院学报(社会科学版), 1991(2): 73–79.